Kay Herrmann

—

Was außerhalb meines Geistes ist und was ich davon wissen kann

Kay Herrmann

Was außerhalb meines Geistes ist und was ich davon wissen kann

Gedanken über Materie, Geist und Realität

Königshausen & Neumann

Bibliografische Information der Deutschen Nationalbibliothek
Die Deutsche Nationalbibliothek verzeichnet diese Publikation in der Deutschen Nationalbibliografie; detaillierte bibliografische Daten sind im Internet über
http://dnb.d-nb.de abrufbar.

Gedruckt auf säurefreiem, alterungsbeständigem Papier
Umschlag: skh-softics/coverart
Umschlagabbildung: Autor

Printed in Germany

ISBN 978-3-8260-7848-4
eISBN 978-3-8260-8478-2

www.koenigshausen-neumann.de
www.ebook.de
www.buchhandel.de
www.buchkatalog.de

In Wahrheit aber gibt es weder Geist noch Materie,
wohl aber viel Unsinn und Hirngespinste in der Welt.

(Schopenhauer, Paralipomena, § 74)

Was außerhalb meines Geistes ist
Quelle: Aischa Sabbouh-Eggert (vom Autor nachbearbeitet)

Inhalt

Vorwort

Materie versus Geist, Innenwelt versus Außenwelt, Objektivität versus Subjektivität, Realität versus Konstruktion: Denkmuster, die in der Philosophie zentral verortet sind. Diese Themen durchziehen die Philosophie wie Achsen, um die sich philosophische Debatten drehen. In der gegenwärtigen philosophischen Landschaft sind zwei Konzepte maßgebend: Realismus als Inbegriff subjektunabhängiger Ordnung auf der einen, Konstruktivismus als Inbegriff fast beliebiger Konstruierbarkeit auf der anderen Seite.

Hinzu kommen drängende philosophische Probleme im Spannungsfeld zwischen Mensch und Naturwissenschaft: Was sind die ‚Grundbausteine der Materie'? Dass die Erde ein Planet im Sonnensystem ist, dass Wasser aus den chemischen Elementen Wasserstoff und Sauerstoff besteht, dass die Hauptstadt Deutschlands Berlin ist und dass die Entfernung von der Erde zum Mond etwa 384400 Kilometer beträgt, sind objektive Fakten. Aber was bedeutet Objektivität? Auch Persönlichkeitstests berufen sich auf objektiven Fakten. Die natürliche Umwelt wie Luft, Wasser, Boden und andere Organismen ordnen wir einer Außenwelt zu. Was ist mit Außenwelt gemeint? Im Alltag verwenden wir Ausdrücke wie ‚Willkommen in der Realität'. Doch was bedeutet Realität?

‚Materie', ‚Objektives', ‚Außenwelt' und ‚Realität' bezeichnen etwas, das unabhängig und außerhalb bestimmter geistiger Aktivitäten wie Wahrnehmen, Erkennen, Glauben oder Meinen existiert. Kann überhaupt sinnvoll von einem Verhältnis zwischen Geist und etwas ihm Unabhängigen gesprochen werden? Das ist die zentrale Frage dieses Buches. Es ist kein Buch für Fachphilosophen[1]. Vielmehr wendet es sich an einen breiten Kreis von Interessierten. Um dem Leser die Lektüre zu erleichtern, wurde auf fachspezifische (philosophische wie einzelwissenschaftliche) Details weitgehend verzichtet.

Begriffe wie ‚Geist', ‚Materie', ‚Objektivität', ‚Außenwelt' und ‚Realität' sind Grundbegriffe, die im Alltagsgespräch und in der Wissenschaftssprache zu finden sind. Sie werden oft als bereits verstanden vorausgesetzt. Aber kann man (um nur ein Beispiel zu nennen) das Nervensystem als materielle Grundlage eines geistigen Prozesses bezeichnen, ohne zu diskutieren, was unter Materie und Geist zu verstehen ist? Kann man sinnvoll von physischer, sozialer oder gar virtueller Realität sprechen, ohne zu sagen, was Realität bedeutet? Kann man sinnvoll von Fakten sprechen, ohne zu klären, was mit ‚objektiv' gemeint ist?

Was ist unter Materie und was unter Geist zu verstehen? Wie verhalten sich Materie und Geist zueinander? Was bedeutet Realität? In welchem Verhältnis stehen Objektivität und Subjektivität? Das sind Fragen, zu denen das

1 Aus Gründen der besseren Lesbarkeit wird im Folgenden die männliche Form verwendet. Selbstverständlich sind damit alle Personen gemeint.

Buch aus der Sicht der Philosophie Denkanstöße geben will. In Form eines Streifzugs durch die Philosophiegeschichte werden die Sichtweisen philosophischer Epochen und Strömungen (Antike, Mittelalter und Neuzeit; Rationalismus, Empirismus, Materialismus, Idealismus, Realismus, Konstruktivismus und Phänomenologie) auf das Verhältnis von ‚Materie' und ‚Geist' diskutiert. Zahlreiche Beispiele sollen das Verständnis der philosophischen Zusammenhänge erleichtern.

Darüber hinaus werden einige Probleme diskutiert, die mit dem Verhältnis von Innenwelt und Außenwelt, Subjektivität und Objektivität sowie Konstruktivem und Realem verbunden sind. Zugleich wird nach Lösungsansätzen für diese Probleme gefragt.

Unter dem von Edmund Husserl (1859–1938) geprägten Leitmotiv ‚Zurück zu den Sachen selbst' greift die philosophische Richtung der Phänomenologie das Thema der Ich-Perspektive auf und betont, dass Wissen seinen Ausgangspunkt in der Ich-Perspektive hat. Wie aber kommt man aus dem ‚Kerker der Subjektivität' heraus?

So entsteht im Spannungsfeld zwischen Realismus, Konstruktivismus und Phänomenologie ein Trilemma: Der Realismus führt zum Skeptizismus (wonach mir die Welt selbst verborgen bleibt), der Konstruktivismus führt zum Relativismus (wonach beliebig viele Welten gleichberechtigt nebeneinander existieren) und die Phänomenologie führt zum Subjektivismus, der die Konstitution des Objektiven und Fremden erklären muss.

Wie aber kann ich aus der Ich-Perspektive auf etwas schließen, das von mir unabhängig ist? Diese Frage zieht sich wie ein roter Faden durch das Buch: Was ist außerhalb meines Geistes und was kann ich darüber wissen? Ein möglicher Zugang kann ein Verständnis des Realen sein, das als unmittelbar erlebbar begriffen wird, zum Beispiel als Widerständiges, Widerfahrnis oder Robustes. Widerstandserfahrungen bieten aber nicht nur *physische Gegenstände* (wie eine Tür, die sich nicht öffnen lässt), sondern auch *natürliche Zusammenhänge* (wie die Beziehung zwischen steigendem Druck und zunehmender Tiefe im Ozean), aber auch von uns geschaffene und auf uns zurückwirkende Konstruktionen (wie die Tradition des Weihnachtsfestes).

Damit wird die Kluft zwischen Realismus und Konstruktivismus aufgehoben. Denn auch das Konstruierte kann in seiner Widerständigkeit als Reales erlebt werden. Real können auch Gefühle oder Stimmungen sein. An diesem Punkt treffen sich westliche Philosophie und fernöstliche Weisheit: Ein Aspekt der Lehre Buddhas war der Appell, die Wirklichkeit des Moments zu erleben, statt sich in metaphysischen Spekulationen zu verlieren, auf die es keine Antwort gibt.

Zwei gegensätzliche Pole zeigen sich im Denken der heutigen westlichen Welt: Der gegenwärtig vorherrschende naturwissenschaftliche Materialismus schaltet die persönliche Perspektive aus; einflussreiche Verschwörungsmythen und Ideologien (z. B. Nationalismus, Rassismus oder Kreationismus) umgehen objektive Fakten fast völlig. Das Buch versteht sich als Verteidigung des naturwissenschaftlichen Weltbildes, wendet sich aber zugleich gegen die Subjektvergessenheit der gegenwärtigen naturwissenschaftlich orientierten Philosophie. Es ist zugleich ein Plädoyer für eine Rückbesinnung auf die Phänomene des Bewusstseins als Ausgangspunkt der Erfahrung, der wissenschaftlichen Erkenntnis, aber auch unseres Realitätsverständnisses. Der in der heutigen Philosophie verbreiteten Entgegensetzung von konstruktivistischen und realistischen Denkansätzen wird eine Absage erteilt.

Zu großem Dank verpflichtet bin ich Boris Schwitzer, der in unzähligen Telefonaten das Buch Seite für Seite mit mir durchgegangen ist und mich zum Weiterschreiben ermutigt hat. Ich danke Bernhard Koring, der mehrere Fassungen des Manuskripts dieses Buches las und mit vielen hilfreichen Kommentaren versah. Mein besonderer Dank gilt Alexander Zimmermann für seine unschätzbar wertvollen Hinweise und für die große Mühe und Sorgfalt, mit der er mein Manuskript Seite für Seite kommentierte. Andreas Seeck danke ich für die Lektüre mehrerer Fassungen des Buches und für unzählige Verbesserungsvorschläge und kritische Anmerkungen, die wesentlich zur Verbesserung des Buches beigetragen haben. Mein besonderer Dank gilt Dieter Birnbacher, der das Manuskript aufmerksam gelesen und hilfreich kommentiert hat und dem ich wertvolle Hinweise zum Verständnis der Philosophie Schopenhauers verdanke. Manfred Ecker danke ich für das aufwendige Lektorat und zahlreiche Verbesserungsvorschläge. Ein großer Dank geht an Aischa Sabbouh-Eggert, die etliche Grafiken für mein Buch beigesteuert hat.

Nicht zuletzt danke ich dem Verlag Königshausen & Neumann GmbH, insbesondere Daniel Seger und Caroline Pabst, für die sehr angenehme und außerordentlich konstruktive Zusammenarbeit.

Kay Herrmann
November, 2023

Prolog

Es liegt in der Natur des Menschen, grundsätzliche Fragen zu stellen. Die Frage nach dem Prinzipiellen gehört zum Kerngeschäft der Philosophie. Die Philosophie entstand um 600 v. Chr. in Asien (China und Indien) und Europa (Griechenland) gleichzeitig. Der Wille zu überleben, lehrte die Menschen zu denken. Am Anfang stand das Nachdenken, das sich auf überlebenswichtige Fragen bezog: Wie kann man das Feuer nutzen? Wie können Rohstoffe gewonnen werden? Wie lassen sich Werkzeuge, Kleidung, Häuser und Nahrung herstellen? Aus dem überlebensnotwendigen Denken wurden Verwunderung und fragendes Staunen. Alltägliche Erfahrungen (z.B. der Tod eines geliebten Menschen oder der Blick in den Sternenhimmel) können Fragen aufwerfen wie: Was ist Zeit? Gibt es eine vom Körper unabhängige Seele? Was ist Materie? Was ist Geist? – Das sind klassische philosophische Fragen. Aber ist die Philosophie heute überhaupt noch dafür zuständig?

Zu den prominenten Wissenschaftlern, die sich abschätzig über die Philosophie geäußert haben, gehört der Astrophysiker Stephen Hawking (1942–2018):

> Wie können wir die Welt verstehen, in der wir leben? Wie verhält sich das Universum? Was ist das Wesen der Wirklichkeit? Woher kommt das alles? Braucht das Universum einen Schöpfer? Die meisten von uns verbringen nicht übermäßig viel Zeit mit diesen Fragen, doch fast alle machen wir uns hin und wieder darüber Gedanken.
> Traditionell sind das Fragen für die Philosophie, doch die Philosophie ist tot. Sie hat mit den neueren Entwicklungen in der Naturwissenschaft, vor allem in der Physik, nicht Schritt gehalten. Jetzt sind es die Naturwissenschaftler, die mit ihren Entdeckungen die Suche nach Erkenntnis voranbringen. (Hawking/Mlodinow, 2010, S. 11)

Welche Kompetenz hat heute Philosophie? Der Philosoph Odo Marquard (1928–2015) sprach von einer „radikal inkompetent gewordenen" Philosophie:

> Erst war die Philosophie kompetent für alles; dann war die Philosophie kompetent für einiges; schließlich ist die Philosophie kompetent nur noch für eines: nämlich für das Eingeständnis der eigenen Inkompetenz. Und wenn das so sich verhält, dann bleibt übrig für die Philosophie: gar nichts, also die reine, pure, nackte Inkompetenz, sowie – um den Sokrates zu zitieren – nur noch eine einzige ganz winzige Kleinigkeit, eine freilich sehr unsokratische Kleinigkeit, eine, die die Philosophie nicht weniger problematisch, sondern die sie vollends pro-

blematisch macht, etwas, das ich im Blick auf die radikal inkompetent gewordene Philosophie nennen möchte: ihre Inkompetenzkompensationskompetenz. (Marquard, 1987, S. 29)

Die Philosophie müsse sich vom Prinzipiellen verabschieden, folgerte Odo Marquard. Sichere Aussagen über die Wirklichkeit, über das Sein, über letzte Ursachen oder über moralisch letztgültige Handlungen scheiterten an der Kürze des Lebens: „Das Prinzipielle ist lang, das Leben kurz; [...] denn unser Tod ist schneller als das Prinzipielle: das eben erzwingt den Abschied vom Prinzipiellen." (Marquard, 1987, S. 18)

Die Antworten der heutigen Wissenschaften[2] erscheinen oft anmaßend: Geist und Seele sollen auf materielle Vorgänge zurückgeführt werden und die Frage nach dem ‚Fundament' der Welt wird als rein physikalisches Problem angesehen. Aus dem Blickwinkel der modernen Wissenschaften wird die Welt häufig in zwei scharf voneinander getrennte Welten unterteilt: eine Außenwelt der materiellen Dinge (z.B. Pflanzen, Tiere, Mitmenschen, Häuser und Objekte des Weltalls) und eine Innenwelt (Gefühle, Stimmungen und Erinnerungen). Gegenbewegungen zu den modernen Wissenschaften sind Wissenschaftsskepsis (s. Glossar: Skeptizismus), Verschwörungsdenken und religiöser Fundamentalismus. Umso wichtiger ist eine philosophische Betrachtung. Übersetzt heißt Philosophie ‚Liebe zur Weisheit'. Es ging ursprünglich in der Philosophie nicht darum, Wissen anzuhäufen, sondern darum, zu fragen und zu hinterfragen. Aber es ist immer gefährlich, Bestehendes in Frage zu stellen: Das schafft Unruhe, Widerstand, greift Machtstrukturen an und birgt die Gefahr des Scheiterns.

Man darf nicht vergessen, dass Naturwissenschaftler, Neurowissenschaftler, Mathematiker, Sozialwissenschaftler und Informatiker einen anderen Zugang zur Welt suchen als Philosophen. Während für den Physiker die Welt aus einer Anzahl von Elementarteilchen besteht und für den Neurowissenschaftler die Psyche analog zu einem Computer funktioniert, kann der Philosoph den Menschen selbst nicht von der Rechnung streichen: Das Selbst und die Konzepte, in denen das *Selbst* die Welt begreift (z.B. Ich-Bezogenheit, Raum, Zeit und Kausalität), werden seine Ausgangspunkte sein müssen.

Auch wenn sich die Probleme und Antworten der Philosophen seit der Antike verändert haben, sind doch einige Grundthemen gleich geblieben. Ei-

2 Zu den Wissenschaften gehören die Realwissenschaften, die sich mit der erfahrbaren Welt befassen (z.B. Physik, Chemie, Biologie, Psychologie und Wirtschaftswissenschaften). Mathematik und Logik sind Formalwissenschaften. Wissenschaften streben nach argumentativ begründetem Wissen, das (zumindest prinzipiell) für jedermann, an jedem Ort und zu jeder Zeit nachvollziehbar sein muss. Wissenschaftliches Wissen strebt keine absoluten Wahrheiten an. Es ist immer unvollkommenes Wissen, das durch neues oder umfassenderes Wissen ersetzt werden kann.

nige dieser Grundthemen finden sich nicht nur in der abendländischen Philosophie, sondern auch in anderen Kulturen (z.B. in Indien und China). Themen, die das philosophische Denken über lange Zeiträume bis heute durchziehen, nenne ich ‚Achsen der Erkenntnis'. Einige davon sind:

- Wie verhalten sich *Materie* und *Geist* zueinander?
- Wie lassen sich *Reales*[3] und *Konstruiertes* unterscheiden?
- Wie lassen sich *Außenwelt* und *Innenwelt* trennen?
- Wie verhalten sich *Subjektivität* (was das Subjekt ausmacht – beispielsweise Erfahren, Denken, Fühlen, Wünschen und Wollen – bzw. ihm zugerechnet wird) und *Objektivität* (was unabhängig vom Einzelsubjekt ist) zueinander?

Welche Ansichten hat die Philosophie in Bezug auf diese vier Achsen entwickelt?

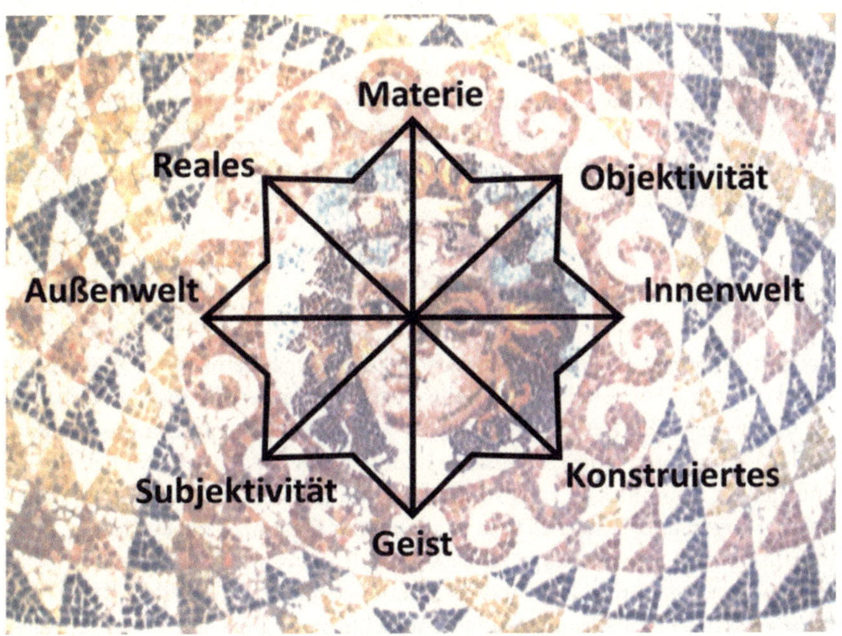

Achsen der Erkenntnis
Quelle: Autor

3 Ich verwende das Wort ‚Reales', um nicht das Wort ‚Realität' verwenden zu müssen. Realität suggeriert eine Ganzheit, zu der wir nie Zugang haben. Die hier vertretene Auffassung ist, dass wir es immer nur mit einzelnen Formen des Realen zu tun haben.

Materie und Geist

Teilchen (wie Elementarteilchen, Atome oder Moleküle) gelten in der heutigen Naturwissenschaft als die grundlegenden Bausteine der Materie. Mit verschiedenen technischen Methoden (z.B. Rasterkraftmikroskop) können wir heute Teilchen wie Atome und Moleküle sichtbar machen. Trotzdem bleibt die Rede von Teilchen eine sprachliche Hilfestellung, denn die mikroskopischen Bilder müssen erst interpretiert werden. Wenn Physiker von ‚Quarks', ‚Higgs-Bosonen', ‚Quantenschleifen' oder ‚Superstrings' sprechen, darf nicht übersehen werden, dass es sich um Modelle handelt, mit denen wir über unsere Beobachtungen sprechen. Modelle gehören in den Bereich unserer geistigen Aktivitäten. Deshalb stellt sich die Frage: Mit welchem Recht können wir hier von ‚Materie' sprechen?

Die Frage nach dem Verhältnis von Materie und Geist wirft grundsätzliche Probleme auf: Besitzen beide ein voneinander unabhängiges Sein, so stellt sich die Frage, wie beide zusammenwirken können. Führt man beide auf eine gemeinsame Grundlage zurück, stellt sich die Frage, was diese gemeinsame Grundlage sein könnte. Versteht man unter Materie physische Gegenstände, aus denen geistige Gegenstände gebildet werden, stellt sich das Problem, wie Bewusstseinsakte wie das persönliche Erleben von Schmerz, Freude, Trauer oder Wut in die Sprache der Physik übersetzt werden können. Es bleibt die Frage: Was ist Geist?

Außenwelt und Innenwelt

Natur- und Sozialwissenschaftler verorten die Vorgänge in Natur und Gesellschaft in einer Außenwelt. Zur Außenwelt gehören andere Menschen, Gebäude, die uns umgebende Natur, aber auch der Weltraum. Untersuchungsgegenstände der Psychologen sind z.B. unsere Gefühle (Ärger, Wut, Angst, Ekel, Freude und Liebe), Stimmungen (Angst, Überraschung, Trauer und Wut), aber auch Erinnerungen und Träume. Diese werden einer Innenwelt zugeordnet.

Immanuel Kant behauptete, dass Räumlichkeit und Zeitlichkeit zu unserer Innenwelt gehören. Die moderne Naturwissenschaft gibt ihm Recht. Der Neurowissenschaftler John O'Keefe entdeckte 1971 im Gehirn Nervenzellen (Spatial Cells), die uns räumlich wahrnehmen lassen. Dafür wurde er 2014 mit dem Nobelpreis ausgezeichnet. Innenwelt und Außenwelt: Eine Unterscheidung, die erst unser Gehirn schafft? Oder ist die Außenwelt mehr als ein sinnvolles Konstrukt unseres Gehirns, das uns hilft, uns erfolgreich zu orientieren und zu erleben? Zumindest der Innenwelt können wir uns sicher sein: Denn ich kann nicht Angst haben (ein Phänomen der Innenwelt) und gleichzeitig bezweifeln, dass ich Angst habe, während ich sehr wohl bezweifeln kann, dass da draußen wirklich ein Baum steht. Es könnte sein, dass der vermeintliche Baum nur ein geschickt gezeichnetes Bild an einer Hauswand ist. Wie sicher kann ich mir der Außenwelt wirklich sein? Der Filmklassiker ‚Matrix' spielt mit dem Gedankenexperiment, dass den Menschen eine computersimulierte Welt vorgegaukelt wird – die Matrix. Was die Menschen für die Welt halten, ist eine Computersimulation. In Wirklichkeit befinden sich die Körper der Menschen in einer riesigen Zuchtanlage, in der die Menschen nur als Energielieferanten für eine alles beherrschende Computerintelligenz dienen. Das alles klingt wenig glaubwürdig. Aber es bleibt ein grundsätzliches Problem: Angenommen, unsere Außenwelt wäre die perfekte Simulation eines unglaublich intelligenten Wesens. Wie könnten wir erkennen, dass wir uns in einer solchen Simulation befinden?

Subjektivität und Objektivität

Subjektivität ist das, was der Mensch sich selbst zuschreibt: seine Vorlieben, seinen persönlichen Geschmack, seine Vorlieben und Gefühle. Jeder Mensch empfindet beispielsweise Zahnschmerzen anders. Demgegenüber streben die Wissenschaften nach Erkenntnissen, die von der persönlichen Perspektive unabhängig sind und daher von jedermann und zu jeder Zeit nachvollzogen werden können. Die Art und Weise, wie wissenschaftliche Debatten geführt werden, erweckt jedoch manchmal einen anderen Eindruck. Selbst anerkannte Experten widersprechen sich gelegentlich in Debatten, z.B. zum Klimaschutz oder zu Bildungs- und Gesundheitskonzepten. Expertenmeinungen sollten auf Fakten und Logik beruhen. Wo bleibt die Objektivität, wenn die Fakten einander widersprechen? Objektivität sollte nicht von willkürlichen Setzungen, Gefühlen und Geschmacksurteilen abhängen. Ist am Ende alles eine Frage der Willkür und der Festlegung? Müssen wir Astrologie und Voodoo-Zauber genauso ernst nehmen wie die Aussagen der Physik? Stehen die (zum Teil menschenverachtenden) Werte autokratischer politischer Systeme gleichberechtigt neben dem europäischen Wertesystem? Dies zeigt die Dringlichkeit der Frage: Was ist Objektivität?

Reales und Konstruiertes

Einerseits scheint die Annahme einer von außen auf unsere Sinne einwirkenden Realität für das Alltagsdenken und für die Wissenschaften eine natürliche und zwingende Annahme zu sein. Denn worauf sollten sich unsere Wahrnehmungen sonst beziehen? Wie ließen sich die Fortschritte in den Wissenschaften erklären, wenn sie nicht Ausdruck einer von uns unabhängigen Realität wären, die immer besser verstanden wird? Diese Annahme einer von außen auf uns einwirkenden Realität verwickelt sich jedoch in Widersprüche. Denn wir können unsere Wahrnehmungen oder unsere wissenschaftlichen Theorien niemals mit einer Realität an sich vergleichen.

Immanuel Kant hat darauf hingewiesen, dass wir es immer nur mit Erscheinungen zu tun haben, nie aber mit dem Erscheinenden selbst (also der Ursache der Erscheinung). In der Philosophie der Postmoderne (s. Glossar: Postmoderne) bleibt oft nur der Schein. Viele Erzählungen postmoderner Literaten sind unwirklich. Letztlich verschwimmt die Grenze zwischen Fiktion und Realität. Müssen wir also die Konsequenz akzeptieren, dass Realität beliebig konstruierbar ist, dass jede Fiktion als Realität interpretiert werden kann, dass wir alle in verschiedenen Realitäten leben, die nicht miteinander vergleichbar sind?

Was ist *Realität*? Oft lautet die Antwort: Das, was ohne mein Zutun besteht. Das kann ich vielleicht sicher von der Katze meines Nachbarn behaupten. Doch mit welcher Realität hat es ein moderner Teilchenphysiker zu tun? Er arbeitet mit abstrakten mathematischen Modellen. Inwiefern kann man außerhalb physikalischer Theorien überhaupt noch sinnvoll von Teilchen wie ‚Elektronen', ‚Quarks' oder ‚Higgs-Bosonen' sprechen? Selbst die Katze meines Nachbarn besteht nicht völlig unabhängig von meinem Denken. Denn das Bild von der ‚Katze meiner Nachbarn' muss erst in meinem Gehirn zusammengesetzt werden, und außerdem muss ich über den Begriff ‚Katze' verfügen, um sinnvoll über das bei meinen Nachbarn lebende Tier sprechen zu können. Es erscheint unplausibel, dass wir einen direkten Zugang zu einer Realität haben, die ohne menschliches Zutun besteht.

Auf den Begriff der Realität ganz zu verzichten, erscheint aber auch nicht akzeptabel. So ersetzt Markus Gabriel *Realität* durch *Existenz*: Kater Karlo *existiert* im Comic und Kater Felix *existiert* in der Wohnung meiner Nachbarn. Der Unterschied zwischen Realität und Fiktion verschwimmt dabei. Den Fragen, was Realität ist und wie man zwischen Realität und Konstruiertem unterscheiden kann, gehe ich im Abschnitt *Reales – Konstruiertes* nach.

Mit dem Begriff der Realität verbindet man gemeinhin die Vorstellung von etwas Beständigem, Robusten, Festem und Widerstandsfähigem. Die Abfolge von Tag und Nacht und die Gezeitenwirkung des Mondes sind stabile Zusammenhänge, die sich der menschlichen Willkür entziehen. Schwieriger wird es, wenn man den Begriff der Realität mit Beziehungen in der menschlichen Gesellschaft in Verbindung bringt. Soziale Beziehungen sind z.B. Bekanntschaften, Paarbeziehungen, Freundschaften oder Verwandtschaften. Solche Beziehungen üben einen starken Einfluss auf uns aus. Insofern sind sie durchaus real.

In der zeitgenössischen Philosophie stehen sich zwei unterschiedliche Sichtweisen gegenüber: *Das Erkannte wird durch den Prozess des Erkennens vom Beobachter selbst konstruiert* (Konstruktivismus) versus: *Das Erkannte existiert auch unabhängig vom Prozess des Erkennens* (Realismus) (vgl. z.B. Kornmeier, 2007, S. 31). Ich halte diese Entgegensetzung für problematisch. Auch Konstruiertes (z.B. bestimmte soziale Beziehungen) kann unabhängig vom Erkanntsein bestehen und spürbare Wirkungen entfalten.

Ich möchte dafür plädieren, das Reale als das unmittelbar Erfahrbare und Erlebbare zu verstehen. Wenn ich durch eine vermeintlich offene Tür gehe und gegen eine Glasscheibe stoße, erfahre ich das Reale der Glasscheibe als unmittelbaren Widerstand. Die Erfahrung des Realen hat immer auch ein Moment des Unerwarteten. Dies lässt sich am besten mit dem Begriff des Widerständigen beschreiben. Ein solcher Realitätsbegriff ist nicht neu. Er findet sich bei Philosophen wie Wilhelm Dilthey und Nicolai Hartmann. Der Versuch, das Reale durch das Widerständige zu bestimmen, eröffnet die Möglichkeit, eine Brücke über die Kluft zwischen Realismus und Konstruktivismus zu schlagen: Wenn ich einen Nagel in eine Wand schlagen will, spüre ich die Realität der Wand an ihrem Widerstand, aber auch Konstruiertes (z.B. Regeln, Normen oder Rituale) kann Widerstand leisten und Wirkungen entfalten. Konstruiertes kann sich durch reale Wirkungen manifestieren. Konstruiertes als Reales, ohne Reales nichts Konstruiertes und Reales als unmittelbar Erlebbares: Darauf läuft mein ‚Schlussplädoyer' hinaus.

Erste Achse: Materie – Geist

Materie und Geist
Quelle: Autor, clipart

1. Philosophie des Ostens: Aktiver Geist, passive Materie und allumfassendes Tao

a. Indische Philosophie: Die Bhagavadgītā.

Hinduheiligtum, Grand Bassin, Mauritius
Quelle: Autor

Vor einer balinesischen Verbrennungszeremonie: Das ganze Dorf ist auf den Beinen. Ich fühle mich nicht wohl. Mein Dolmetscher beruhigt mich. Die Zeremonie beginnt. Der in Tücher gewickelte Leichnam wird aus dem Haus getragen und in den Transportsarg gelegt. Um die Dämonen zu verwirren, dreht man den Transportsarg einige Male. Begleitet von einem Gamelanorchester, macht sich der Leichenzug auf den Weg zum Verbrennungsplatz. Dort angekommen, wird der Leichnam in den Verbrennungssarg umgebettet. Weitere Trauerzüge treffen ein. Ein seltsames Gefühl beschleicht mich. Doch die Menschen um mich herum wirken eher fröhlich. Die Zeremonie ist bunt, laut, ja fröhlich.

Zwischen dem 8. und 9. Jahrhundert kam der Hinduismus nach Bali. Heute bekennen sich die meisten Balinesen zur balinesischen Form des Hinduismus, der sogenannten Hindu-Dharma-Religion. Im Glauben der Balinesen ist das Leben nur eine Durchgangsphase, die die Seele in einem unsauberen materiellen Körper verbringen muss. Durch die Einäscherung wird die Seele von ihrer materiellen Hülle befreit, was kein Grund zur Trauer ist.

Bald geht ein Verbrennungssarg nach dem anderen in Flammen auf und ein übler Geruch breitet sich über den Platz aus. Ich erschrecke, als mich jemand anstupst. Eine Eisverkäuferin bietet mir freundlich lächelnd ein Schöller-Eis an. Freundlich lächelnd lehne ich ab.

Eine der bedeutendsten heiligen Schriften der Hindus ist die Bhagavadgītā. Von allen Werken der altindischen philosophischen Literatur hat sie den größten Einfluss ausgeübt. Das Werk entstand zwischen dem 5. und dem 2. Jahrhundert v. Chr. Die Gita besteht aus achtzehn Liedern. ‚Bhagavadgita' bedeutet übersetzt ‚Gesang' (gita) des ‚Erhabenen' (bhagavad) (Kämpchen, 2021, S. 9).

Den Rahmen bildet der Kampf um die Macht zwischen zwei verwandten, aber verfeindeten Klans, den Pandavas (auch Pandus genannt) und den Kauravas (auch Kurus genannt) (Kämpchen, 2021, S. 10). Der Stoff ähnelt dem des Nibelungenliedes oder der Ilias.

In der Bhagavadgītā wendet sich Krishna, eine irdische Manifestation des Gottes Vishnu, an Arjuna. Arjuna ist eine Heldengestalt und ein Vertreter der Pandavas, dem es sinnlos erscheint, gegen so nahe Verwandte Krieg zu führen. Kern dieser Belehrung ist die Aufforderung zum aktiven Handeln (Mylius, 1990, S. 6). Es kommt schließlich zur grausamen Ausrottung der Kaurava-Brüder.

Gleichzeitig enthält die Bhagavadgītā Grundlehren der indischen Philosophie. Demnach werden Gott, Lebewesen und Natur als Einheit verstanden und existieren doch getrennt voneinander. Gott durchdringt einerseits seine Schöpfung, andererseits steht er über ihr. Er ist ein formloses, unpersönliches Es und zugleich als göttliche Person ein Ich (Kämpchen, 2021, S. 7f.).

Es wird eine Welt dargestellt, die aus zwei Ebenen besteht: einer sinnlich erfahrbaren Wirklichkeit (der sogenannten Maya-Welt) und einer göttlichen Welt. Nur das Göttliche sei wirklich. Daher sei die sinnliche Welt eine Illusion, wenn sie von der göttlichen Sphäre aus betrachtet wird (Kämpchen, 2021, S. 8). Das Handeln ist auf die Verehrung eines persönlichen Gottes ausgerichtet. Dieser Gott ist zugleich Person und Urgrund unseres Seins. Ziel und Verheißung des Handelns sind die Erlösung von der Wiedergeburt sowie die Auflösung in Gott bzw. die Glückseligkeit bei Gott (Kämpchen, 2021, S. 22).

In der Bhagavadgītā werden zwei ewige Prinzipien erwähnt: ‚Prakriti' (die Stofflichkeit, das Materielle) und ‚Purusha' (die ‚Person', das Geistige). Auf Prakriti und Purusha wird die Welt zurückgeführt. Purusha ist die männlich gedachte Urseele (Weltgeist) und Prakriti die weiblich gedachte Urstofflichkeit (Materie).

Arthur Schopenhauer griff diese altindische Weisheit auf. Er sprach vom ‚Schleier der Maya', der ein ‚Schleier der Täuschung' sei: Die Vielfalt der Welt sei nur ein Trugbild, das den Blick auf die Einheit verstelle. Dieses Motiv ist in verschiedenen Religionen und Philosophien zu finden: In einigen Religionen wird zwischen einer unvollkommenen diesseitigen und einer vollkommenen jenseitigen (göttlichen) Wirklichkeit unterschieden. Platon verglich die Welt der sinnlich wahrnehmbaren Dinge mit Schatten der vollkommenen Ideen. Und nach der Philosophie Immanuel Kants haben wir es immer nur mit Erscheinungen zu tun, ohne je zum Erscheinenden selbst vordringen zu können.

b. Chinesische Philosophie: Das Tao

Yin und Yang
Quelle: pixelio

Das Tao des (道 oderTao oder Dao) ist ein Grundkonzept der Philosophie des chinesischen Philosophen Laotse (老子). Er lebte im 6. Jahrhundert v. Chr. Über sein Leben ist wenig bekannt, auch war ‚Laotse' nicht sein Name. ‚Laotse' heißt übersetzt so viel wie ‚der Alte'. Ihm wird das Werk ‚Taoteking' zugeschrieben. Dieses Werk besteht aus 81 Abschnitten. Der Begriff des *Tao* (*dao*) kann übersetzt werden mit ‚*Sinn*', und ‚*Te*' (*de*) lässt sich übersetzen mit ‚*Leben*' (Wilhelm, in: Laotse, 1911, S. X).

Tao war für Laotse nur ein Zeichen des Unaussprechlichen. Vorgeschlagene Übersetzungen sind: ‚Gott', ‚Weg', ‚Vernunft', ‚Wort' oder ‚Logos' (Wilhelm, in: Laotse, 1911, S. XV). Die vermutlich treffendste Übersetzung stammt von Richard Wilhelm (1911), nämlich ‚Sinn'.

> *25. Des Unzulänglichen Gleichnis*
> [...]
> Ich weiß seinen Namen nicht.
> Ich bezeichne es als ‚Sinn'
> [...]
> Der Mensch hat die Erde zum Vorbild.
> Die Erde hat den Himmel zum Vorbild.
> Der Himmel hat den *Sinn* zum Vorbild.
> Und der *Sinn* hat sich selber zum Vorbild. (Laotse, 1911, S. 27)

Der *Sinn* (Tao) ist kein Ding, sondern *in* allen Dingen. Insofern ähnelt es einem Naturgesetz, das allen Dingen und Ereignissen innewohnt, ohne selbst

Ding oder Ereignis zu sein. Im Gegensatz zu den Vorsokratikern, bei denen bestimmte materielle Prinzipien (z.B. Wasser, Feuer oder Atome) im Vordergrund standen, blieb Laotses Ansatz an das denkende Individuum selbst gebunden. Alles Wissen und Erkennen war für Laotse unzureichend. Solche Überlegungen kamen in der europäischen Philosophie erst mit Kant zur vollen Entfaltung (Wilhelm, in: Laotse, 1911, S. XX).

Laotse beschrieb eine Dynamik, nach der jedes Lebewesen einen Höhepunkt erreicht, dem der Verfall und schließlich der Tod folgen. Aus diesem von Laotse beschriebenen Prozess lässt sich eine Parallele zur Kulturentwicklung ziehen: Die antiken Hochkulturen (Sumerer, das Ägyptische Reich am Nil oder die Harappa-Kultur am Indus) erreichten einen Punkt kultureller Blüte und brachen wieder zusammen.

Das *Nicht-Sein* war für Laotse nicht einfach das Nichts, sondern nur etwas vom jeweiligen Sein Verschiedenes: ‚Nicht-Rot-Sein' kann z.B. ‚Blau-Sein' oder ‚Grün-Sein' bedeuten. *Sein* und *Nicht-Sein* sind bei Laotse nicht wesentlich verschieden. Die Materie interpretiert Laotse als das Unbestimmte, das Untätige, die bloße Möglichkeit des Seins, während er den Geist als aktives Prinzip versteht (Wilhelm, in: Laotse, 1911, S. XXIV).

2. Antike: Stoff oder Idee?

a. Vorsokratiker

Milet, Türkei
Quelle: Autor

Gewitter, Sturm, Regen, Schnee, Hagel, ein Regenbogen, Ebbe und Flut, Vulkantätigkeit, die Bewegung der Gestirne, Pflanzen, Tiere und Menschen: eine Vielfalt von Erscheinungen und Dingen in der Welt. Steht hinter dieser Vielfalt ein einheitlicher Grund? Wenn ja, wie kann dieser gedacht werden?

Was ist der Urzustand der Natur? Gibt es eine Einheit, aus der die vielfältigen Erscheinungen der Natur hervorgegangen sind? Die Frage nach den ersten Prinzipien der Natur steht am Anfang der europäischen Philosophie. Die ionischen (s. Glossar: Ionien) Naturphilosophen (z.B. Thales, Anaximander und Anaximenes), die zwischen 600 und 350 v. Chr. wirkten, suchten nach einem einheitlichen Ursprung (arché), aus dem sich die Entwicklung der vielfältigen Naturerscheinungen erklären lässt.

Im 6. bis 5. Jahrhundert v. Chr. hatte die europäische Philosophie in Milet ein erstes Zentrum. Milet kann als Wiege des rationalen Denkens und der abendländischen Philosophie bezeichnet werden. Ab dem 8. Jahrhundert v. Chr. wurde Milet zum wichtigsten Umschlagplatz für den Handel mit dem östlichen Mittelmeerraum und schließlich auch mit dem Schwarzmeerraum. Von Milet ging (neben anderen Städten) im 6. Jahrhundert v. Chr. der Münzhandel aus: Dieser belebte die Wirtschaft. Zum anderen war Milet ein Schmelztiegel verschiedener Kulturen, die hier ihre Spuren hinterlassen haben. Milet ist ein Beispiel für eine frühe Globalisierung. Die milesischen Gelehrten waren keine weltfremden Stubengelehrten. Sie verbanden ihre Tätigkeit meist mit praktischen Fragen. Häufig waren sie selbst Handwerker.

Thales und das Wasser

Element Wasser
Quelle: Aischa Sabbouh-Eggert

Der berühmteste Gelehrte von Milet war Thales (624 v. Chr. – ca. 547 v. Chr.). Aristoteles vermutet, dass Thales der Erste war, der die Frage nach materiellen Urprinzipien gestellt hat (Aristoteles, 2019, Metaphysik, 983b). Von Thales stammt der später nach ihm benannte Satz: Alle Dreiecke, die von einem Halbkreis umschlossen werden, sind rechtwinklig. Thales konnte eine Sonnenfinsternis vorhersagen. Er gilt als Stammvater aller Philosophen.

Wasser war für Thales der Ursprung aller Dinge. Vermutlich war es die lebens- und überlebenswichtige Bedeutung des Wassers, aber auch seine Wandlungsfähigkeit, die Thales so stark beeindruckte. Im 8. Jahrhundert v. Chr. berichtete der griechische Dichter Homer über den Flussgott Okeanos, der als Ursprung der Götter und der Welt galt. Möglicherweise hat diese Erzählung Thales beeinflusst. Ohne Wasser können weder Mensch noch Tier oder Pflanze überleben. Aristoteles erwähnt die Beobachtung, dass die Nahrung aller Lebewesen feucht ist und dass das Warme aus dem Feuchten entsteht (Aristoteles, 2019, Metaphysik, 983b). Thales hat hier etwas sehr Wichtiges gesehen.

Zwar wissen wir heute, dass Wasser nicht der Urstoff aller Dinge ist. Aber Wasser ist ein entscheidender Faktor der Kulturentwicklung und zugleich ein wichtiger Wirtschaftsfaktor. Im alten Ägypten war das Wasser während der Nilüberschwemmungen ein wichtiger Lebensspender, weil es fruchtbares Land mit sich brachte. Die ersten Hochkulturen in Nordafrika, im Alten Orient und in Asien entstanden an Flüssen: das Ägyptische Reich beiderseits des Nils, Mesopotamien an Euphrat und Tigris, die Harappa-Kultur am Indus, die chinesischen Reiche am Hwangho und am Jangtsekiang; und die Khmer entwickelten eine gut organisierte Wasserwirtschaft und ein ausgedehntes Netz von Kanälen, das die Bewässerung der Reisfelder regelte. Auch die Tiahuanaco-Kultur (Inkas) verdankte ihren Aufstieg zur Großmacht einer ausgeklügelten Bewässerungstechnik, mit der ihre Bauern das Hochland fruchtbar machten.

Das Leben entstand aus dem Wasser. Wasser ist ein wichtiger Grundbaustein des Lebens: Der menschliche Körper besteht zu etwa 70 % aus Wasser, und die Erdoberfläche ist zu etwa 70 % von Wasser bedeckt. Bei steigendem Bedarf und abnehmender Verfügbarkeit wird es wahrscheinlich zu heftigen Auseinandersetzungen um Wasser kommen.

Anaximander und das Ápeiron

Anaximander lebte von ca. 610 v. Chr. bis nach 547 v. Chr. in Milet. Vermutlich war er mit Thales bekannt. Wie Thales beschäftigte ihn die Frage nach dem Urstoff alles Gewordenen. Anaximander prägte die moderne Vorstellung vom Kosmos als einem geordneten Ganzen, das sich in ständiger Veränderung befindet und dennoch beständig ist. Der Urgrund der Welt war für ihn keine konkrete Stofflichkeit (wie etwa das Wasser bei Thales), sondern etwas Unbegrenztes und Unbestimmbares, das er Ápeiron nannte. Das Ápeiron ist weder sinnlich wahrnehmbar, noch in Raum und Zeit ausgedehnt, noch geht es in andere Stoffe über. Bemerkenswert ist, dass die Grundsubstanz nicht in einer sinnlich wahrnehmbaren Stofflichkeit gesucht wird, sondern in einem abstrakten Prinzip.

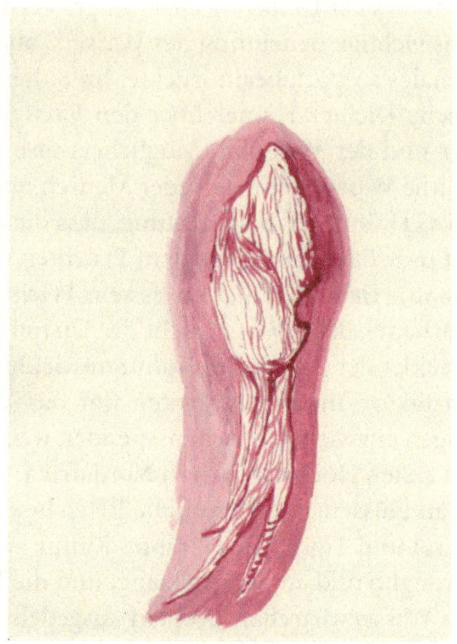

Element Feuer
Quelle: Aischa Sabbouh-Eggert

Zu den ionischen Naturphilosophen gehörte auch Heraklit (ca. 520 v. Chr. – ca. 460 v. Chr.). Er lebte in Ephesos. Im Zentrum seines Philosophierens stand der Gedanke der Veränderung. Der Inbegriff dieses Wandels war für ihn das Feuer:

> Wandlungen des Feuers: Erst Meer, vom Meer die Hälfte Land, die andere Hälfte flammenzuckende Wolken. Land zerfließt wieder zu Meer, und dies erfüllt aufs neue sein Maß im selben Verhältnis wie vordem, bevor es Land geworden war. (Heraklit, PhL, Bd. 1, S. 30f.)

An anderer Stelle schrieb er: „Alles tauscht sich gegen das Feuer und das Feuer tauscht sich gegen alles, so wie die Waren für das Gold und Gold wieder für die Waren.“ (Heraklit, PhL, Bd. 1, S. 31) In scheinbar feste Ordnungen brechen plötzliche Veränderungen ein, und vielleicht ist das gemeint, wenn er schrieb: „Das Steuer des Alls führt der Blitz.“ (Heraklit, PhL, Bd. 1, S. 33) Ob Heraklit damit tatsächlich das Feuer als materielle Grundlage der Welt verstand, sei dahingestellt.

Heraklits Gedanken scheinen auch heute noch aktuell zu sein. Heute geht man davon aus, dass die Welt vor 13,8 Milliarden Jahren in einem extrem heißen und dichten Kosmos entstanden ist. Nach dem bisherigen Modell brach dann die Urkraft auseinander, und die Welt begann, sich immer weiter zu differenzieren. Die Richtung dieser Bewegung ist unumkehrbar, das Gleiche kehrt nie wieder. Eine solche Vorwegnahme der irreversiblen Gerichtetheit der Zeit kommt in Sätzen von Heraklit zum Ausdruck wie: „Die Sonne ist neu an jedem Tag." (Heraklit, PhL, Bd. 1, S. 31) Oder: „In den gleichen Strom steigen wir hinein und steigen wir nicht hinein." (Heraklit, PhL, Bd. 1, S. 31)

Der Physiker Werner Heisenberg (1901–1976), einer der Begründer der Quantenmechanik, wies auf die Nähe des ‚Heraklitischen Feuers' zum Energiebegriff der modernen Physik hin: Alle Elementarteilchen bestehen aus Energie, und Energie ist zugleich das Bewegende. Energie kann sich in Bewegung, Wärme, Licht und Elektrizität verwandeln (Heisenberg, 1990, S. 45).

Parmenides, Zenon und Empedokles

Der Gegenentwurf zu einer ‚Heraklit-Welt', die immer in Bewegung ist, sich ständig verändert, ist die ‚Parmenides-Welt' des vollendeten Seins.

Parmenides lebte von ca. 515/510 v. Chr. bis nach 450 v. Chr. in Elea, einer griechischen Hafenstadt in Süditalien. Seine Schule wird daher auch Eleatische Schule genannt. Die Anhänger der Eleatischen Schule werden Eleaten genannt. Parmenides betrachtete die Welt, die durch die Sinne vermittelt wird, als unsicher. Der Grundgedanke bei Parmenides war: Bei einem beliebigen Gegenstand kann ich alle sinnlichen Eigenschaften als unsicher verwerfen (z.B. Farbe, Form oder Material), nur vom Sein des Gegenstandes kann ich nicht absehen. Zum Beispiel ist eine Tasse, die auf meinem Tisch steht, rot und aus Glas. Ich könnte mich auch über Farbe und Material irren. Vielleicht ist es eine besondere Beleuchtung, die den roten Farbton hervorruft, und was ich für Glas halte, könnte Kunststoff sein. Ma-

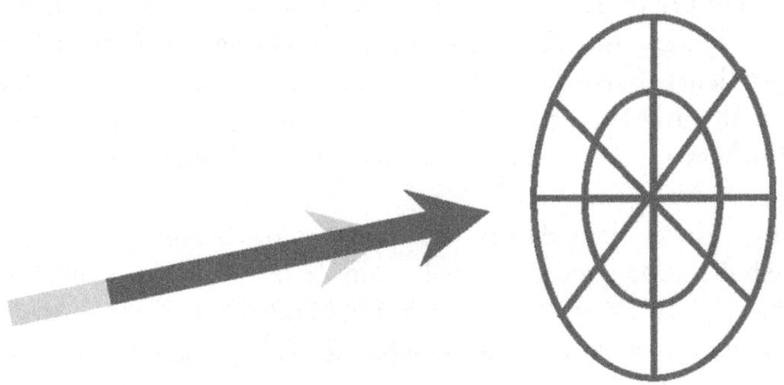

Das Pfeil-Paradoxon
Quelle: Autor

terial und Farbe, aber auch andere Eigenschaften sind Zufälligkeiten, von denen ich absehen kann. Niemals aber kann ich von dem Sein der Tasse absehen. Solche Überlegungen leiteten Parmenides bei seiner Schlussfolgerung: Hinter allem Zufälligen, hinter allem Wandel, hinter aller Veränderung steht ein ewiges und unveränderliches Sein. So verschieden und wandelbar die Dinge sind, allen gemeinsam ist das Sein. Über dieses ewige, unvergängliche und unerschaffene Sein schrieb Parmenides: „Sein ist auch nicht teilbar, denn es ist ganz und gar in sich gleich [...], ohne Anfang und ohne Aufhören." (Parmenides, PhL, Bd. 1, S. 24)

Veränderung, Bewegung, Werden und Vergehen erklärte Parmenides zum Schein. Zenon (490/85 v. Chr. in Elea ca. 445/40 v. Chr.), vermutlich ein Freund und Schüler Parmenides', untermauerte diese Auffassung mit Beweisen. Diese Beweise waren logischer Natur. Sie sollten die Widersprüchlichkeit der Bewegung zeigen. Was widersprüchlich ist, kann nicht sein: Ein Baum, der kein Baum ist, kann nicht existieren.

Ein Beispiel für ein Paradoxon von Zenon ist das Pfeilparadoxon: Ein fliegender Pfeil ruht an jedem Punkt seiner Flugbahn. Wenn er an jedem Punkt ruhen würde, müsste er insgesamt ruhen. Trotzdem sehen wir den Pfeil fliegen. Das ist ein Widerspruch, denn der Pfeil kann nicht gleichzeitig ruhen und sich bewegen. Folglich könne es keine Bewegung geben.

Von der Ablehnung der Sinnenwelt durch Parmenides und seine Anhänger distanzierte sich Empedokles von Akragas in Sizilien (495 v. Chr. – ca. 435 v. Chr.), indem er zu den Urstofftheorien zurückkehrte. Empedokles war Arzt und Seher. Er wurde wie ein Gott verehrt. Nach Empedokles war am Anfang alles durch Liebe (Anziehungskraft) zu einem Ganzen vereinigt. Darin waren alle Gegensätze aufgehoben. Empedokles nannte diesen Zustand den runden Sphairos (Empedokles, PhL, Bd. 1, S. 40).

Mit Empedokles fand die Suche nach den Urstoffen einen vorläufigen Abschluss. Empedokles fragte nach dem Konstanten hinter der Sinnenwelt. Diese Konstante fand er in den sogenannten vier Urstoffen: Feuer, Wasser, Luft und Erde. Alles Werden und Vergehen sei eine Mischung und Entmischung dieser Urstoffe. Er lehrte, dass die Urstoffe durch Kräfte bewegt werden: Liebe (Anziehungskraft) und Hass (Abstoßungskraft). Die Lehre des Empedokles hatte großen Einfluss auf die Medizin und wirkte bis ins Mittelalter.

Die heutige Physik geht davon aus, dass die uns bekannten Ereignisse eine Richtung haben. Man spricht deshalb vom Zeitpfeil. Es wurde noch nie beobachtet, dass sich der Zeitpfeil umkehrt: Ein herabgefallener Dachziegel springt nicht von selbst zurück. Die uns umgebende Welt der sichtbaren Dinge (Makrowelt) entspricht der Heraklit-Welt, die ohne Wiederkehr dahinfließt.

Ein völlig anderes Bild ergibt sich, wenn wir nicht die Erscheinungswelt (z.B. Planeten, Sterne, Tiere und Pflanzen), sondern die in der Erscheinungswelt wirkenden Naturgesetze betrachten. Die Grundgesetze der Natur kennen keine Zeitrichtung. Die fundamentalen Naturgesetze erlauben eine zeitliche Umkehrung des durch sie bestimmten Geschehens (Carrier, 2009, S. 67). Kehrt man den Zeitpfeil um, indem man einen Film rückwärts abspult, so werden erstaunlicherweise die Grundgesetze der Physik (abgesehen von extrem seltenen und makroskopisch nicht in Erscheinung tretenden quantenmechanischen Effekten) nicht verletzt. Der Zeitpfeil ist auf der Ebene der Grundgesetze der Physik nicht zu finden. Die Grundgesetze sind also zeitlos, sie ‚leben' sozusagen in der Parmenides-Welt. Hinter allem Wandel, aller Veränderung der Welt stehen zeitlose physikalische Gesetze.

Zenons Pfeilparadoxon erlangte mit dem Quanten-Zeno-Effekt, der 1994 an der Ludwig-Maximilians-Universität München experimentell nachgewiesen wurde, neue Aufmerksamkeit. Der Quanten-Zeno-Effekt ist ein quantenmechanischer Effekt, bei dem zum Beispiel der Zerfall eines radioaktiven Atomkerns allein durch Beobachtung verhindert wird. Ähnlich wie Zenons Pfeil zeigt der radioaktive Atomkern infolge der Beobachtung keine Veränderung mehr.

Auch bei Empedokles lässt sich eine Parallele zur modernen Physik ziehen. Heute geht man davon aus, dass sich das Universum zunächst in einem ‚symmetrischen' Anfangszustand (analog zum ‚runden Sphairos') befand, in dem alle Grundkräfte (Gravitation, elektromagnetische sowie starke und schwache Wechselwirkung) zu einer einzigen ‚Urkraft' verschmolzen waren. Mit der ‚Abkühlung' des Universums brach diese ursprüngliche Symmetrie auf und die Grundkräfte trennten sich.

Anaxagoras

Die Lehre des Empedokles übte einen starken Einfluss auf Anaxagoras (ca. 500 bis ca. 428 v. Chr.) aus. Anaxagoras war ein Zeitgenosse des Empedokles. Nachdem Parmenides und seine Anhänger Argumente für die Widersprüchlichkeit der Bewegung vorgebracht hatten, sah Anaxagoras in der Mischung und Trennung von Stoffen den einzigen Ausweg, um die Bewegung (und damit das Entstehen und Werden) der Dinge zu erklären.

Anaxagoras nahm an, dass am Anfang alle Dinge zusammen waren. Sie waren unendlich groß in ihrer Zahl und auch unendlich klein in ihrer Größe. Wegen ihrer Kleinheit waren die Dinge nicht sichtbar. Aus diesem anfänglichen Gemisch habe sich nach und nach das Reine abgesondert (Anaxagoras, PhL, Bd. 1, S. 53). Nur der Geist vermische sich mit keinem Ding. Der Geist habe alles in seine Ordnung gebracht (Anaxagoras, PhL, Bd. 1, S. 54f.). Dass der Geist in den Mittelpunkt des philosophischen Interesses rückte, war etwas Neues. Geist (Nous) bezeichnete ein denkendes Etwas, das in allem ist, sich aber mit nichts vermischt. Damit entstand die Vorstellung von etwas Reinem und Unverfälschtem, das im Geistigen gesehen wurde (Gadamer, PhL, Bd. 1, S. 50).

Anaxagoras blieb aber letztlich dem Stoffdenken verpflichtet. Denn Nous wurde von ihm als eine Art geistiger Stoff aufgefasst, der sich von anderen Stoffen nicht wesentlich unterscheidet. Dieses Stoffdenken des Anaxagoras wurde von Platon und Aristoteles kritisiert. Die Vorstellung, dass aus einer anfänglichen Vermischung etwas Reines und Unverfälschtes hervorgeht, erinnert bereits an die Ideenlehre Platons, der die Schrift des Anaxagoras erwähnt. Die Überlegung des Anaxagoras, dass sich die Vielfalt der Welt durch Mischung und Trennung erklären lässt, ist bis heute aktuell: Auch heute gehen wir davon aus, dass sich viele Gegenstände und Materialien der uns umgebenden Welt durch die Kombination und Trennung verschiedener Stoffe erklären lassen.

Die Atomisten

Das Atommodell des Demokrit
Quelle: Autor

Ein Problem für die antiken Naturphilosophen war die Frage, wie die offensichtliche Veränderung der Dinge (Heraklit-Welt) mit der Unveränderlichkeit des Seins (Parmenides-Welt) in Einklang zu bringen sei. Zenons Argumente stellten zwar die Bewegung in Frage, aber die Wahrnehmung zeigt Werden und Vergehen. Außerdem: Wenn das wahre Sein nur das Eine ist, wie kann dann aus dem Einen Vielfalt entstehen?

Leukipp (5. Jh. v. Chr.) und Demokrit (460 oder 459 v. Chr.) gingen einen neuen Weg, um dieses Problem zu lösen. Ihre Lehre wollte einerseits mit der Wahrnehmung übereinstimmen, andererseits aber an der Vorstellung eines unvergänglichen Seins festhalten. Leukipp gilt als Schüler von Parmenides und Demokrit als Schüler von Leukipp.

Leukipp und Demokrit erklärten alle Veränderung, Bewegung und Entstehung aus ‚Urfiguren', die sich im Leeren bewegen. Diese Urfiguren nannten sie Atome. Die Atome wurden als feste Teilchen gedacht, sie seien das eigentliche Sein, das sich im Leeren bewege (PhL, Bd. 1, S. 60). Die Atome seien ewig und unzerstörbar und bestünden alle aus einer Substanz, die nur eine Eigenschaft habe, nämlich ‚zu sein'. Von der Lage und Form der Atome hänge es ab, ob ein Körper warm, kalt, hell oder dunkel sei und welche Farbe er habe. Da die Atome keineswegs unendlich klein sind, haben sie sehr unterschiedliche Formen, die für das Aussehen der sichtbaren Erscheinungen verantwortlich sind (PhL, Bd. 1, S. 57). Unter den unendlich vielen Atomen spielten die kugelförmigen eine besondere Rolle. Sie könnten alles durchdringen und in Bewegung setzen. Die kugelförmigen Atome bildeten für Demokrit das Feuer und die Seele (PhL, Bd. 1, S. 61). Damit aber betrachtete Demokrit das Geistige als Stoffliches.

Heute wissen wir, dass die uns umgebende Welt aus Atomen aufgebaut ist. Mit dem Atombegriff der Atomisten hat der moderne Atombegriff jedoch kaum noch etwas zu tun. Der Atombegriff der heutigen Physik ist messbar und abstrakt. Der Atombegriff von Demokrit und Leukipp ist keine geeignete Grundlage für den Atombegriff der modernen Physik. Wir wissen heute, dass Atome weiter zerlegbar sind.

Aber die heutige Physik stößt an ähnliche Grenzen wie der Atomismus der Vorsokratiker. Kann man das Seelische und Geistige allein mit physikalischen Mitteln verstehen? Die Atomisten führten ein Seelenatom ein, aber diese Lösung erscheint wenig plausibel. Die Erklärung des Geistigen ist ein Problem, an dem nicht nur der Atomismus, sondern letztlich alle Materietheorien gescheitert sind. Deutlich wird dies z.B. am sogenannten Buchstabengleichnis. Ein Wort ist etwas anderes als eine Aneinanderreihung von Buchstaben, und ein Satz ist mehr als eine Aneinanderreihung von Wörtern. Zwischen dem Geistigen und dem Materiellen klafft eine Lücke. Um sie zu überbrücken, hat die klassische Philosophie Athens mit Platon und Aristoteles neue Wege beschritten.

b. Sokrates, Platon und Aristoteles

Sokrates

Sokrates
Quelle: pixelio

Gedränge auf dem Marktplatz von Athen. Was gibt es umsonst? Nur unbequeme Fragen: Was ist Gerechtigkeit? Was ist die Seele? Diskussionen, in die der Philosoph Sokrates seine Mitbürger verwickelte. Aber Menschen, die Althergebrachtes in Frage stellen, sind unbequem. ‚Missachtung der Götter', ‚Verführung der Jugend', ‚Missachtung der Obrigkeit'. Das Gericht war sich einig: Tod durch den Schierlingsbecher. Flucht wäre für Sokrates möglich gewesen. Aber Unrecht tun (der Strafe entgehen) sei schlimmer als Unrecht erleiden. So akzeptierte Sokrates die Strafe. Er starb im Kreise seiner Freunde und Weggefährten, mit denen er bis zuletzt diskutierte.

Sokrates (469 v. Chr.–399 v. Chr.) hat selbst keinen Text hinterlassen. Die einzigen Quellen zu Sokrates sind der Komödiendichter Aristophanes (450 v. Chr.–444 v. Chr.) und zwei seiner Schüler, der Historiker Xenophon (ca. 430

v. Chr.–ca. 354 v. Chr.) und der Philosoph Platon (428/427 v. Chr.–348/347 v. Chr.), die ihn jeweils aus ihrer Sicht interpretierten. Sokrates stellt eine Zäsur im abendländischen Denken dar. Die griechischen Denker vor ihm werden als Vorsokratiker bezeichnet. Er hat die nachfolgenden Philosophengenerationen nachhaltig beeinflusst. Von den Sophisten (s. Glossar: Sophisten) unterschied ihn, dass er den Dingen auf den Grund gehen wollte (Pleger, 1998, S. 178–180). Ihm ging es darum, die Wahrheit zu finden, die einer Sache zugrunde liegt.

Sokrates wirkte vor allem auf dem belebten Marktplatz von Athen, auf den er sich schon am frühen Morgen begab, wo er dann den Rest des Tages verbrachte. Der Marktplatz war damals einer der wichtigsten Orte der Begegnung und des Austausches. Wer wollte, konnte Sokrates dort zuhören. Anders als die Sophisten ließ er sich für seine Lehrtätigkeit nicht bezahlen. Er selbst bezeichnete sich als Philosoph (Freund der Weisheit). Seine Methode: fragen, in Frage stellen und hinterfragen. Damit machte er sich Feinde. Dieses bohrende Hinterfragen untergrub auch Autoritäten. So kam es zur Anklage. Die Anklagepunkte lauteten: ‚Ablehnung der vom Staat anerkannten Götter' und ‚Verderben der Jugend'. Im frühen Christentum bildete die Kreuzigung Jesu eine Parallele zum Tod des Sokrates.

Mit seinem berühmt gewordenen Ausspruch ‚Ich weiß, dass ich nicht weiß' machte er deutlich, was er seinen Mitmenschen voraushatte: das Bewusstsein des philosophischen Nichtwissens. Dies ist der Ausgangspunkt für den sokratischen Dialog:

> Im sokratischen Gespräch hat die sokratische Frage den Vorrang. Die Frage enthält zwei Momente: Sie ist Ausdruck des Nichtwissens des Fragenden und Appell an den Befragten, zu antworten oder sein eigenes Nichtwissen einzugestehen. Die Antwort provoziert die nächste Frage, und auf diese Weise kommt die dialogische Untersuchung in Gang. (Pleger, 1998, S. 95)

Eine der ersten Methoden der praktischen Philosophie ist der sokratische Dialog. Sie wird auch Mäeutik genannt. ‚Mäeutik' bedeutet ‚Hebammenkunst' – eine Hommage an die Mutter des Sokrates, die Hebamme war. Platon bezeichnete die Mäeutik als ‚geistige Geburtshilfe': Es sollte bewusst gemacht werden, was im Verborgenen bereits in der Seele vorhanden ist. Wichtige Fragen waren zum Beispiel: Was ist Tapferkeit? Was ist Besonnenheit? Was ist Gerechtigkeit? Was ist Tugend?

Die im Dialog gewonnenen Einsichten haben meist einen engen Bezug zur Lebenspraxis. Eine solche Einsicht war auch das Leitmotiv des Sokrates: In allen Fällen, in denen man Unrecht nur dadurch vermeiden kann, dass man selbst Unrecht tut, ist es schlimmer, Unrecht zu tun, als Unrecht zu erleiden. So floh der zum Tode verurteilte Sokrates aus Respekt vor dem Gesetz nicht aus dem Gefängnis. Denn Flucht wäre Unrecht tun. Für Sokrates befähigt nur das Wissen um das Gute dazu, das Gute zu tun. Daraus folgerte er: Niemand kann wissentlich Böses tun. Dies scheint jedoch der Alltagserfahrung zu widersprechen. Für diesen scheinbaren Widerspruch ist folgende Lösung möglich: Unser Wissen um das Gute und Gerechte kann niemals unveränderlich, allgemeingültig und unanfechtbar sein (Döring, 1996, S. 186). Wir können nie zu einer vollständigen Erkenntnis des Guten gelangen, aber wir sollten danach streben, um ein glückliches Leben führen zu können.

Platon

Abdruck eines Seesternes im Sand, Kuantan, Malaysia
Quelle: Autor

Einmal habe ich den Abdruck eines Seesterns im Sand gefunden. Ich konnte noch erahnen, wie der echte Seestern aussah. So gut der Seestern im Sand auch abgebildet war, die Kluft zwischen dem wirklichen Seestern und seinem Abbild blieb unüberbrückbar. Niemals wird das Bild die Wirklichkeit des Seesterns erreichen.

Die Philosophen, die sich dem Denken des Sokrates verpflichtet fühlten, werden als Sokratiker bezeichnet. Die wichtigsten Philosophenschulen in der

Nachfolge des Sokrates waren die Akademie Platons und der aristotelische Peripatos. Auf Sokrates berief sich im 2. Jahrhundert n. Chr. auch der römische Kaiser Mark Aurel (121–180).

Platon wurde 428 oder 427 v. Chr. in Athen als Sohn einer vornehmen Familie geboren. Er gilt als der berühmteste Schüler des Sokrates. Auf seiner ersten Reise nach Sizilien (389/88 v. Chr.) kam Platon in Kontakt mit den Pythagoreern. Im Jahre 387 v. Chr. gründete er im Hain des Akademos in Athen eine Philosophenschule, die nach ihrem Lehrort Akademie genannt wurde. Dort lehrte Platon bis zu seinem Tod (348/47 v. Chr.). In seinem Buch ‚Politeia (Der Staat)' beschäftigte er sich mit der Frage, was Gerechtigkeit ist, und entwickelte seine Theorie des gerechten Staates. Platon war davon überzeugt, dass ein gerechter Staat von Philosophen geführt werden müsse. Denn nur die Philosophen hätten eine tiefe Erkenntnis des Guten. Platon unternahm drei Reisen nach Sizilien, um dort seine Idee einer Philosophenherrschaft zu verwirklichen. Doch seine Bemühungen scheiterten an der Realpolitik.

Um seine Lehre zu veranschaulichen, benutzte Platon Gleichnisse. In seinem Höhlengleichnis vergleicht Platon die Menschen mit Gefangenen in einer Höhle, hinter deren Rücken ein Feuer brennt. Zwischen den Gefangenen und dem Feuer befindet sich eine niedrige Mauer, hinter die Gegenstände (Kunstwerke) geschoben werden, die über die Mauer hinausragen. Die Gefangenen nehmen nur die Schatten wahr, die sie für die Wirklichkeit halten: „Auf keine Weise also können diese [KH: die Gefangenen] irgend etwas anderes für das Wahre halten als die Schatten jener Kunstwerke? – Ganz unmöglich." (Platon, Politeia, S. 224)

Ebenso seien die Gegenstände unserer Wahrnehmungswelt nur Schatten einer höheren Wirklichkeit, nämlich der Welt der Ideen. Die Ideen sind für Platon der Ursprung der konkreten Dinge, die uns umgeben und die wir wahrnehmen. Die Ideen seien vor den Dingen da, sie seien das Eigentliche. Die Ideen haben ein eigenes, unteilbares Sein.

So wie Schatten nur einen unvollständigen Eindruck von ihren Ursprüngen vermitteln, so seien auch die Dinge der uns umgebenden Welt nur unvollständige Abbilder der Ideen. Nur die Ideen seien ewig und vollkommen. Die Schönheit eines Menschen, einer Blume usw. vergeht, aber die *Idee der Schönheit* bleibe.

Auch Platon löste sich nicht ganz von den Stofftheorien. In seinem Werk ‚Timaios' beschreibt er, wie der Weltenschöpfer (Demiurg) aus den Elementen Feuer, Wasser, Luft und Erde die Körper der Welt zusammensetzt. Er entwickelt darin die Vorstellung einer Welt, die wie bei den Atomisten aus kleinsten Figuren besteht, die die geometrische Form eines Dreiecks haben.

Platons Lehre warf neue Fragen auf. Einer der prominentesten Sokratiker, der sich von Platons Ideenlehre distanzierte, war Antisthenes. Dieser hielt Platon entgegen, dass man zwar ein Pferd sehen könne, nicht aber das *Pferd-*

sein. Platon soll Antisthenes entgegnet haben, dass er das Auge, mit dem man die *Pferdheit* sehen könne, noch nicht erworben habe (Döring, 1996, S. 206). Was aber veranlasst die Ideen, sich in der Materie (bei Platon das Nichts) abzubilden? Platon vermutete eine Gottheit oder eine Weltseele, die dies bewirkt. Seine Ausführungen zu diesem Thema bleiben mythologisch und lassen die sonst für ihn typische Stringenz des Denkens vermissen. Das hängt vor allem damit zusammen, dass die Frage nach dem Verhältnis von Idee und Materie so grundlegend ist, dass sie sprachlich nicht mehr zu fassen ist. Platons Schüler suchten nach Antworten auf die Frage nach dem Verhältnis von Idee und Materie. Der Bekannteste unter ihnen war Aristoteles.

Aristoteles

Von der vom Baum gefallenen Frucht zum neuen Baum, vom Ei über die Raupe zum ausgewachsenen Schmetterling, von der Eizelle zum erwachsenen Tier: Kaum vorstellbar, dass alle Informationen über Form und Stoff des erwachsenen Lebewesens bereits im Anfang enthalten sind. Das Ziel bestimmt von Anfang an die Entwicklung zum erwachsenen Lebewesen. Durch das Wirken geeigneter Umweltbedingungen können sich die enthaltenen Möglichkeiten realisieren.

Aristoteles wurde (384 v. Chr.) in Stagira an der Ostküste der Halbinsel Chalkidiki als Sohn eines Arztes geboren. Er trat 367 v. Chr. in Platons Akademie ein und gilt als Platons berühmtester Schüler. Nach Platons Tod wurde er jedoch nicht dessen Nachfolger. Am makedonischen Hof in Pella wurde Aristoteles 343/42 v. Chr. Erzieher von Philipps Sohn Alexander dem Großen (356–323 v. Chr.). Mit Unterstützung des Stadthalters Antipater gründete Aristoteles in Athen eine eigene Schule, den Peripatos. Als der Makedone Alexander der Große starb, musste Aristoteles als vermeintlicher Makedonenfreund Athen verlassen. Er floh nach Chalkis auf Euboia, wo er 322 v. Chr. im Haus seiner Mutter an einem Magenleiden starb.

Aristoteles führte die philosophischen Ansätze seiner Vorgänger zu einem System zusammen. Er verband die Tradition des ‚Stoffdenkens', für die nur die sinnlich wahrnehmbaren Dinge existieren, mit der Auffassung Platons, der die Existenz ewiger Ideen lehrte.

Für Aristoteles begegnen uns Materie und Form immer nur in Verbindung miteinander. Die Welt, die uns umgibt: Häuser, Werkzeuge, Geschirr und vieles mehr – immer begegnen wir einer untrennbaren Verbindung von Materie und Form. Dies ist ein zentraler Gedanke von Aristoteles.

Aristoteles räumte der Sinnenwelt einen höheren Stellenwert ein als Platon. Offen blieb aber die Frage, wie das Verhältnis von Materie und Form zu denken sei. Dieses Problem wurde von Aristoteles nie gelöst, weshalb im Mittelalter der sogenannte Universalienstreit entbrannte.

Was Aristoteles unter Materie verstand, geht aus seinen Beschreibungen nicht eindeutig hervor. Zum Teil ist es ein sinnlich wahrnehmbarer Stoff wie Erz oder Holz, zum Teil aber auch ein abstraktes Prinzip (wie eine Zahl), das selbst keiner Veränderung unterliegt.

In Bezug auf den Menschen verstand Aristoteles den Körper als Materie und die Seele als Form:

> Die Seele ist aber das, wodurch wir *primär* lebendig sind und wahrnehmen und denken – sie dürfte folglich eine Art Begriff und Form sein, nicht aber Materie und das Zugrundeliegende.
> (Aristoteles, Über die Seele, 414a [S. 296 J])

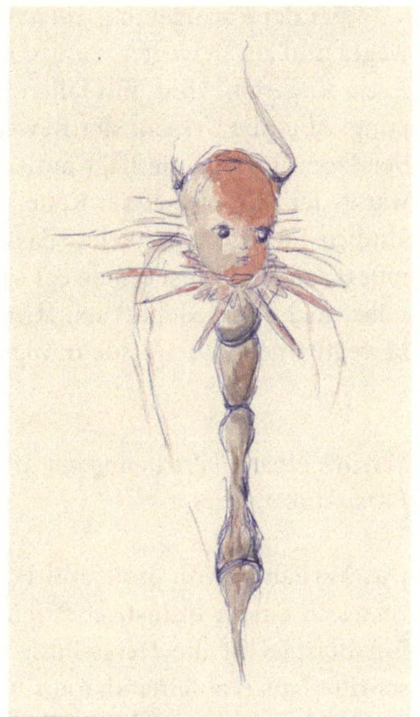

Metamorphose
Quelle: Aischa Sabbouh-Eggert

Damit blieb Aristoteles einem Dualismus[4] verpflichtet, der schon bei Platon zu finden war: Jenseits unserer konkreten Wahrnehmung (z.B. des Hauses, der Pflanze, des Kunstwerkes) liegen noch eine materiale Welt und eine formale Welt (z.B. die Haus-Form, die Pflanzen-Form, das Schöne) (Reichenbach, 2007, S. 63).

Alles Seiende habe vier Ursachen: eine stoffliche (oder materiale), eine formale, eine wirkende und eine finale[5] (Aristoteles, Metaphysik, 1013a). Verdeutlichen kann man sich das etwa anhand eines Hufeisens. Dieses besteht aus einem bestimmten Stoff, nämlich Eisen (stoffliche Ursache oder causa materialis). Zudem verfügt es über ein typisches Aussehen (Form oder causa formalis). Der Hufschmied, der es herstellt, ist die Wirkursache (causa efficiens) des Hufeisens. Letztlich dient das Hufeisen dem Schutz des Pferdehufes, das ist seine Zweckursache oder Endbestimmung (causa finalis).

---

4 *Dualismus* bedeutet Aufspaltung in entgegengesetzte Prinzipien.

5 Die *finale Ursache* ist der *Zweck* oder die *Zweckursache*.

Bei der Formgebung entstehe Bewegung. Jede Bewegung setzt einen Beweger und ein Bewegtes voraus. Es ist wie bei den Dominosteinen, die zu einer Kette aufgereiht sind. Ein fallender Dominostein setzt den nächsten in Bewegung. Aber die Ursache der Bewegung des ersten Dominosteins ist kein fallender Dominostein, sie liegt außerhalb der Kette der Dominosteine. Vielleicht war es der Schöpfer dieser Kette, der den ersten Stein in Bewegung setzte. Ganz ähnlich folgerte Aristoteles, dass es in der Welt einen ersten Beweger geben muss, der aber selbst unbewegt ist. Unbewegt könne jedoch nur etwas sein, das selbst nicht ausgedehnt[6] sei: „Unmöglich kann das erste Bewegende und Unbewegte irgendeine Ausdehnungsgröße besitzen." (Aristoteles, Physik, 267b)

Versuch einer Übertragung der aristotelischen Form-Stoff-Lehre auf moderne Produktionsprozesse

Das Verhältnis von Stoff und Form lässt sich anhand eines Produktionsprozesses in einem Industriebetrieb in die heutige Vorstellungswelt übertragen. Ein Beispiel ist die Herstellung von Gussteilen. Die einzelnen Produktionsschritte bauen aufeinander auf und sind zweckmäßig angeordnet. Der Zweck eines Schrittes ist auf den nächsten Schritt ausgerichtet. Jeder Schritt setzt den vorhergehenden voraus. Alles ist auf ein Endziel ausgerichtet: das fertige Gussteil. Wie sieht diese Stufenfolge im Einzelnen aus? Am Anfang steht die ‚reine' Form des Gussteils (z.B. eine Konstruktion am Computer, das Design-Modell), die am Computer entwickelt wird. Das reale Gussteil wird nie so perfekt sein wie die Konstruktion am Computer. Zunächst muss das Rohteil entgratet werden, um Unebenheiten und Angüsse zu entfernen. In diesem Arbeitsschritt wird das Teil der ursprünglichen Idee (‚reine' Form) weiter angenähert, ohne jedoch jemals deren Perfektion zu erreichen. Am Schluss werden die einzelnen Teile daraufhin überprüft, wie nahe sie der ursprünglichen Idee (dem Design) kommen. Weichen sie zu stark ab, werden sie aussortiert.

Die vier von Aristoteles genannten Ursachen (Gründe) lassen sich auch auf die Herstellung technischer Produkte übertragen: Die causa materialis entspricht dem Rohmaterial (z.B. die Metallmischung für den Gießprozess), die causa formalis dem Design bzw. der Konstruktion (z.B. das Bild im Computer), die causa efficiens dem Herstellungs- bzw. Produktionsprozess (z.B. Gießen, Entgraten) des Gegenstandes und die causa finalis dem Nutzen bzw. der Zweckbestimmung des Produktes (z.B. Gewinnmaximierung für das Unternehmen, Einsatz beim Endverbraucher usw.).

---

6 Denn nur etwas Ausgedehntes ist etwas potenziell Bewegliches. Was keine Ausdehnung hat, kann sich auch nicht im Raum bewegen. Bewegung setzt also immer Raum und Ausdehnung im Raum voraus.

c. Plotin: Neuplatonismus

Das Eine als Ursprung
Quelle: Aischa Sabbouh-Eggert (vom Autor nachbearbeitet)

Flüsse entspringen einer Quelle, die natürlichen Zahlen entspringen der Zahl ‚1', und meine Reise nach Ägypten entsprang der Idee, eine interessante Kultur kennenzulernen: Allem geht etwas voraus, aus dem es entspringt. Aber was ist das Erste, aus dem alles hervorgeht? Diese Frage beschäftigte in der Spätantike auch Plotin. Geboren wurde er 204 n. Chr. Über seine Herkunft schweigt Plotin. Vermutlich wurde er in einem griechischsprachigen römischen Gebiet geboren. Er starb 270 in Minturnae, einem Ort zwischen Rom und Neapel.

Plotin war vom philosophischen Denken Platons beeinflusst. Seine Philosophie gewann jedoch eine Eigenständigkeit, die über Platon hinausging. Plotin war einer der wichtigsten und tiefgründigsten Vertreter des Neuplatonismus. Platons Philosophie hinterließ eine Kluft zwischen dem Geistigen (Welt der Ideen) und dem Materiellen (Welt der sinnlichen Dinge), wobei das eine nicht aus dem anderen hervorgehen kann. Das Nichtgeistige könne nicht aus dem Geistigen hervorgehen, da der Geist denkend sei, das Nichtgeistige aber nicht denken könne. Daher könne auch das Geistige nicht aus dem Nichtgeistigen hervorgehen, da das Nichtgeistige nicht denkend sei, das Geistige aber denken könne. Es müsse also zweierlei geben: Geistiges und Nichtgeistiges. Wo aber zwei sind, muss beiden etwas vorausgehen, so wie die ‚1' der ‚2' vorausgeht. Erst wenn ich die ‚1' kenne, kann ich aus ‚1 + 1' die ‚2' entstehen lassen. Die Pflanzen, die Tiere, das Leben und das ganze Universum müssen eine Quelle, einen Ursprung haben (Plotin, PhL, Bd. 1, S. 283ff.). Dieser Ursprung kann nicht das *Sein* sein, denn dem *Sein* steht das *Nichtsein* gegenüber, und damit sind es schon zwei. Alles *Seiende* muss zuerst *Eines* sein, weshalb das *Eine* auch dem *Seienden* vorausgeht. Das *Eine* ist also das absolut Erste.

Es ist der erste Grund allen Seins. Das Eine steht in seiner Erhabenheit über der Sinnenwelt. Es steht aber auch über den Ideen. Es gibt zum Beispiel viele tapfere Krieger, aber es gibt nur eine Idee von Tapferkeit. Die Idee der Tapferkeit muss zuerst Eines sein. Das *Eine* war für Plotin auch nicht gleichbedeutend mit Gott, es stand noch darüber (Plotin, VI 9, 6 [S. 444]).

Das *Eine* ist eine unaussprechliche, unbegreifliche und nicht-begriffliche Größe: weder seiend noch nicht seiend; weder lebendig noch nicht lebendig; weder geistig noch materiell; ohne Unterschied und ohne Vielheit – es ist nur Eines.

In Plotins ‚Weltdrama' geht alles aus dem *Einen* hervor. Da aber diese ursprüngliche Einheit mit Begriffen nicht zu fassen ist, kann man auch nicht durch Denken zu ihr gelangen. Man kann das *Eine* nur anerkennen. Erlösung geschehe nicht durch die Offenbarung eines jenseitigen Gottes, sondern nur durch die mystische Versenkung, in der sich die verlorene Seele mit dem Urgrund (unio mystica) vereinigt (Gadamer: Plotin, PhL, Bd. 1, S. 275).

Das Sinnliche und Leibliche erfuhr in der Philosophie Plotins eine Abwertung. Die Materie wurde bei Plotin mit dem Bösen und Schlechten gleichgesetzt. Materie war für ihn nicht ein bestimmtes Material wie Holz oder Metall, sondern das Unbegrenzte, Formlose und Unsichtbare, der ‚Grund' der Welt. Materie war für Plotin nicht seiend. Andererseits wären ohne Materie die Natur und ihre verschiedenen Formen nicht möglich.

Plotins Überlegungen prägten maßgeblich das Christentum, wo die Abwertung der materiellen Welt zur Geringschätzung des Leibes beitrug. Ein solches Weltbild hat historisch gesehen viel Leid über die Menschen gebracht. Plotin beeinflusste insbesondere die Philosophie des Mittelalters, der Renaissance und der Neuzeit.

3. Mittelalter und Renaissance: Das Universum als Abbild des göttlichen Geistes

a. Von der Antike zum Mittelalter

Die Antike umfasst eine Epoche im Mittelmeerraum, die etwa von 800 v. Chr. bis ca. 600 n. Chr. reicht. Zu den Gelehrten an der Schwelle von der Antike zum frühen Mittelalter gehört der Kirchenvater Augustinus (354–430). Er nahm bereits einen Gedanken vorweg, der erst viel später von Descartes formuliert wurde: die Gewissheit des eigenen Seins. Descartes brachte dies später auf die kurze Formel: ‚Ich denke, also bin ich'. Augustinus argumentierte ganz ähnlich:

> Denn auch wenn ich mich täusche, bin ich. Wer nicht ist, kann sich auch nicht täuschen, und deshalb bin ich, wenn ich mich täusche. (Augustinus, Gottesstaat, XI, 26 [S. 759]).

Augustinus wollte zeigen, dass der menschliche Geist die Möglichkeit hat, in sich selbst unbestreitbare Gewissheit zu finden.

Kaiser Konstantin (zwischen 270/288–337) erhob das Christentum im Jahr 325 zur Staatsreligion. Antike Tempel und Schriften galten als heidnisch und wurden häufig zerstört. Dennoch bemühten sich zahlreiche Autoren, das antike Wissen zu bewahren. Eine wichtige Rolle bei der Bewahrung des antiken Wissens spielte die arabische Welt. Hier ist insbesondere der arabisch-muslimische Philosoph Ibn Ruschd (1058/59–1126) (latinisiert Averroes) zu nennen. Seine Kommentare zu den Werken des Aristoteles führten zu einer enormen Aufwertung des Aristoteles im westlichen Kulturkreis. Ibn Ruschd ist der Einfluss der aristotelischen Philosophie auf die Philosophie des Mittelalters zu verdanken.

Zu den bedeutenden arabisch-muslimischen Gelehrten gehörte auch Abu Ali al-Hasan ibn al-Haitham (965 bis ca. 1040), der sich mit der hellenistischen Literatur beschäftigte. Aus der klassisch-griechischen Naturphilosophie übernahm er die Vorstellung, dass im Universum eine feste Ordnung herrscht (Herrmann, 2017, S. 55).

b. Das Weltbild des Mittelalters

Signaturenlehre: Was aussieht wie ein Organ, muss ihm helfen.
Quelle: Aischa Sabbouh-Eggert (vom Autor nachbearbeitet)

Walnüsse sehen aus wie das Gehirn. Sind Walnüsse auch gut fürs Gehirn? In der Tat! Es ist eine interessante Tatsache, dass Walnüsse wie ein Gehirn aussehen und auch gut für das Gehirn sind. Walnüsse sind reich an Omega-3-Fettsäure. Diese ist die zweithäufigste Fettsäure im Gehirn. Sie wird für den Aufbau der Zellmembranen benötigt. Hätte der Mensch im Mittelalter diesen Zusammenhang gekannt, wäre er vermutlich nicht überrascht gewesen. Die Natur galt als ‚Sinnbild des Ewigen'. Die Teile seines Körpers wurden den Teilen des Universums zugeordnet. Warum sollte man sich also wundern, wenn eine Nuss die Form des Gehirns hat und auch noch die Gehirnfunktion verbessert?

Das Mittelalter ist die Epoche zwischen dem 6. und 15. Jahrhundert. In dieser Zeit entstanden die modernen Staaten, aber auch die heutigen Sprachen und kulturellen Werte, auf denen unsere Zivilisation beruht (Gurjewitsch, 1978). Wir können eine Kultur nicht begreifen, ohne ihre Werte zu verstehen. Dabei besteht immer die Gefahr, eigene Maßstäbe anzulegen. Was wir aus unserer Sicht für falsch und unwichtig halten, kann aus der Werteperspektive anderer Kulturen richtig und wichtig sein. Ein Blick in die Geschichte sensibilisiert für diese kulturelle Relativität. So hatten die Menschen des Mittelalters ein völlig anderes Wirklichkeitsverständnis als die moderne westliche Kultur. Die Dichter und Künstler des Mittelalters umgingen die Natur fast vollständig. Sie stellten keine Landschaften dar. Die unterschiedliche Kleidung der Menschen in verschiedenen Ländern wurde häufig ausgeblendet. Die Welt wurde nicht dreidimensional dargestellt: Fläche statt Raum. Die Zeit schien nicht zu vergehen, was nacheinander geschah, wurde simultan dargestellt: z.B. ein vornehmer Herr, der ein Schloss betritt, vom Pferd springt, den Schlossherrn begrüßt – alles zeitlich nebeneinander.

Irdische und übersinnliche Welt wurden nicht streng getrennt. So konnte Christus selbst vom Kreuz herabsteigen, um Menschen zu bestrafen, die ihn oder seine Mutter beleidigt hatten.

Zum Verständnis des Mittelalters äußerte Gurjewitsch einen Gedanken, der für das Verständnis einer Kultur von grundlegender Bedeutung ist: Man muss die Universalbegriffe einer Kultur finden. Diese Universalbegriffe bilden eine Art Koordinatennetz, auf dessen Grundlage das Wirklichkeits- und Selbstverständnis einer Kultur erfasst werden kann. Zu den Grundkategorien des Mittelalters gehören: Zeit, Raum, Mikrokosmos-Makrokosmos, Recht, Eigentum, Reichtum und Armut (Gurjewitsch, 1978, S. 27).

Der moderne Mensch ist buchstäblich ein Sklave der Zeit. Er ist ein Gehetzter, für den die Zeit beschleunigt vergeht. Das Wachstum ist der Fetisch der modernen Kultur. Zeit wird ökonomisiert, was sich in der einfachen, aber aussagekräftigen Formel ausdrückt: „Time is money!" Die Symbole des modernen Menschen sind der Terminkalender und der eilige Sekundenzeiger.

Die Welt des altertümlichen und mittelalterlichen Menschen war nicht zeitlich geordnet. Vergangenheit, Gegenwart und Zukunft standen gleichberechtigt nebeneinander und wurden wie Räumliches erlebt. Raum und Zeit wurden mit Werten aufgeladen: Es gab eine heilige Zeit der Feste und heilige Orte. Raum und Zeit waren nicht abstrakt, sondern mit dem Leben verbunden.

In der Zeitvorstellung der alten Kulturen dominierte das Zyklische: die zyklische Abfolge der Dynastien in der altchinesischen Kultur, das Rad als Symbol der Zeit im alten Indien oder der Kosmos als ewiger Kreislauf in der Vorstellung der alten Hellenen.

Erst das Christentum brach mit dem zyklischen Zeitverständnis. Im christlichen Verständnis erstreckt sich die Geschichte von der göttlichen Schöpfung bis zum Jüngsten Gericht. Im Zentrum dieser Geschichte standen die Geburt und der Tod Christi. Dadurch erhielt die Geschichte einen Sinn. Das Zeitverständnis der christlichen Philosophie geht wesentlich auf Augustinus zurück. Er lehnte das zyklische Zeitverständnis der Antike ab. Gott allein stehe außerhalb von Raum und Zeit, er habe sie geschaffen.

Die Entsprechung von Mikrokosmos und Makrokosmos war ein tragender Gedanke des Mittelalters. Der Mensch sah im Universum die gleichen Eigenschaften wie bei sich selbst. Der Mikrokosmos in Gestalt des Menschen wurde als verkleinertes Abbild des Universums gedacht. Daraus ergab sich eine Parallele zwischen Mensch und Universum. Den Teilen des menschlichen Körpers wurden Teile des Universums zugeordnet: Der Körper entsprach der Erde, der Kopf dem Himmel, das menschliche Blut dem Wasser der Erde und der menschliche Atem der Luft.

Die Natur wurde als Spiegel verstanden, in dem der Mensch das göttliche Antlitz erblicken konnte. So wie einerseits im Menschen die Grundzüge des Universums zu finden seien, so sollte andererseits die Natur ein menschliches Antlitz tragen: die Natur in Gestalt einer Frau mit Sternendiadem und menschliche Köpfe als Allegorie der Winde. Auch Raum und Zeit erhielten ein menschliches Erscheinungsbild: die Zeit als Greis und der Raum als Frauengestalt.

Die Idee der Harmonie spielte eine entscheidende Rolle. Sowohl der Mensch als auch das Universum wurden als von einer kosmischen Musik gelenkt gedacht. Mensch und Universum stellte man durch Zahlen und geometrische Figuren dar. Der Kreis diente als Bild für Gott und die Welt. In den Zahlen und Figuren sah man das Geheimnis und die Schönheit der Welt. Für den mittelalterlichen Menschen bestand das Universum aus einem System konzentrischer Sphären. Über ihre Anzahl herrschte keine Einigkeit.

Die Welt des mittelalterlichen Menschen war streng geordnet. Alles hatte seinen Platz. Es galt der Grundsatz: Wie im Himmel, so auf Erden; wie im Großen, so im Kleinen.

Ein weiteres Merkmal mittelalterlicher Vorstellungen waren Gegensatzpaare: Das Himmlische stand dem Irdischen gegenüber, Gott dem Teufel, der Geist der Materie und der Körper der Seele. Die Materie und das Böse konzentrierten sich in den unteren Schichten der Hölle, Geistiges und das Gute krönten die paradiesischen Höhen.

c. Philosophen des Mittelalters, der Übergangszeit und der Renaissance

Das Wort *Realismus* hat seinen Ursprung im Mittelalter. Worte und Ideen besaßen in der mittelalterlichen Vorstellungswelt die gleiche Realität wie gegenständliche Dinge. So ist es nicht verwunderlich, dass die Wiederholung von Gedanken alter Autoritäten als Tugend galt, während neue Ideen und Originalität als Ketzerei betrachtet wurden. Konkretes und Abstraktes wurden nicht strikt voneinander getrennt. Es gab eine Tendenz, das Geistige nicht klar vom Physischen zu trennen: Ideelles wurde mitunter als Materielles aufgefasst.

Für das akademische Mittelalter war die Philosophie des Aristoteles prägend. Aristoteles hat die bei Platon bestehende Kluft zwischen *Materie* und *Idee* letztlich nicht überwunden. Was Aristoteles als Form dachte, war der *Idee* Platons sehr ähnlich. Wie verhält es sich z.B. mit einem Allgemeinbegriff wie ‚Mensch'? Hat er eine eigene Existenz oder ist er eine menschliche Konstruktion?

Allgemeinbegriffe wie ‚Lebewesen', ‚Mensch' oder ‚Rot' werden als *Universalien* bezeichnet. Im Mittelalter entbrannte unter den Gelehrten ein Streit über die Frage nach der Realität der Universalien, der sogenannte Universalienstreit. Dabei ging es um die Frage: Auf welche Weise existieren diese Universalien? Der Universalienstreit begann in der Spätantike mit Porphyrios (233–301/305) und erreichte seinen Höhepunkt im 12. und 14. Jahrhundert. Die beiden einander gegenüberstehenden Positionen waren die der Realisten (z.B. Thomas von Aquin und Walter Burley [1274 oder 1275 bis ca. 1344]) und der Nominalisten (z.B. Wilhelm von Ockham [ca. 1288–1347]). Beide Richtungen gingen von der bei Aristoteles offengebliebenen Frage aus, ob den Allgemeinbegriffen (universalia) eine eigenständige Existenz zukommt oder ob sie nur Abstraktionen des Verstandes sind. Realisten und Nominalisten erkannten die aristotelische Position an, dass die Universalien nur in den Einzeldingen existieren. Für die Nominalisten entstehen die Universalien durch einen Abstraktionsprozess, bei dem die Ähnlichkeiten der Gegenstände erfasst und die Unähnlichkeiten vernachlässigt werden. Nach Auffassung der Realisten sind die Universalien das Ursprüngliche und Wirkliche, aus dem die Einzeldinge hervorgehen, aber sie sind immer mit den Einzeldingen verbunden. Der Begriff ‚Realismus' ist in diesem Zusammenhang irreführend. Heute würden wir diese Auffassung als ‚Idealismus' bezeichnen.

Petrus Abaelardus (1079–1142) vermittelte in diesem Streit. Er war das, was man heute einen Bestsellerautor nennen würde. Seine Bücher wanderten von Hand zu Hand, von Burg zu Burg, von Stadt zu Stadt. Er wurde auch im Ausland gelesen, vor allem in Italien und am päpstlichen Hof. Auf Betreiben seines Widersachers Bernhard von Clairvaux (1090–1153) wurde seine Lehre jedoch zweimal verurteilt. Berühmt wurde die Liebesbeziehung zwischen Abaelardus, der als Hauslehrer arbeitete, und seiner begabten Schülerin Heloisa. Auf Abaelardus' Geheiß floh Heloisa zu seiner Familie, wo sie einen Sohn gebar. Aus Rücksicht auf Abaelardus lehnte Heloisa eine Heirat ab. Auf Anordnung von Abaelardus wurde Heloisa schließlich Nonne. Heloisas Onkel war darüber so wütend und gekränkt, dass er Abaelardus überfallen und kastrieren ließ. Abaelardus Vermittlung im Universalienstreit bestand in der Annahme, dass die Universalien von jeher nur im göttlichen Geist existierten. Der Mensch könne sie aber nur in den Einzeldingen erkennen (Vorländer, 1903).

Als Begründer der christlichen Interpretation des Aristoteles gilt Albertus Magnus (1200–1280). Er arbeitete sich durch alle Wissensgebiete seiner Zeit: Theologie, Philosophie, Medizin und Naturwissenschaften (Meyer, 1934, S. 481). Albertus Magnus war Lehrer von Thomas von Aquin (1225–1274), einem der bedeutendsten Philosophen des Mittelalters. Thomas ordnete die Gedankenwelt des Aristoteles in die der Kirche ein. Die Vernunft liefere die Beweise für die Existenz Gottes. Damit wurde die Wissenschaft zur Magd der Theologie. Wie Aristoteles unterschied Thomas zwischen Stoff und Form. Gott sei nichts Körperliches (Thomas v. Aquin, 1982, S. 53) und zugleich höchste Form und erste Wirkursache (Thomas v. Aquin, 1982, S. 57).

Zu den herausragenden Persönlichkeiten des Spätmittelalters gehörte Nicolaus Cusanus (1401–1464). Cusanus wurde 1450 Bischof von Brixen. Zu diesem Zeitpunkt war er bereits päpstlicher Legat und Kardinal von San Pietro in Vincoli (MLP, S. 511). Neben seiner Verwaltungstätigkeit verfasste er zahlreiche philosophische Schriften. In seinen Schriften wehte ein neuer Geist, der bereits die Ideen des Humanismus und ein innerkirchliches Reformdenken erkennen ließ, das auf Missstände in der Kirche hinwies, ohne deren Führungsanspruch in Frage zu stellen (Gadamer, PhL, Bd. 1, S. 344). Für Cusanus war das Universum ein Abbild der göttlichen Unendlichkeit und daher selbst unendlich und ohne Zentrum. Diese Gedanken bereiteten das Weltsystem des Kopernikus vor.

In seinem kurzen Traktat ‚Vom Gipfel der Betrachtung' (Cusanus, PhL, Bd. 1, S. 346ff.) fasste Cusanus seine Metaphysik (s. Glossar: Metaphysik) knapp und anschaulich zusammen. Der Traktat ist in Dialogform verfasst. Das

Erste und Ursprunghafte sei ein *Können-selbst*[7]. Jeder kann etwas: z.B. lesen, gehen oder sprechen. Ohne das *Können* wäre nichts. Nicht einmal das Gute könnte sein. So sei z.B. das *Sehen-Können* von Farben, Landschaften usw. eine Art Wegweiser zum *Können-selbst*. Das *Können-selbst* sei der Ursprung allen geistigen Strebens, für das es kein Vorher gebe. Ohne das *Können-selbst* vorauszusetzen, könne die Frage nach dem Sein gar nicht gestellt werden. Man kann sich das verdeutlichen, indem man darauf hinweist, dass eine Formulierung wie ‚das *Können-selbst* kann nicht sein' in sich widersprüchlich ist, weil ich von einem ‚*Nichtsein des Könnens*' gar nicht sprechen kann, ohne ein *Können* (als ‚kann nicht sein') bereits vorauszusetzen. Das *Können-selbst* ist für Cusanus identisch mit Gott, dem Schöpfer und Erstbeweger.

Was ist, muss erst sein können. Ich kann niemals sagen: ‚Ein schwarzer Schwan ist', wenn ich nicht vorher sagen kann: ‚Ein schwarzer Schwan kann sein'. Also: Dinge, die nicht einmal sein können, sind auch nicht. Wenn ich also sage: ‚Eine größte Primzahl *kann nicht* sein', dann ist es überflüssig, über das Sein einer größten Primzahl zu sprechen. Ich kann aber sagen: ‚Rosa Kühe oder blaue Schafe *können* zumindest sein', ob sie dann *tatsächlich sind*, entscheidet die Erfahrung.

d. Neuzeit

Mit dem Ende des Mittelalters begann die Wende zur Neuzeit, die mit zahlreichen kulturellen Umbrüchen verbunden war. Die Zeit zwischen dem 15. und 16. Jahrhundert kann als Übergangszeit bezeichnet werden. In diese Zeit fallen folgenreiche Entdeckungen und Entwicklungen, die auch die Philosophie beeinflussten. Zu nennen sind: die Erfindung des Kompasses, die Verwendung des Schießpulvers, die Erfindung des Buchdrucks, die Entdeckung Amerikas durch Christoph Kolumbus, die Entdeckung des Seeweges nach Indien und die Weltumsegelung durch Magalhães.

Das für das Mittelalter bedeutsame Ideal einer harmonisch geordneten Welt blieb auch für die Wissenschaft der Neuzeit wichtig. Deutlich wird dies bei Nikolaus Kopernikus (1473–1543). Zu Kopernikus' Zeit herrschte das geozentrische Weltbild, nach dem die Erde im Mittelpunkt des Universums steht. Im Jahr 1543, dem Todesjahr von Kopernikus, erschien sein Werk ‚Über die Umschwünge der himmlischen Kreise (De revolutionibus orbium coelestium)'. Kopernikus griff die schon in der Antike bekannte Vorstellung eines heliozentrischen Weltsystems auf: im Zentrum die Sonne, die Erde ein Planet wie die

7 Das Wort ‚selbst' bedeutet hier ein ‚Können für sich selbst'. Das Können wird zunächst ohne Bezug auf ein bestimmtes Können oder eine konkrete Person, die etwas kann, betrachtet.

anderen. Damit kehrte zugleich die antike Vorstellung von den Kreisbahnen der Planeten zurück. Doch einfacher als das geozentrische Weltbild war das heliozentrische nicht. Denn Kopernikus benötigte für sein Weltmodell zahlreiche Ausgleichskreise, um es mit der Erfahrung in Einklang zu bringen. Die Hoffnung von Kopernikus, dass sein Weltsystem zu besseren Vorhersagen führen würde als das geozentrische Weltbild, erfüllte sich jedoch nicht (Herrmann, 2017, S. 77f.). Da die Beobachtungsdaten keine Entscheidung zwischen geozentrischem und heliozentrischem Weltsystem zuließen, blieb das Bekenntnis zum heliozentrischen Weltsystem vorerst eine Glaubensfrage.

Zum ‚Apostel' des kopernikanischen Weltbildes wurde Giordano Bruno (1548–1600). Er zählt zu den bedeutendsten Renaissancephilosophen, die im Rückgriff auf Platon und Aristoteles die modernen Naturwissenschaften vorbereiteten. Der ehemalige Dominikanermönch war ein brillanter Rhetoriker. Er bewunderte die Schriften des Nicolaus Cusanus (Gadamer, PhL, Bd. 2, S. 20). 1576 wurde er erstmals der Ketzerei verdächtigt. Es folgte eine Zeit der Flucht. Nach fast achtjähriger Kerkerhaft wurde er am 17. Februar 1600 auf dem Campo de' Fiori auf dem Scheiterhaufen hingerichtet. Erst im Jahr 2000 erklärte Papst Johannes Paul II. die Hinrichtung Giordano Brunos als Unrecht.

Das Universum dachte Bruno als etwas Einiges, Unendliches und Unbewegtes. Als ein Einiges, weil es außer ihm keine Wirklichkeit gebe, als ein Unendliches, weil es nicht wieder Teil eines Größeren sei, als ein Unbewegtes, weil es außer ihm nichts gebe, wohin es sich bewegen könne (Bruno, PhL, Bd. 2, S. 34).

Materie war für Bruno ein Vermögen, das sowohl den körperlichen als auch den unkörperlichen Dingen zugrunde liegt. Die Materie habe ein Sein ohne bestimmte Beschaffenheit. Materie war für ihn aber nicht der Gegenbegriff zur Form. Vielmehr schließe die Materie die Form in sich ein. Die Materie sei etwas Göttliches, die Gebärerin der natürlichen Dinge und die Mutter der Natur (Bruno, PhL, Bd. 2, S. 31).

Nicht die Materie strebe nach der Form, sondern die Form strebe nach der Materie, um Dauer zu erlangen. Die Form verliere ihr Sein, wenn sie sich von der Materie trenne, aber die Materie bleibe, wenn sie sich von der Form trenne (Bruno, PhL, Bd. 2, S. 34).

Die Materie ging bei Bruno schließlich in einen abstrakten Substanzbegriff (s. Glossar: Substanz) über: Alle Einzeldinge seien nur verschiedene Erscheinungsformen derselben Substanz. Die Substanz entstehe und vergehe nicht. Substanz war für Bruno die Grundlage von allem – so wie Holz für den Zimmermann eine Substanz ist, die die Grundlage für viele Dinge bildet: Dachstühle, Fußböden, Treppen, Fensterrahmen, Türen, Holzhäuser, Garagen, Brücken und Möbel. Bruno benutzte viele Synonyme für Substanz: „ein einiges, unendliches, unbewegliches Substrat, Materie, Leben, Seele, Wahres und Gutes." (Bruno, PhL, Bd. 2, S. 40) Er wies darauf hin, dass die Philosophen sich die Substanz unterschiedlich vorstellten: Pythagoras als Zahl, andere als verschiedene Figuren, aber alle sahen in ihr etwas Unteilbares.

Im Denken von Johannes Kepler (1571–1630) steht die Harmonienlehre im Vordergrund. Für Kepler stellt die Harmonie die ontologische Grundlage der Welt dar (Herrmann, 2017, S. 85). Die Grundidee der Weltgestaltung war für Kepler geometrischer Natur. Dies zeigte sich sowohl in seinem Entwurf von 1596 ‚Mysterium Cosmographicum' (‚Weltgeheimnis', in dem die Abstände der Planeten von der Sonne durch Kugeln innerhalb der fünf platonischen Körper dargestellt wurden) (Herrmann, 2017, S. 84) als auch 1609 in seinem Buch ‚Astronomia Nova (Neue Astronomie)', in dem er die Erkenntnis darstellte, dass sich die Planeten auf ovalen Bahnen (Ellipsen) um die Sonne bewegen. Damit war zwar die Harmonie der Antike, nach der sich die Planeten auf Kreisbahnen bewegen, zerstört, aber das Weltsystem gewann deutlich an Einfachheit (Herrmann, 2017, S. 88). Erst zehn Jahre später gelang Kepler in seinem Hauptwerk ‚Harmonices mundi' (Zur Harmonik der Welt) der Durchbruch, die Harmonie der Bahnbewegung der Planeten mit Hilfe eines einfachen mathematischen Gesetzes (heute als 3. Keplersches Gesetz bezeichnet) zu beschreiben. Danach stehen die Umlaufzeiten der Planeten um die Sonne und ihr mittlerer Abstand von der Sonne immer in einem bestimmten Verhältnis zueinander.[8]

Der Harmoniegedanke hat bis in die moderne Physik hinein gewirkt. Platon hat mit seinen Überlegungen im ‚Timaios' den Physiker Werner Heisenberg inspiriert. Heisenberg sprach von der Faszinationskraft des Gedankens, dass man bei der Suche nach den kleinsten Bausteinen der Welt letztlich auf mathematische Formen stoße (Heisenberg, 1991, S. 17). Auch Einsteins Suche nach einer einheitlichen Theorie der Schwerkraft und des Elektromagnetismus war stark von der Überzeugung von der Schönheit und Einheit der Natur motiviert. Elektromagnetische Phänomene und Gravitation sollten in einer einheitlichen mathematischen Struktur zusammengefasst werden.

Mit Galileo Galilei (1564–1641) entstand ein neues Forschungsideal. Er suchte nicht nach einer Weltharmonik. Für ihn zählten allein die Beobachtungsergebnisse (Herrmann, 2017, S. 104f.). Aus heutiger Sicht heißt das: Die mathematische Gleichung erklärt nicht das Wesen eines Körpers, sondern quantifiziert seine Bewegung und Gestalt.

Dieser Verzicht auf die Frage nach den letzten Ursachen und dem Wesen der Dinge vereinfachte die Naturwissenschaften und führte zu einer Reihe neuer Entdeckungen. Genaue Beobachtungen, die Anwendung mathematischer Methoden und die Verwendung einfacher Modelle (z.B. Lichtstrahl, Punktmasse, starrer Körper) waren wichtige Voraussetzungen für die moder-

8 Für die Umlaufzeiten *T* zweier Planeten und die großen Halbachsen *a* ihrer Bahnellipsen gilt: $T_1^2:T_2^2 = a_1^3:a_2^3$.

nen Naturwissenschaften. Dass Natur und Mathematik zusammenpassen, erscheint aus dieser Perspektive weniger verwunderlich: Die Darstellung von Naturvorgängen wird durch Abstraktion so weit vereinfacht, bis die Mathematik anwendbar wird. Galileis Fallgesetz ist ein Beispiel dafür. Dieses Gesetz konnte nur deshalb so einfach formuliert werden, weil bestimmte Faktoren außer Acht gelassen wurden. Heute wird das Galilei'sche Fallgesetz meist in folgender Form wiedergegeben: Körper unterschiedlicher Masse, Form und Zusammensetzung benötigen im luftleeren Raum (also ohne Luftwiderstand) die gleiche Zeit, um zu Boden zu fallen.

Der Philosoph und Staatsmann Francis Bacon (1561–1626) war ein weiterer wichtiger Wegbereiter der modernen Wissenschaften. Er war Politiker, Schriftsteller, Philosoph und zeitweise einer der mächtigsten Männer Englands. Bekannt ist sein Ausspruch: ‚Wissen ist Macht'. Manche hielten Bacon für den wahren Autor hinter den Werken William Shakespeares, was heute als widerlegt gilt.

Sein Ansatz: Spekulation vermeiden und Erkenntnis an sinnliche Wahrnehmung binden. Dabei spielte der Schluss vom Besonderen auf das Allgemeine (Induktion) eine zentrale Rolle. Besonders hinderlich für den Erkenntnisprozess waren nach Bacon die Vorurteile. Was der Mensch für richtig hält, liebt er besonders. Diese Haltung berge aber die Gefahr, dass man nur die eigene Sicht bestätigen wolle und Widersprüchliches ausblende. Als Beispiel nannte Bacon eine Tafel mit den Namen derer, die einen Schiffbruch überlebten, nachdem sie ein Gelübde abgelegt hatten. Auf die Frage, ob dies nicht Beweis genug für das Wirken Gottes sei, kann man zurückfragen: Wo sind die Namen derer verzeichnet, die trotz abgelegter Gelübde beim Schiffbruch gestorben sind? (Bacon, PhL, Bd. 2, S. 58) Dieses Bild lässt sich auf Sterndeutung und Wunderheilung übertragen und hat nichts von seiner Aktualität verloren: Es mag sein, dass Horoskope einmal zutreffen oder ein vermeintliches Wundermittel zum Erfolg führt. Man sollte sich aber auch die Statistiken ansehen, die ihr Scheitern belegen. Zudem scheint der Mensch dazu zu neigen, sich an Erfolge zu erinnern und Misserfolge zu vergessen. Bacon schrieb treffend: „Denn was der Mensch wünscht, das glaubt er leichter." (Bacon, PhL, Bd. 2, S. 59) Solche Gedanken klingen modern. So war der Siegeszug der Speziellen Relativitätstheorie im 20. Jahrhundert maßgeblich durch die Abkehr von der Voraussetzung einer Newton'schen mechanischen Raumzeitvorstellung bedingt. Erst als Einstein mit dem Vorurteil brach, die Physik müsse auf der Vorstellung eines absoluten Raumes und einer absoluten Zeit beruhen, gelang der Durchbruch zu einem neuen Weltbild der Physik. In der heutigen Alltagswelt führen uns Suchmaschinen die Wirkung von Vorurteilen vor Augen: Wenn ich im Internet gezielt nach der Bestätigung eines Vorurteils suche, werden mir in erster Linie Texte angeboten, die genau dieses Vorurteil zu bestätigen scheinen.

Bacon kritisierte Aristoteles für seine Suche nach letzten Ursachen. Letzte Ursachen helfen nicht, Naturphänomene zu verstehen. Dazu bedürfe es der Sinne *und* des Verstandes. Sinne und Verstand können freilich getäuscht werden. Sinne und Verstand mögen unzulänglich sein, aber sie seien als wichtige Hilfsmittel der Wissensgewinnung zu betrachten.

Zu den Persönlichkeiten an der Schwelle vom Mittelalter zur Neuzeit gehörte Jakob Böhme (1575–1624). Jakob Böhme ließ sich 1599 in seiner Heimatstadt Görlitz als Schuhmacher nieder. Seine Werke schrieb der ‚Mann des Volkes' in deutscher Sprache. Die Sprache der Wissenschaft war damals Latein. Hegel nannte Böhme den ersten deutschen Philosophen.

Die Philosophie des Neuplatonismus und die Schriften von Paracelsus (1493–1541) beeinflussten Böhme. Er griff den Gedanken der Entsprechung von Mikrokosmos und Makrokosmos auf (Lemper, 1976, S. 151). So finden sich bei ihm Vergleiche wie

> Also ist der Himmel das Herz in der Natur, darinnen alle Kräfte sind, wie in Sternen und Elementen, und ist eine weiche und sanfte Materie aller Kräfte, gleichwie das Hirn im Haupt des Menschen. (Böhme, Aurora, S. 30)

Im Zentrum seiner Philosophie stand der pantheistische Gedanke der Einheit von Gott, Natur und Mensch. Im Wort ‚Pantheismus' sind die griechischen Wörter ‚pan' = ‚alles', ‚ganz' und ‚theo' = Gott enthalten. ‚Pantheismus' bedeutet also ‚All-Gott-Lehre'. Böhme äußerte Gedanken wie die der *Gleichsetzung von Gott und Natur* und die des *Gegensatzes von rein Geistigem (Gott) und Stofflichem.*

Der Weg zu Gott führe über die Erkenntnis der Natur. Die Natur begegne uns immer in Form von Gegensätzen: „Es ist nichts in der Natur, da nicht Gutes und Böses innen ist; es wallet und lebet Alles in diesem zweifachen Trieb, [...]" (Böhme, Aurora, S. 26). Die sinnlich wahrnehmbare Natur sei die Materialisierung der göttlichen Kraft (Lemper, 1976, S. 159). Aus dem Heiligen Geist seien Gott und die Natur geworden, und die Natur wiederum sei der Leib Gottes (Böhme, Aurora, S. 27).

Gott umfasse alle möglichen Gegensätze (Lemper, 1976, S. 153). Wenn alles aus Gott kommt, woher kommt dann das Böse (Böhme, Aurora, S. 31)? In Gott sei auch eine „bittere Qualität": Gott sei ein zorniger und eifriger Gott (Böhme, Aurora, S. 31). Damit ergäbe sich eine Entsprechung zwischen göttlichem und menschlichem Willen: Ersterer äußere sich in Liebe und Zorn, letzterer in Gut und Böse (Lemper, 1976, S. 166).

4. Rationalismus versus Empirismus: Substanzen oder Sinnesdaten?

a Descartes, Spinoza und Leibniz: Rationalismus

Der Duft einer Rose. Das Grün der Wälder. Der Gesang eines Vogels. Die Mondscheibe. Könnte alles nur eine großangelegte Täuschung sein? Was ist sicher? Finde ich die Wahrheiten vielleicht nur in mir selbst? Sind die einzigen Wahrheiten nur die logischen: „Ein Baum kann nicht zugleich kein Baum sein"? Aber was sagen uns logische Wahrheiten über unsere Welt? Sind es vielleicht nur die Sinne, die mir alles Wissen über unsere Welt vermitteln? Solche Fragen stehen im Mittelpunkt zweier unterschiedlicher Denkrichtungen in der Philosophie der Neuzeit: des Rationalismus auf der einen und des Empirismus auf der anderen Seite.

Wer kennt nicht die Sinnestäuschung, dass der Mond in Horizontnähe größer erscheint als hoch am Himmel? Die Sinne lassen sich täuschen. Erfahrung ist keine sichere Quelle der Erkenntnis: Darin sind sich die drei Philosophen einig, um die es jetzt geht. Descartes, Spinoza und Leibniz betonen die Rolle der Vernunft bei der Erkenntnisgewinnung. Da Vernunft im Lateinischen ‚ratiō' bedeutet, wird diese Strömung auch als Rationalismus (s. Glossar: Rationalismus) bezeichnet. Sie war vor allem in Deutschland und Frankreich die Hauptströmung der Aufklärung.

Descartes

Die Bedeutung von René Descartes kann nicht hoch genug eingeschätzt werden. Mit Descartes beginnt die Geschichte der neueren Philosophie (Gadamer, PhL, Bd. 2, S. 71). Er steht für eine neue Art des Philosophierens, die sich an der Mathematik orientiert und nach einer Methode sucht, die uns zu absolut sicheren Grundsätzen führt.

René Descartes wurde am 31. März 1596 in La Haye en Touraine in Zentralfrankreich geboren. Er reiste 1617/18 nach Holland, um dort eine militärische Ausbildung zu beginnen. Im Winterquartier hatte er in der Nacht vom 10. auf den 11. November 1619 den Traum, der ihm angeblich den Weg zu seiner Philosophie wies. Im Jahr 1622 kehrte er in die Touraine zurück. Dort lebte er bis 1649. In diese Zeit fällt seine kritische Auseinandersetzung mit der auf Aristoteles zurückgehenden mittelalterlichen Scholastik (s. Glossar: Scholastik). In Leiden veröffentlichte er anonym sein Werk ‚Abhandlung über

René Descartes
Quelle: favpng.com

die Methode, seine Vernunft richtig zu leiten und die Wahrheit in den Wissenschaften zu suchen', das als Schlüsselwerk des neuzeitlichen Rationalismus gilt. Zwischen 1647 und 1648 folgten Reisen nach Frankreich und ein Briefwechsel mit Christina von Schweden, die 1650 zur Königin gekrönt wurde. Christina veranlasste Descartes, nach Stockholm zu reisen, wo er am 11. Februar 1650 starb.

Descartes richtet den analysierenden Blick in den menschlichen Geist, um dort nach Wahrheiten zu suchen (s. Glossar: Wahrheitstheorien). Wie kann ich von meinem Inneren auf das schließen, was außerhalb meines Geistes existiert? Kann ich von meiner inneren Welt auf eine davon unabhängige Welt schließen? Descartes bot eine Lösung für dieses Problem an. Sie bestand in der Berufung auf *klare* und *deutliche* Wahrheiten. Descartes verwendete die Begriffe ‚klar' und ‚deutlich' als Wahrheitskriterien. Nur was *klar* und *deutlich* erkannt wird, könne als wahr gelten (Descartes, PhL, Bd. 2, S. 82). Klar ist eine Erkenntnis, wenn sie unmittelbar im Bewusstsein präsent ist. *Deutlich* ist eine Erkenntnis, wenn sie sich von allen anderen Erkenntnissen unterscheidet und wenn ihre Bestandteile selbst wieder *klar* sind. Nur was *klar* und *deutlich* ist, sei über jeden Zweifel erhaben. Wie aber finden wir erste Prinzipien, die über jeden Zweifel erhaben sind? Damit sind wir bei der Methode von Descartes. Descartes' Methode ist der Zweifel: Fange an, an allem zu zweifeln, werfe das Zweifelhafte weg, und wenn du dann auf etwas stößt, an dem du nicht mehr zweifeln kannst, dann muss es das grundlegendste Prinzip sein, aus dem sich alles ableiten lässt.

Nichts blieb von Descartes' Zweifeln verschont. Wir müssen bezweifeln, dass die Dinge, die wir wahrnehmen, überhaupt existieren. Alles könnte Schein sein. So könnte uns ein böser Dämon unseren Körper nur vorgaukeln; auch im Traum fantasieren wir Dinge, die es nicht gibt. Ja, selbst mathematische Beweise und Prinzipien sind zweifelhaft, denn sie könnten so beschaffen sein, dass wir uns ständig täuschen.

Was bleibt? Der Zweifel! Denn wir können kaum bezweifeln, dass wir zweifeln. Aber wenn wir zweifeln, denken wir. Und wenn wir denken, müssen wir sein. Denn wo nichts ist, was denkt, kann auch kein Zweifel sein. Zum Denken zählte Descartes alles, was in uns vorgeht: Erkennen, Wollen, Vorstellen, Zweifeln und Fühlen. Damit hat Descartes sein grundlegendes (erstes) Prinzip gefunden: ‚Ich denke, also bin ich'. Auf Latein: cogito ergo sum.

Das klingt erschreckend. Kann ich mir nur meines denkenden Ichs sicher sein? Soll die Welt nur aus meinem denkenden Ich bestehen? Descartes antwortete: Ich habe in mir die Vorstellung von Gott als einem allmächtigen, allwissenden, unendlichen und vollkommenen Wesen. Da ich selbst ein endliches und unvollkommenes Wesen bin, könne ich die Idee Gottes weder selbst gebildet haben, noch könne sie aus der äußeren Wahrnehmung stammen. Eine solche Idee könne nur von Gott selbst kommen. Folglich müsse Gott existieren. Darin irre ich mich nicht. Wenn Gott mich aber täuschen würde, wäre er nicht wahrhaftig. Wenn er nicht wahrhaftig wäre, wäre er nicht vollkommen.

Ebenso *klar* und *deutlich* wie die Existenz Gottes ist für Descartes die Aussage: Es gibt ausgedehnte und denkende Dinge. Descartes erläutert dies unter anderem am Beispiel eines Stücks Bienenwachs. Zuerst ist es hart, kalt und riecht noch nach Blumen. Wenn man daran klopft, gibt es einen Ton von sich. Das ändert sich, sobald das Wachs in die Nähe des Feuers kommt: Sein Duft verflüchtigt sich, es wird heiß, seine Form zerfließt und es gibt keinen Ton mehr von sich. Was eben noch klar und deutlich schien, verschwindet. Was bleibt trotz dieser zahllosen Verwandlungen übrig, was klar und deutlich erkannt werden kann? Descartes' Antwort lautete: *Ausdehnung*. Mögen sich alle Eigenschaften ändern, die *Ausdehnung* bleibt.

Wenn wir alle unsere Wahrnehmungen und Vorstellungen durchgehen, können wir klar und deutlich zwei Arten von Dingen unterscheiden: die ausgedehnten Dinge (z.B. Tische, Stühle) und die gedanklichen Dinge (z.B. Zahlen, Ideen). Alle Dinge können entweder den gedanklichen Dingen (menschlicher Geist) oder den ausgedehnten Dingen (Materie) zugeordnet werden. Daraus folgerte Descartes zwei grundsätzlich verschiedene Substanzen: eine denkende (Geist) und eine ausgedehnte (Körper).

Mit Descartes tauchte ein hartnäckiges Problem auf, das die neuzeitlichen Wissenschaften von da an nicht mehr losließ: Wie können sich Körper und Geist gegenseitig beeinflussen? Diese Frage ist bis heute eines der großen philosophischen Probleme geblieben: das sogenannte Körper-Geist-Problem. Die Trennung der Welt in Körper und Geist hat das abendländische Denken grundlegend geprägt. Dies zeigt sich auch in der Trennung der Wissenschaften in Realwissenschaften (z.B. Physik) und Idealwissenschaften (z.B. Mathematik), wobei die Realwissenschaften teilweise noch einmal in Naturwissenschaften (Physik, Chemie und Biologie) und Geisteswissenschaften (z.B. Pädagogik) unterteilt werden. Auch die heutige Medizin ist von der Trennung zwischen Körper und Geist geprägt. So ist die klassische Schulmedizin auf die Behandlung des Körpers ausgerichtet. Für den Bereich des Seelischen ist die Psychologie zuständig. Selbst im 21. Jahrhundert ist der Zusammenhang zwischen Körper und Geist noch weitgehend unverstanden.

Im Anschluss an Descartes haben sich Spinoza (1632–1677) und Leibniz (1646–1716) mit dem Verhältnis von Körper und Geist beschäftigt. Sie zeigten originelle Wege auf, die bei Descartes verbliebene Spaltung von Körper und Geist zu überwinden.

Spinoza

Baruch de Spinoza wurde 1632 in Amsterdam geboren. Er war Sohn jüdischer Einwanderer aus Portugal. Wegen seiner Zweifel an zentralen Glaubenslehren wurde er 1656 aus der jüdischen Gemeinde ausgeschlossen. Sein Hauptwerk ‚Ethik' erschien erst nach seinem Tod. Er lebte zurückgezogen, zuletzt in Den Haag. Seinen Lebensunterhalt verdiente er mit dem Schleifen optischer Gläser. Er starb 1677 in Den Haag (MLP, S. 693f.).

Mit einer verblüffend einfachen Formel beantwortete Spinoza das ‚Descartes'sche Rätsel', wie zwei völlig verschiedene Substanzen (Denken und Ausdehnung) miteinander in Beziehung stehen können: Substanz = Gott = Natur. Dieser Gedanke war nicht neu. Schon Jakob Böhme hatte ähnliche Überlegungen angestellt. Spinozas Überlegungen inspirierten unter anderem Schelling und Johann Wolfgang von Goethe (1749–1832). Auch Albert Einstein (1879–1955) war ein Bewunderer Spinozas. Spinoza entwickelte sein System auf mathematische Weise. Er begann daher mit Definitionen und Axiomen. Aus den Axiomen leitete er Sätze ab, die er bewies. Unter Substanz verstand er etwas, „was in sich ist und durch sich begriffen wird" (Spinoza, 1982, S. 25). Substanz war für Spinoza identisch mit Gott. Gott sei „das absolut unendliche Wesen" (Spinoza, 1982, S. 25). Er habe unendlich viele Eigenschaften. Die Substanz – auch das ist Teil der Definition – sei das Einzige, was existiert. Und damit müssten alle Erscheinungen der Natur und des menschlichen Lebens Erscheinungen der Substanz sein. Wie aber können die wesensfremden Substanzen *Denken* und *Ausdehnung* zusammenwirken? Spinoza fand folgende Lösung für Descartes' Problem: Denken und Ausdehnung sind nicht zwei wesensfremde Substanzen, sondern Denken und Ausdehnung sind Eigenschaften (Attribute) der einen Substanz. Ein in der Natur vorkommender Kreis (z.B. in Form von Baumringen oder kreisförmigen Wasserwellen) und die Idee eines Kreises (als in sich geschlossene Linie, deren Punkte alle gleich weit vom Mittelpunkt entfernt sind) sind ein und dieselbe Sache, einmal unter dem Attribut der Ausdehnung, ein andermal unter dem Attribut des Denkens betrachtet (Spinoza, 1982, S. 78).

Der fundamentale Unterschied zwischen göttlichem und menschlichem Verstand sei: Der göttliche Verstand erschafft die Dinge, indem er sie denkt. Spinozas Gott war kein persönlicher Gott, der sich um das Schicksal einzelner Menschen kümmert. Die Gesetze Gottes seien die Gesetze der Natur; Gott handle nach den Gesetzen der Natur (Spinoza, 1982, S. 59). Die Konsequenz dieser Auffassung war, dass Gott selbst überflüssig wurde.

Spinozas Vorstellung des Naturzusammenhangs als lückenlose Ursache-Wirkungskette stellt das Ideal einer streng berechenbaren (determinierten) Welt dar:

> In der Natur gibt es kein Zufälliges, sondern alles ist vermöge der Notwendigkeit der göttlichen Natur bestimmt, auf gewisse Weise zu existieren und zu wirken. (Spinoza, 1982, S. 55)

Mit seinem Konzept eines streng deterministischen Weltbildes hat Spinoza unter anderem auch Einstein inspiriert. In einem Brief an Max Born formulierte Einstein 1926 die Metapher vom Gott, der nicht würfelt. Diese Aussage richtete sich gegen eine Interpretation der aufkommenden Quantenphysik, nach der die Zustände mikrophysikalischer Systeme (z.B. radioaktiver Atomkerne, die nach einer bestimmten Zeit zerfallen) nur durch Wahrscheinlichkeiten beschrieben werden können. Einstein wollte sich nicht damit zufriedengeben, dass bestimmte Vorgänge in der Natur prinzipiell nicht vorhersagbar sind. Einsteins Gott war der Gott Spinozas, der alles bis ins kleinste Detail bestimmt.

Leibniz

Die Identifizierung von Gott und Natur war für den Universalgelehrten Leibniz kein akzeptabler Weg. Er studierte die Schriften von Descartes und Spinoza. Seine christliche Überzeugung ließ ihn jedoch an einem Gott außerhalb der Welt festhalten. Leibniz fand einen eigenständigen Weg, die Kluft zwischen Körper und Geist zu überbrücken, ohne Gott mit der Natur gleichzusetzen.

Gottfried Wilhelm Leibniz wurde am 1. Juli 1646 als Sohn eines Professors der Universität Leipzig geboren. Nach kurzer Krankheit starb er am 14. November 1716 in Hannover. Leibniz gilt als der letzte Universalgelehrte. Er studierte weltliches und kirchliches Recht in Leipzig und Jena. Mit einer 1673 entwickelten Rechenmaschine legte er den Grundstein für die Informatik. Für den Bergbau entwickelte er unter anderem Pläne zur Entwässerung von Bergwerken durch Windkraft.

Mit Descartes und Spinoza teilte Leibniz die Begeisterung für die Mathematik. In seiner Schrift ‚Nova Methodus pro maximis et minimis' legte er 1684 die Grundlagen der Infinitesimalrechnung[9], was ihn in einen erbitterten Prioritätsstreit mit Isaak Newton stürzte, der fast parallel zu Leibniz einen ähnlichen

9 Differential- und Integralrechnung

Ansatz entwickelt hatte. Dieser Streit gehörte zu den heftigsten Auseinandersetzungen der Wissenschaftsgeschichte.

Seine Lösung des Körper-Geist-Problems legte er in seiner kleinen Schrift ‚Monadologie' (1714) dar. Weder die Aufspaltung der Welt in zwei Substanzen (wie bei Descartes) noch die Annahme einer einheitlichen Substanz (wie bei Spinoza) waren für Leibniz akzeptabel. Er wählte den Weg, die Welt als aus kleinsten Teilen zusammengesetzt zu begreifen. Der Begriff des materiellen Atoms genügte ihm dafür jedoch nicht. Die Annahme materieller Atome widersprach nach Leibniz jeder Vernunft, da es sich seiner Meinung nach um seelenlose Gebilde handele. Um seinen Ansatz scharf von einem physikalischen Atomismus abzugrenzen, bezeichnete er die kleinsten Einheiten als Monaden. Der Begriff ‚Monade' leitet sich vom griechischen Wort ‚monas' (‚eins', ‚Einheit') ab. Damit ist eine einfache, unvergängliche und beseelte Substanz gemeint, die eine in sich selbst seiende Einheit darstellt. Es muss betont werden, dass es sich bei den Monaden nicht um empirisch (s. Glossar: Empirie, empirisch) nachweisbare Teilchen (wie die Atome in der heutigen Physik) handelt, sondern um ein metaphysisches Konzept. Es handelt sich um einen Substanzbegriff, der in Analogie zu Spinozas Substanzbegriff entwickelt wurde. Vielleicht kommt man dem Monadenbegriff am nächsten, wenn man sich Spinozas Substanz in unzählige punktuelle und individuelle Einzelsubstanzen zerlegt denkt.

Keine Monade gleiche einer anderen. Es gäbe eine Hierarchie der Monaden. Die niederen seien ohne Bewusstsein, sie bildeten die unbelebte Welt. Die Monaden, die die Tiere bildeten, hätten erste Ansätze von Bewusstsein. Mit Bewusstsein ausgestattet seien die Monaden, die den Menschen bildeten. Die höchste Monade, die Urmonade – und damit auch die Monade mit unendlichem Bewusstsein – sei Gott: „Somit ist Gott allein die Ur-Einheit oder Ur-Monade." (Leibniz, 1990, S. 24) Die Welt zerfalle in unendlich viele Substanzen, von denen jede ein eigenes Individuum sei. Die Monaden seien punktförmige Ursubstanzen. Sie bildeten eine ununterbrochene Kette, von der höchsten bis zur einfachsten.

Keine Monade könne von ‚außen' beeinflusst oder verändert werden. Leibniz äußerte in diesem Zusammenhang: „Die Monaden haben keine Fenster, durch die etwas hinein- oder heraustreten kann." (Leibniz, 1990, S. 14) Gott habe die Monaden von Anfang an mit allem ausgestattet. Monaden können nicht wie physikalische Atome miteinander wechselwirken oder sich verbinden. Physische Atome können sich anziehen und abstoßen und so bestimmte materielle Gebilde formen. Im Gegensatz dazu sei jede Monade ein in sich geschlossener Kosmos, der nicht mit anderen Monaden in Wechselwirkung treten könne.

Wie aber können Monaden interagieren? Die Antwort von Leibniz lautet: Die Monaden sind harmonisch aufeinander abgestimmt. Dies kann man sich an zwei Uhrwerken veranschaulichen. Das eine Uhrwerk ist mit einer kleinen Kanone verbunden, die nur einen lauten Knall abgeben kann. Das andere Uhrwerk steuert eine Spielfigur. Wenn beide Uhrwerke aufeinander abgestimmt sind, kann der Eindruck entstehen, dass der Schuss der Kanone das Umfallen der Figur verursacht hat. Auf den ersten Blick scheint ein kausaler Zusammenhang zu bestehen. Tatsächlich kann die Kanone nicht auf die Spiegelfigur einwirken: Kanone und Spiegelfigur werden von jeweils eigenen Uhrwerken gesteuert.

In ähnlicher Weise habe Gott die Monaden so erschaffen, dass sie einerseits ihren eigenen Gesetzen folgen, andererseits aber genau aufeinander abgestimmt sind. Die Monaden bilden also ein harmonisch aufeinander abgestimmtes Ganzes. Diesen Zustand bezeichnete Leibniz als *prästabilierte Harmonie*. Das Psychische und das Physische wirken also nicht aufeinander ein, sondern sind harmonisch aufeinander abgestimmt.

b. Locke, Berkeley und Hume: Empirismus

Sinnesqualitäten
Quelle: Autor

Im Zeitalter der Aufklärung stand dem deutschen und französischen Rationalismus der englische Empirismus (s. Glossar: Empirismus) gegenüber. Das Wort ‚Empirismus' leitet sich vom griechischen Wort für Erfahrung ‚empeiría' ab. Der Empirismus ging davon aus, dass der gesamte Inhalt des Bewusstseins aus innerer und äußerer Erfahrung stammt. John Locke formulierte diesen Gedanken so: „Es giebt keine angebornen Grundsätze in dem Verstande" (Locke, 1795, Bd. I, S. 16). Locke verglich den menschlichen Verstand mit einer ‚leeren Tafel' (lat. ‚tabula rasa'). Damit meinte er, dass der Mensch ohne jegliches Wissen geboren wird. Erst durch die Erfahrungen, die der Mensch im Laufe seines Lebens sammelt, wird diese zunächst ‚leere Tafel' nach und nach beschrieben. Damit stand Locke in direktem Gegensatz zu Descartes, der die Idee Gottes als angeboren ansah, aber auch zu Leibniz, der aufgrund der Abgeschlossenheit der Monaden annehmen musste, dass alles Wissen bereits in der Monade angelegt sei.

Locke

John Locke wurde am 29. August 1632 in Wrington bei Bristol als Sohn einer wohlhabenden Familie geboren. Im Jahre 1664 verfasste John Locke acht Abhandlungen über das moralische Naturgesetz. Erst rund 300 Jahre später, 1954 (!), wurden diese Schriften veröffentlicht. Locke arbeitete in Kleve in Brandenburg als Sekretär des Diplomaten Sir Walter Vanes und später in London als Arzt und politischer Berater des Politikers Lord Ashley, Earl of Shaftesbury. Während der Auseinandersetzungen zwischen den konservativen *Tories* und den liberalen *Whigs* ging er 1683 ins Exil in die Niederlande. 1689 kehrte er nach London zurück. Locke beeinflusste den schottischen Philosophen David Hume. Er wurde auch von französischen Aufklärern wie Voltaire, Diderot und d'Alembert geschätzt. John Locke starb am 28. Oktober 1704 in Oates, Essex.

Dem Rationalismus hielt Locke entgegen, dass uns keine Grundsätze angeboren seien. Das betreffe auch Wahrheiten wie etwa den *Satz des Widerspruchs*[10]. Er argumentierte, dass Kinder erst nach und nach ein Verständnis für diesen Satz entwickelten. Zudem gebe es Völker, bei denen dieser Satz gänzlich unbekannt sei (Locke, 1795, Bd. I, S. 34f.).

Um zu Erkenntnissen zu gelangen, müssten zunächst einfache Begriffe gebildet werden, die dann im Gedächtnis geordnet und mit Worten bezeichnet würden (Locke, 1795, Bd. I, S. 39f.). Ebenso seien moralische Regeln nicht angeboren, sondern müssten erlernt und vor allem begründet werden (Locke, 1795, Bd. I, S. 78). Auch das Gewissen sei kein Beweis für angeborene moralische Regeln. Davon zeuge die Tatsache, dass viele Menschen ganz unterschiedliche moralische Regeln als wahr anerkennen. Das Gewissen hänge davon ab, welche moralischen Regeln wir anerkennen (Locke, 1795, Bd. I, S. 84f.). Wenn allen Menschen dieselben moralischen Regeln angeboren wären, wie wäre es dann zu erklären, dass die einen einen gefundenen Geldbeutel ordnungsgemäß zum Fundbüro bringen, während andere ihn schamlos mitnehmen?

Gegen Descartes wandte Locke ein, dass die Vorstellung von Gott keineswegs angeboren sei. Es gäbe nämlich Völker, die keinen Gottesbegriff kennen (Locke, 1795, Bd. I, S. 137f.). Außerdem hätten die Menschen sehr unterschiedliche Vorstellungen von Gott (Locke, 1795, Bd. I, S. 151ff.).

Locke nannte zwei Quellen der Erkenntnis: „Alle Vorstellungen entspringen aus der Empfindung (Sensation) oder Reflexion." (Locke, 1795, Bd. I, S. 186) Unter Empfindung verstand er die sinnliche Wahrnehmung äußerer Gegenstände. Reflexion ist die innere Selbstwahrnehmung der eigenen geistigen Vorgänge (wie Wahrnehmen, Denken, Zweifeln, Glauben, Begründen, Wissen und Wollen).

10 Zwei einander widersprechende Aussagen können nicht zugleich zutreffen. Etwas kann nicht *grün* und zugleich *nicht grün* sein.

Locke war der Ansicht, dass wir nie die Dinge selbst erkennen, sondern immer nur ihre Qualitäten. Diese unterschied er in primäre und sekundäre Qualitäten. Die primären Qualitäten seien immer im Körper vorhanden, ob wir sie nun wahrnehmen oder nicht (Locke, 1795, Bd. I, S. 272). Primäre Qualitäten seien z.B. ‚Ausdehnung', ‚Gestalt', ‚Undurchdringlichkeit', ‚Anzahl' und ‚Bewegungszustand'. Hinzu kämen sekundäre Qualitäten, die keine Entsprechung in den Körpern selbst hätten. Zu den sekundären Qualitäten zählen: Farbe, Geschmack, Geruch, Wärme und Kälte. Die sekundären Qualitäten könnten rasch wechseln und hingen von der Beschaffenheit der Sinnesorgane ab.

Man müsse aber notwendigerweise einen gemeinsamen Gegenstand denken, in dem die Vorstellungen verbunden seien. Diesen gemeinsamen Gegenstand nannte Locke ‚Substanz' (Locke, 1797, Bd. II, S. 120f.). Locke unterschied drei Arten von Substanzen: Gott, endliche Geister und Körper (Locke, 1797, Bd. II, S. 181). Unsere Sinne überzeugten uns von der Existenz einer ausgedehnten Substanz und unser Denken (Reflexion) von der Existenz einer denkenden Substanz. Aber die Ursache (das Wesen) dieser Substanzen bleibe uns verborgen (Locke, 1797, Bd. II, S. 150). Die Grenzen unserer Sinne seien auch die Grenzen unseres Denkens. Man könne nicht darüber hinausgehen, um eine verborgene Ursache zu finden (Locke, 1797, Bd. II, S. 151).

Berkeley

George Berkeley (1685–1753) lehrte von 1707 bis 1713 als Fellow am Trinity College in Dublin und wurde 1710 zum Priester geweiht. Ausgedehnte Reisen führten ihn nach London, Frankreich und Italien, wo er 1717 den Ausbruch des Vesuvs beobachtete. 1724 wurde er zum Dekan der St. Columban Kathedrale in Derry ernannt.

Wahrnehmung einer Rose, Quelle: Autor

Berkeley hielt die Annahme einer vom wahrnehmenden Bewusstsein unabhängigen Materie für einen Irrglauben, weshalb sein Ansatz auch als Immaterialismus bezeichnet wird. Denis Diderot war einer der Ersten, der sich auf Berkeley bezog:

Duftet eine Rose, wenn niemand an ihr riecht? Ist eine Rose rot, wenn niemand sie ansieht? Was sind Düfte und Farben, wenn sie nicht wahrgenommen werden? Berkeley hat eine klare Antwort: Sein kann nur im Wahrgenommensein bestehen. Was ich nicht wahrnehme, ist nicht. Will Berkeley damit sagen, dass meine Wahrnehmung die Dinge erschafft? Mitnichten! Für Berkeley steht im Hintergrund Gott, der die wahrgenommenen Ideen in meinen Geist legt.

Ein System, das – zur Schande des menschlichen Geistes und der Philosophie – am schwierigsten zu bekämpfen ist, obgleich es das allerabsurdeste ist. (Diderot, Brief über die Blinden. In: ders.: Philosophische Schriften. Bd. 1, S. 74)

Die Philosophie Berkeleys hat auch Kant beeinflusst. Kant widmet Berkeley einen eigenen Abschnitt in seiner ‚Kritik der reinen Vernunft'.

Nach Berkeley zerfallen die Gegenstände der menschlichen Erkenntnis in Ideen, die unmittelbar durch die Sinne empfangen werden (z.B. Licht, Farbe, Hitze, Kälte, Härte und Widerstand), und Ideen, die durch Erinnerung und Einbildungskraft gebildet werden. Dinge wie ‚Apfel', ‚Stein' oder ‚Buch' stellen ganze Ideenbündel dar, die von Gefühlen wie ‚Liebe', ‚Hass' oder ‚Kummer' begleitet sein können (Berkeley, Prinzipien der menschlichen Erkenntnis, S. 35). Als ‚Gemüt', ‚Geist' oder ‚Seele' bezeichnete Berkeley denjenigen, der die Ideen wahrnimmt oder erkennt. Berkeleys These lautet: Kein Objekt existiert außerhalb des Geistes (Berkeley, Prinzipien der menschlichen Erkenntnis, S. 36). Der Ton existiert nur als gehörter Ton, der Duft nur als gerochener Duft, aber auch Ideen wie ‚Stuhl' oder ‚Apfel' existierten nur als Wahrgenommenes. Dies führte Berkeley zu seinem berühmten Ausspruch ‚Esse est percipi' (‚Sein ist Wahrgenommenwerden'). Damit meinte Berkeley keineswegs, dass die Dinge nur Schein sind, sondern dass wir es immer nur mit bestimmten „Operationen des Geistes" (Berkeley, Prinzipien der menschlichen Erkenntnis, S. 35) zu tun haben. Denn es sei nicht möglich:

[...] irgendein sinnliches Ding oder ein Objekt gesondert von seiner Sinnesempfindung oder Wahrnehmung gedanklich vorzustellen. (Berkeley, Prinzipien der menschlichen Erkenntnis, S. 38)

Daraus schließt Berkeley, dass die Körper keine „Subsistenz[11] außerhalb des Geistes haben" (Berkeley, Prinzipien der menschlichen Erkenntnis, S. 38). Eine vom Geist unabhängige Existenz sei ein Widerspruch in sich, da man das sinnliche Ding nicht vom Wahrgenommenwerden trennen könne. Es könne also keine andere Substanz als den Geist geben. Dagegen ließe sich einwenden, dass es Dinge außerhalb des Geistes geben könne, deren Abbilder die Ideen seien. Auf diesen Einwand reagierte Berkeley mit seiner Ähnlichkeitstheorie: Eine Farbe könne nur einer anderen Farbe, eine Form nur einer anderen Form und eine Idee nur einer Idee ähnlich sein. Die Ähnlichkeitstheorie besagt, dass nur Ähnliches miteinander in Beziehung treten kann. Schon Plotin argumentierte so:

11 Bestehen durch sich selbst

> Nie hätte das Auge jemals die Sonne gesehen, wenn es nicht selber sonnenhaft wäre; so kann auch eine Seele das Schöne nicht sehen, wenn sie nicht selbst schön ist. (Plotin, Erste Enneade, Sechstes Buch, Kapitel 9, S. 53)

Aber ist ein Tisch nicht unabhängig von mir da? Er kann doch nicht meine Idee sein. Das ist richtig, aber das Bild, das ich von ihm habe, und der Halt, den er mir gibt, all das habe ich eben nur als Idee in mir. Daraus kann ich natürlich nicht schließen, dass ich der Urheber dieser Ideen bin. Aber ich kann daraus auch nicht schließen, dass der Tisch keine Idee ist. Der Tisch ist eine Idee, aber ich bin nicht der Urheber dieser Idee. Aber eine Idee kann nur im Geist sein.

Auf dieses Argument stützte Berkeley seine Kritik an John Lockes Unterscheidung zwischen primären und sekundären Qualitäten. Primäre Qualitäten sind z.B. Ausdehnung, Gestalt, Bewegung, Festigkeit und Zahl. Sekundäre Qualitäten sind Qualitäten wie Farbe, Ton und Geschmack. Für Locke sind die sekundären Qualitäten nicht außerhalb unseres Geistes, aber die primären Qualitäten kämen den Dingen außerhalb unseres Geistes zu. Berkeley entgegnete: Auch alle primären Qualitäten (z.B. Gestalt und Bewegung) existierten nur im Geist. Der Grund: Ich kann mir z.B. keinen sich bewegenden Ball ohne seine Farbe vorstellen. Also: Die primären Qualitäten könnten nicht einmal gedanklich von den sekundären Qualitäten getrennt werden. Form und Bewegung könnten nur durch Abstraktion gewonnen werden. Deshalb existierten auch die primären Qualitäten (z.B. Ausdehnung und Bewegung) nur im Geist (Berkeley, Prinzipien der menschlichen Erkenntnis, S. 41).

Das Argument, dass Gestalt und Bewegung nur im Geiste existieren können, lässt sich gut an Figuren plausibilisieren, die als Bewegungsillusionen (siehe Grafik auf S. 68) bezeichnet werden. Bei diesen Figuren konstruiert das Gehirn Formen und Bewegungen, die offensichtlich nicht die Bewegung eines vom Geist unabhängigen Dinges wiedergeben.

Mit diesen Vorüberlegungen holte Berkeley zum Schlag gegen die Vorstellung einer vom wahrnehmenden Bewusstsein unabhängigen Materie aus. Unter Materie könne nur ein ‚materielles Substrat' verstanden werden, das außerhalb des Geistes existiere und Träger bestimmter Qualitäten sei. Wenn aber alle Qualitäten nur im Geist existierten, könne es auch kein materielles Substrat außerhalb des Geistes geben. Berkeley weist den Zweifler darauf hin, dass er sich dann einen Ton, eine Gestalt, eine Bewegung oder eine Farbe ‚unwahrgenommen' – also ‚außerhalb des Geistes' – vorstellen solle. Was Berkeley damit meinte: Es wäre ungefähr so, als ob man sich eine *eckige Kugel* oder die *größte natürliche Zahl* oder *einen Punkt zwei Kilometer nördlich des Nordpols* vorstellen wollte.

Unsere Sinnesempfindungen gäben uns keine Kunde von Dingen außerhalb unseres Geistes, denn alle Sinnesempfindungen seien immer nur relativ zu unserem Geist. Nichts könnte uns zwingen, äußere Dinge anzunehmen, da wir alle unsere Ideen auch dann haben könnten, wenn es keine äußeren Körper gäbe (Berkeley, Prinzipien der menschlichen Erkenntnis, S. 45).

Wenn aber Ideen nicht von einer materiellen Außenwelt hervorgebracht werden, woher kommen sie dann? Für Berkeley gab es nur eine sinnvolle Antwort auf diese Frage:

> Deshalb bleibt nur übrig, dass die Ursache der Ideen eine unkörperliche aktive Substanz oder ein Geist ist. (Berkeley, Prinzipien der menschlichen Erkenntnis, S. 50)

Die unkörperliche Substanz, die die Ursache der Ideen ist, könne nur Gott sein. In Gott seien die Ideen zu finden, die nicht unserem Willen unterworfen sind. So kann ich mir lebhaft die Idee eines geflügelten Pferdes vorstellen, das über mein Haus fliegt und schließlich wieder am Horizont verschwindet; aber es liegt nicht in der Macht meines Willens, einen Baum in einen Felsen zu verwandeln oder einen Apfel vom Boden wieder an den Zweig springen zu lassen. Der Wille kann die Gesetze der Natur nicht brechen. Die Beständigkeit und Ordnung der Natur verortet Berkeley in einem Geist außerhalb des eigenen Willens:

Bewegungsillusion
Quelle: illusionen.biz

Nun werden die festen Regeln bzw. die bestimmten Verfahren, gemäß denen der Geist, von dem wir abhängig sind, die sinnlichen Ideen in uns hervorruft, ‚Naturgesetze' genannt. (Berkeley, Prinzipien der menschlichen Erkenntnis, S. 52)

Berkeley war also kein subjektiver Idealist und schon gar kein Solipsist (s. Glossar: Solipsismus). Die meisten Dinge kann mein Geist – mein Wille – nicht beeinflussen, sie sind und geschehen unabhängig von mir, und zwar (so Berkeley) durch einen von mir unabhängigen Geist.

Realität war für Berkeley grundsätzlich geistig. Was wir reale Dinge nennen, sind Ideen, die Gott uns eingeprägt hat. Die wirklichen Dinge nannte er sinnliche Ideen. Die sinnlichen Ideen trügen die meiste Realität in sich, was aber nicht beweise, dass sie schlechthin außerhalb des Geistes existierten (Berkeley, Prinzipien der menschlichen Erkenntnis, S. 53). Wenn die Idee unabhängig von meinem Willen existiert, dann ist sie nach Berkeley „durch den Willen eines anderen und mächtigeren Geistes [KH: Gottes] hervorgerufen [...]" (Berkeley, Prinzipien der menschlichen Erkenntnis, S. 54). Dies treffe auf die Naturgesetze zu. Diesen sei Realität zuzuschreiben.

Berkeley sah sich mit folgendem Vorwurf konfrontiert: Wenn alle Dinge (Sonne, Mond, Sterne, Häuser, Flüsse, Berge und Steine) nur im Geist existierten, wenn die materielle Substanz aus der Natur verbannt wäre, setzte ich an ihre Stelle nicht „ein trügerisches Ideensystem [...]". (Berkeley, Prinzipien der menschlichen Erkenntnis, S. 54)? Werden die Dinge dann nicht zu „Chimären und Täuschungen der Einbildungskraft" (Berkeley, Prinzipien der menschlichen Erkenntnis, S. 54)? Er wies darauf hin, dass man zwischen *Chimären* und *wirklichen Dingen* unterscheiden müsse. Eine Chimäre ist eine *Idee*, die ich mir willkürlich ausdenke (z.B. ein geflügeltes Pferd), aber nicht das *wirkliche Ding* (z.B. ein Zirkuspferd) (Berkeley, Prinzipien der menschlichen Erkenntnis, S. 54).

Berkeley bezweifelte keineswegs, dass die Dinge wirklich existieren – also die Realität der Dinge –, er bezweifelte vielmehr die Existenz von ‚Materie' bzw. einer ‚körperlichen Substanz'. Damit wandte sich Berkeley gegen Descartes' Trennung von *körperlicher Substanz* (res extensa) und *geistiger Substanz* (res cogitans).

Die Existenz von *Dingen außerhalb von uns* sei nicht dadurch bewiesen, dass wir sie in einiger Entfernung wahrnehmen. Auch im Traum sehen wir oft weit entfernte Dinge, obwohl sie nur in unserem Geist existieren.

Berkeleys Annahme, dass der Raum außerhalb von uns nicht existiert, kann durch bestimmte optische Täuschungen (z.B. Raumillusionen) plausibilisiert werden. Dies zeigt z.B. die folgende Abbildung, die den Eindruck vermittelt, in einen tiefen Trichter zu blicken.

Tiefenillusion
Quelle: illusionen.biz

Berkeleys Behauptung ‚Sein = Wahrgenommenes' kann mit Hilfe des ‚Vernichtungsarguments' begegnet werden. Dieses besagt: Wenn die obige Gleichung richtig wäre, dann dürften z.B. Stühle, Tische und Bäume nur so lange existieren, wie sie wahrgenommen werden. Wenn ich die Augen schließe, müsste alles verschwinden, nur um wieder zu entstehen, sobald ich die Augen öffne. Berkeley entgegnete, dass die reale Existenz einer Idee nichts anderes bedeuten könne, als dass sie wahrgenommen werde. Das heißt: ‚Die Rose duftet nur dann wirklich, wenn ich sie wirklich rieche', ‚Die untergehende Sonne ist nur dann wirklich blutrot, wenn ich sie wirklich ansehe', ‚Eine Symphonie erklingt nur dann wirklich, wenn ich sie wirklich höre', und so weiter. Denn bei all diesen Vorgängen findet nur in den Sinnen eine Veränderung statt (Berkeley, Prinzipien der menschlichen Erkenntnis, S. 62).

Berkeleys Schlussfolgerung lautet: Gäbe es ‚Materie', könnten ihr keine Eigenschaften wie ‚Ausdehnung', ‚Festigkeit', ‚Gestalt' und ‚Bewegung' zugeschrieben werden. Es bliebe eine widersprüchliche Substanz ohne Eigenschaften: Sie kann nicht im Geist existieren, da sie ja gerade außerhalb des Geistes sein soll; sie kann auch nicht an einem bestimmten Ort existieren, da alle Ausdehnung und Entfernung nur im Geist existiert; sie kann auch nicht wahrgenommen werden. Weder die Sinneswahrnehmungen noch die Schlüsse des Verstandes geben uns Grund zur Annahme einer materiellen Substanz. Nur wenn man unter ‚Materie' ‚Ideen im Geist Gottes' versteht, könnte man – so Berkeley – die Existenz von Materie bejahen, aber in diesem Sinne wird der Begriff ‚Materie' gewöhnlich nicht gebraucht. Selbst wenn wir einen weiteren Sinn hätten, würde uns dieser wieder nur Sinnesempfindungen liefern, aber keine Kunde von einer materiellen Substanz: Auch Sinnesempfindungen eines weiteren Sinnes wären Ideen, die nur im Geist existierten. Materie wird bei Berkeley zum Inbegriff des ‚Nichts'. Kurz: Es gibt keine Materie.

Berkeleys Überlegungen liefen auf folgende Schlussfolgerung hinaus: Wenn Materie kein sinnvoller Begriff ist, bleibt nur Gott als Garant für die Wirklichkeit der Dinge übrig. Alles, was wir sehen, hören, riechen, schmecken oder tasten, sei „ein Zeichen oder eine Wirkung der Macht Gottes" (Berkeley, Prinzipien der menschlichen Erkenntnis, S. 127).

Ist damit die Existenz Gottes eindeutig bewiesen? Gegen Berkeley spricht die sich aus seinen Überlegungen ergebende unmittelbare Abhängigkeit des Menschen von Gott. Inwiefern kann der Mensch überhaupt noch frei handeln, wenn jede Handlung von Gott bestimmt ist? Inwieweit bin ich dann noch für mein Handeln verantwortlich? Wo ist die Grenze zwischen den Gedanken, die ich mir selbst gemacht habe, und den Gedanken, die Gott mir eingeprägt hat? Ich sehe eine rote Rose und nehme ihren Duft wahr: Aber was von dieser Wahrnehmung stammt von mir und was von Gott?

Hume

David Hume (1711–1776) war einer der bedeutendsten Vertreter der schottischen Aufklärung. Er lebte mehrere Jahre in Frankreich. Seine Bewerbung um eine Professur blieb erfolglos. Er arbeitete als Bibliothekar und später im Staatsdienst. Seine letzten Lebensjahre verbrachte er als wohlhabender Mann im Kreise seiner Freunde. Hume war ein enger Vertrauter des Nationalökonomen Adam Smith (1723–1790).

Er lehnte jegliche Metaphysik ab (s. Glossar: Metaphysik). Für ihn zählte nur das, was der Erfahrung zugänglich ist. Kant betonte in der Vorrede zu seinen ‚Prolegomena zu einer jeden künftigen Metaphysik', dass ihn die Lektüre

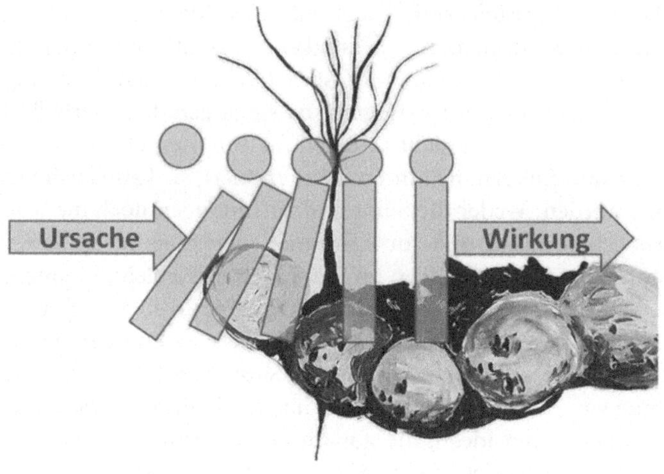

Kausalität
Quelle: Aischa Sabbouh-Eggert (vom Autor nachbearbeitet)

Ein Billardspiel. Eine Kugel rollt auf die andere zu. Sie macht ‚Klack'. Dann rollt die andere Kugel. Ursache und Wirkung. Kann man sagen, dass die erste Kugel die Bewegung der zweiten verursacht hat? Wir haben uns daran gewöhnt zu sagen: ‚Das eine verursacht das andere'. Aber wir können weder Ursache noch Wirkung sehen. Dennoch gründen wir viele Schlussfolgerungen auf den Zusammenhang von Ursache und Wirkung. Forschung ist ohne die Frage nach Ursache und Wirkung (Kausalität) nicht denkbar. Wir haben ein tief verwurzeltes Vertrauen in Kausalität: Starke Sonneneinstrahlung verursacht Hautschäden, ein harter Steinschlag einen Riss in der Fensterscheibe und das Erhitzen von Wasser lässt das Eiweiß im Frühstücksei gerinnen. Doch worauf beruht dieses Vertrauen in die Kausalität? Das fragte sich David Hume.

Humes, insbesondere dessen Analyse des Begriffs der ‚Verknüpfung von Ursache und Wirkung', aus einem ‚dogmatischen Schlummer' geweckt habe.

Hume ließ sich nicht auf Spekulationen über eine Außenwelt, über Gott oder das Jenseits ein. Die Erfahrung lehrt uns eine Vielzahl von Zusammenhängen: Feuer verursacht Schmerzen, ein Steinschlag lässt eine Fensterscheibe zerbrechen, bestimmte Chemikalien verursachen Gesundheitsschäden, und der Stoß einer Billardkugel gegen eine andere verursacht deren Bewegung. Aber die Erfahrung lehrt uns nicht, dass es einen festen Zusammenhang zwischen Ursache und Wirkung gibt. Dass Feuer Schmerzen verursacht oder ein geworfener Stein das Zerbrechen einer Fensterscheibe bewirkt, sage uns nur die Gewohnheit: Wir haben es eben oft so beobachtet. Er kam zu dem Schluss: Der Zusammenhang zwischen Ursache und Wirkung ist ein Zusammenhang, der durch die Gewohnheit hergestellt wird.

Was garantiert, dass morgen die Sonne wieder aufgeht? Was garantiert, dass das nächste Holzscheit, das ich ins Feuer werfe, wieder brennen wird? Dieses Problem ist in der Literatur als *humesches Problem* bekannt. Um das *humesche Problem* etwas abstrakter zusammenzufassen: Ich kann nie mit Sicherheit von der Ursache auf die Wirkung schließen, vom Einzelnen auf das Allgemeine, von einem heute festgestellten Zusammenhang auf seine morgige Gültigkeit.

Aussagen über kausale Zusammenhänge beruhen nach Hume letztlich auf Gewohnheit. Hume bezeichnete die Gewohnheit als die große Führerin im menschlichen Leben. Wenn jemand in der Wüste die Überreste von Gebäuden findet, wird er daraus schließen, dass dort einmal kultivierte Menschen gelebt haben. Die Gewohnheit sage uns: Wenn etwas so und so zusammenhängt, dann wird es in einer ähnlichen Situation meist auch so sein. Auf diese Weise ermöglicht uns die Gewohnheit, zu forschen und unser Wissen aufzubauen.

Hume lehnte Versuche ab (wie sie Berkeley unternahm), die Ursache unserer Vorstellungen und Handlungen in Gott zu sehen. Damit würde man sich völlig von einem höchsten Wesen abhängig machen, nirgendwo in der Welt gäbe es dann mehr Freiheit, es wäre eine Welt ohne Unbestimmtheit und ohne Zufall (Hume, 1990, S. 129).

Die Annahme, dass menschliche Handlungen direkt auf eine Gottheit zurückgeführt werden können, wirft nach Hume auch moralische Probleme auf. Denn wenn alle menschlichen Handlungen direkt auf Gott zurückführbar wären, könnten sie niemals moralisch verwerflich sein. Wären sie verwerflich, würden sie Gott als letzten Urheber mit Schuld belasten, was undenkbar ist (Hume, 1990, S. 129). Religiös motivierte Täter rechtfertigen ihre schlimmen Taten häufig mit einem direkten Gottesbezug: Eine Handlung, die direkt auf den Willen Gottes zurückgeführt werden kann, könne nicht verwerflich sein.

Hume wandte sich gegen den Versuch eines Gottesbeweises, der aus dem Vorhandensein geordneter und regelmäßiger Muster und Abläufe in der Natur auf einen intelligenten Schöpfer der Welt schließen will. Er entgegnete, dass aus dem Vorhandensein einer Ordnung in der Natur nicht geschlossen werden könne, dass diese die Wirkung einer Intelligenz und eines Planes sei. Wenn ich von den Naturgesetzen auf einen Urheber schließe, so schließe ich auf etwas, das jenseits der menschlichen Erfahrung liegt, und ich habe mich damit auf das Gebiet der Spekulation begeben (Hume, 1990, S. 172).

Hume unterschied *Eindrücke* (*impressions*) von *Vorstellungen* (*ideas*). *Eindrücke* haben wir, wenn wir etwas ‚hören', ‚sehen' oder wenn wir ‚lieben', ‚hassen', ‚begehren' oder ‚wollen'. *Vorstellungen* sind *schwache Abbilder von Eindrücken*, z.B. die Erinnerung an einen schönen Strand. Für Hume lassen sich alle

Vorstellungen (*ideas*) auf *Eindrücke* (*impressions*) zurückführen (Hume, 1990, S. 32ff.). Die Sinnesempfindungen würden uns nichts über die Existenz der Außenwelt sagen. In den Sinnesempfindungen gäbe es keinen Hinweis darauf, dass sie durch äußere Dinge verursacht wurden. Den Qualitäten, seien es *primäre* (z.B. Ausdehnung oder Festigkeit) oder *sekundäre* (Wärme, Kälte und Farbe), entspräche kein äußeres ‚Urbild' (Hume, 1990, S. 194). Nach Hume haben wir keinen Grund, von einer ‚Materie' auszugehen, die Gegenstände und Wirkungen hervorbringen kann:

> In Wirklichkeit gibt es nichts Materielles, das jemals durch seine Sinnesqualitäten eine Kraft oder Energie enthüllt oder uns Grund zu der Annahme gibt, daß es einen anderen Gegenstand, den wir seine Wirkung nennen könnten, hervorbringen oder zur Folge haben könnte. (Hume, 1990, S. 86)

Aber Humes Empirismus führt zu dem Problem: Mein Wissen über die Welt kann nie sicher sein. Damit gab sich Immanuel Kant nicht zufrieden. Es war unter anderem die Kritik an Humes Empirismus, die Kant auf den Weg der Transzendentalphilosophie führte.

5. Mechanischer Materialismus: Der Mensch als Maschine

Glauben Sie an Horoskope, an die Wirkung homöopathischer Arzneimittel oder an eine große Verschwörung? Aberglaube, Irrationalismus und Wissenschaftsskepsis sind in unserer Zeit wieder salonfähig geworden. Globale Krisen, religiöser Fanatismus und die Schwerfälligkeit demokratischer Prozesse begünstigen Phänomene wie Populismus, Aberglauben, Verschwörungsideologien und Verunsicherung.

Die Wissenschaft wird von politischen und wirtschaftlichen Erwägungen geleitet. Akademische Eliten und wissenschaftliche Autoritäten, die ihre Meinung zur Wahrheit erklären, lassen wenig Raum für Andersdenkende und alternative Ansätze. Wissenschaftliche Zeitschriften sortieren in der Regel Artikel aus, die von der Standardmeinung abweichen. Suchmaschinen und soziale Medien dienen weniger der Informationsbeschaffung als der Bestätigung vorgefasster Meinungen.

Eines scheint dabei völlig auf der Strecke zu bleiben: das Vertrauen in die Vernunft. Wie aber sollen all die komplexen Herausforderungen, vor denen die Menschen heute stehen, ohne Vertrauen in die Vernunft bewältigt werden? Gerade für die heutige Zeit sind die Ideen der Aufklärung wieder von höchster Aktualität: Die Zeit ist reif für ein ‚neues Zeitalter der Aufklärung'!

Das Zeitalter der Aufklärung war geprägt von einer Hinwendung zu den Naturwissenschaften. Für die Philosophie der Aufklärung waren der Rationalismus von René Descartes einerseits und der englische Empirismus von John Locke andererseits wichtige Bezugspunkte. Vom Rationalismus kam das Vertrauen in die Vernunft, vom Empirismus die Hochschätzung von Experimenten und Erfahrung. Viele französische Aufklärer vertraten einen Materialismus. Zu nennen sind Julien Offray d'e La Mettrie (1709–1751), Claude Adrien Helvétius (1715–1771) und vor allem Paul Thiry d'Holbach (1723–1789), der 1770 unter dem Namen des bereits verstorbenen Philosophen Jean-Baptiste de Mirabaud (1675–1760) sein Werk ‚Système de la nature' (‚System der Natur', 1770) veröffentlichte. Mit dem ‚System der Natur' entwarf d'Holbach ein umfassendes mechanisches Weltbild. Der französische Materialismus war der Gegenentwurf zum idealistischen System George Berkeleys.

Julien Offray de La Mettrie (1709–1751) war Philosoph und Arzt. In Pamphleten und Theaterstücken griff er die veraltete Medizin seiner Zeit an. Durch die Vermittlung seines Landsmannes Maupertuis kam er nach Potsdam an den Hof Friedrichs des Großen, wo er jedoch eher als Verrückter und Possenreißer galt. Er starb 1751 auf mysteriöse Weise an einer Lebensmittelvergiftung. Von den materialistischen Philosophen wie Hohlbach, Cabanis bis hin zu Feuerbach und Marx wurde er nicht beachtet. Erst seit den 1980er Jahren scheint sich das Bild zu ändern, da er nun als Begründer einer aufgeklärten Medizinphilosophie wahrgenommen wird (MLP, S. 392). In seinem berühmten Werk ‚Die Maschine Mensch' (‚L homme plus que maschine', 1747) versuchte er anhand detaillierter medizinischer Studien den Nachweis zu erbringen, dass der Mensch eine Maschine sei. Dabei bediente er sich einer Reihe von Mensch-Maschine-Analogien: „Leistet die Lunge nicht den Dienst eines beständig in Bewegung gesetzten Blasebalges? Sind nicht alle Schließmuskeln der Blase, des Mastdarmes etc. maschinenmäßig in Tätigkeit?" (La Mettrie, 1875, S. 41) An anderer Stelle schrieb er: „Der Körper ist nur eine Uhr, und der frische Chylus[12] der Uhrmacher." (La Mettrie, 1875, S. 44) Sein Credo fasste er in dem Satz zusammen: „Behaupten wir also dreist, dass der Mensch eine Maschine ist [...]." (La Mettrie, 1875, S. 53)

Auch Denis Diderot (1713–1784) gehörte zu den zentralen Persönlichkeiten der französischen Aufklärung. Zusammen mit Jean-Baptiste le Rond d'Alembert (1717–1783) war er einer der Herausgeber der großen französischen ‚Encyclopédie'. Am 24. Juli 1749 wurde er nach erniedrigenden Verhören wegen Verstoßes gegen die Zensurbestimmungen in der Festung Vincennes inhaftiert. Die einflussreichen Redakteure der ‚Encyclopédie' erreichten jedoch nach drei Monaten seine Freilassung. In den folgenden 20 Jahren widmete er sich der ‚Encyclopé-

12 Gemeint ist hier offenbar ein vom Magen-Darm-Trakt aus der Nahrung gebildetes Verdauungsprodukt, eine Art Speisebrei.

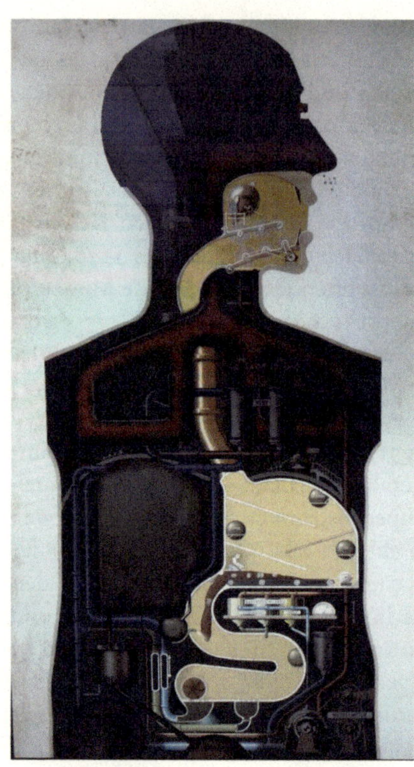

Mechanisches Modell des Verdauungssystems, Hygienemuseum, Dresden
Quelle: Autor

die', die 35 Bände umfasste. Wegen der Auseinandersetzungen mit der Zensur, die die ‚Encyclopédie' 1752 und 1759 verbot, stellte Diderot die Arbeit an der ‚Encyclopédie' schließlich ein.

Sein materialistisches System legte Diderot unter anderem in den Schriften ‚Gedanken zur Interpretation der Natur' (1754) und ‚Philosophische Grundsätze über Materie und Bewegung' (1770) dar. Er distanzierte sich von der Auffassung La Mettries, der Mensch sei eine Maschine. Gleich zu Beginn seiner ‚Gedanken zur Interpretation der Natur' stellte er fest:

> Vergegenwärtige dir im Geist immer, daß die *Natur* nicht *Gott* ist, daß ein *Mensch* keine *Maschine* ist, daß eine *Hypothese* keine *Tatsache* ist. (Diderot, Interpretation der Natur, S. 25)

Bei der Darlegung seines Materiebegriffs bezog er sich auf die Thesen eines ‚Dr. Baumann aus Erlangen'. Hinter ‚Dr. Baumann aus Erlangen' verbarg sich kein anderer als Pierre Louis Moreau de Maupertuis (1698–1759), der unter diesem Pseudonym publiziert hatte. Maupertuis argumentierte, dass es unerlässlich sei, der Materie ein gewisses Maß an Begierde, Abneigung, Gedächtnis und Intelligenz zuzugestehen, da die Entstehung der Lebewesen allein durch mechanische Eigenschaften nicht verständlich gemacht werden könne.

Für Diderot war die Materie kein homogenes Ganzes. Die Dinge der Natur könnten nicht aus einer vollkommen homogenen Materie entstanden sein (Diderot, Interpretation der Natur, S. 86). Die Verschiedenheit der Erscheinungen lasse auf die Verschiedenheit der elementaren Stoffe schließen (Diderot, Philosophische Grundsätze, S. 101). Die elementarsten Teilchen nannte er Moleküle. Die Moleküle unterschieden sich durch ihre Masse, seien aber selbst unteilbar. Jedes Molekül sei durch drei Wirkungen bestimmt: die Schwere (Gravitation), eine innere Kraft (die die Natur der Moleküle als Wasser-, Feuer-, Luft- oder Schwefelteilchen bestimmt) und die Rückwirkung der anderen Moleküle (Diderot, Philosophische Grundsätze, S. 98f.).

Außerdem unterschied Diderot zwischen belebter und unbelebter Materie. Diese Trennung trat an die Stelle von Descartes' Unterscheidung von denkender und ausgedehnter Substanz. Allerdings blieb die Frage offen, wie der Unterschied zwischen belebter und unbelebter Materie zu denken sei: Kann aus belebter Materie unbelebte werden? Entsteht belebte oder unbelebte Materie, wenn ein Molekül belebter Materie an ein Molekül unbelebter Materie angelagert wird?

In seinen ‚Philosophische[n] Grundsätze[n] über Materie und Bewegung' (1770) stellte Diderot fest: „Die Annahme irgendeines Wesens außerhalb der materiellen Welt ist unmöglich." (Diderot, Philosophische Grundsätze, S. 100). Diese Annahme stimmt mit der Zielrichtung des ebenfalls 1770 erschienenen Werkes ‚System der Natur' von D'Holbach überein. Bei D'Holbach wurde die Natur als etwas Ungeschaffenes gedacht, sie sei das Ergebnis von Materie und Bewegung, woraus sich ergebe, dass es keinen Schöpfer geben könne. Im Universum gebe es nur Materie und Bewegung und eine ununterbrochene Kette von Ursache und Wirkung (D'Holbach, System der Natur, S. 11). *Natürlich* ist, was den Naturgesetzen folgt. Dazu gehörte die Gesundheit des Menschen, aber auch Krankheit und Tod sind hier anzuführen (D'Holbach, System der Natur, S. 95).

Materie übt Wirkungen aus und ist in Bewegung (D'Holbach, System der Natur, S. 18). Aber woher hat die Natur ihre Bewegung? D'Holbachs Antwort lautet: Aus sich selbst, denn es kann nichts außerhalb der Natur geben (D'Holbach, System der Natur, S. 22). Wenn man nach einer Ursache der Bewegung außerhalb der Materie frage, müsse man einen Anfang der Materie annehmen. Ein Anfang der Materie bedeute entweder eine Hervorbringung durch einen Weltschöpfer oder eine Hervorbringung der Materie aus dem Nichts (D'Holbach, System der Natur, S. 22). Dem hielt D'Holbach entgegen, dass Materie immer existiert habe und nicht vernichtet werden könne. Hinsichtlich der elementaren Bestandteile der Materie wollte sich D'Holbach nicht auf Spekulationen einlassen: „Wir kennen die Elemente der Körper nicht; aber wir kennen einige von ihren Eigenschaften, [...]." (D'Holbach, System der Natur, S. 33). Als Eigenschaften der Materie nannte D'Holbach: *Ausdehnung, Bewegsamkeit, Teilbarkeit, Schwere, Solidität*[13] sowie eine *widerstehende Kraft* (D'Holbach, System der Natur, S. 34).

13 Festigkeit, Härte

6. Kant: Der Verstand bestimmt die Dinge

Einleitende Bemerkungen

Kant
Quelle: Aischa Sabbouh-Eggert
(vom Autor nachbearbeitet)

Immanuel Kant wurde 1724 in Königsberg geboren, wo er fast sein ganzes Leben verbrachte. Er studierte von 1740 bis 1746 Philosophie, Mathematik und Naturwissenschaften an der Universität Königsberg. Zunächst arbeitete er als Unterbibliothekar an der Königlichen Schlossbibliothek. Berufungen als ordentlicher Professor nach Erlangen und Jena lehnte er ab. Im Alter von 46 Jahren folgte er 1770 dem ersehnten Ruf als Professor für Logik und Metaphysik an die Universität Königsberg. Erst 1781 erschien Kants Hauptwerk, die ‚Kritik der reinen Vernunft'. Zwei Jahre später veröffentlichte er mit den ‚Prolegomena zu einer jeden künftigen Metaphysik, die als Wissenschaft wird auftreten können' eine populäre Zusammenfassung der Hauptthesen der ‚Kritik der reinen Vernunft' und 1785 erschien Kants erste grundlegende Schrift zur Ethik, die ‚Grundlegung zur Metaphysik der Sitten'. 1786 wurde Kant Rektor der Universität Königsberg. Zwei Jahre später erschien die ‚Kritik der praktischen Vernunft' und zwei Jahre darauf die ‚Kritik der Urteilskraft'. Am 12. Februar 1804 starb Kant in Königsberg.

Wahngebilde, wirre Traumfantasien, Geister und Dämonen: Bilder, die aus der Innenwelt des Menschen aufsteigen. Gehört das alles zur Metaphysik? Oder kann ich mich nur auf das verlassen, was mir die Sinne liefern? Aber die Sinne können sich irren oder getäuscht werden. Was kann ich überhaupt wissen? Vor diesem Problem stand Kant. Er suchte nach einem Ausweg aus dieser verzwickten Situation. Seine Antwort lautete: Suche nach Gesetzen in deinem Verstand!

Kant ist einer der einflussreichsten Philosophen der Philosophiegeschichte. Sowohl in der Erkenntnistheorie als auch in der Moralphilosophie hat er Bahnbrechendes geleistet. In seiner Erkenntnistheorie versuchte er, die Kluft zwischen den beiden philosophischen Richtungen Empirismus und Rationalismus zu überwinden, die die abendländische Philosophie in der Mitte des 18. Jahrhunderts durchzog. Der Rationalismus begann mit den Überlegungen von Descartes und wurde von Spinoza und später von Leibniz und Christian Wolff (1679–1754) weitergeführt. Die Rationalisten betrachteten Erfahrungstatsachen als unsicher. Für den Rationalismus stammt alles Wissen über die Welt aus der menschlichen Vernunft. In der menschlichen Vernunft seien Ideen angelegt, die es zu finden gelte, um ein richtiges Bild von der Welt zu gewinnen. Auf diese Weise wollten die Rationalisten sicheres Wissen über Gott und die Seele erlangen. Sie machten Aussagen über das sinnlich nicht Wahrnehmbare. Seltsame Blüten trieb der Rationalismus mit Geistersehern und theosophischen Gelehrten. Einer der berühmtesten unter ihnen war der schwedische Gelehrte und Geisterseher Emanuel Swedenborg (1688–1772), der detaillierte Beschreibungen übersinnlicher Welten vorlegte und schließlich sogar behauptete, mit Gott selbst in Verbindung zu stehen.

Dem Rationalismus stand der Empirismus gegenüber. Seine Vertreter waren Gelehrte wie Francis Bacon (1561–1626), Thomas Hobbes (1588–1678), John Locke, George Berkeley und David Hume. Der traditionelle Empirismus behauptete, dass alles Wissen aus der Erfahrung stammt. Daraus ergab sich jedoch folgendes Problem: Wie kann man Gewissheit erlangen, wenn alles Wissen aus der Erfahrung stammt (die niemals vor Irrtum und Täuschung gefeit ist)? In der Erfahrung gibt es Zufälligkeiten (z.B. den Sonnenstand zum Zeitpunkt der Beobachtung oder eine zufällige Windböe). Außerdem unterliegen Beobachtungen manchmal Täuschungen, Irrtümern und Unsicherheiten. So erscheint der Mond in Horizontnähe größer als in Zenitnähe oder man sieht in der Ferne einen vermeintlichen Vogel sitzen, der sich beim Näherkommen als Stein entpuppt.

Aber woher kommt die Gewissheit, dass morgen die Sonne wieder aufgeht? Nur weil sie es in der Vergangenheit immer getan hat, heißt das noch lange nicht, dass sie auch morgen wieder aufgehen wird. Man kann nur sagen: Es ist sehr wahrscheinlich, dass die Sonne morgen wieder aufgeht. Das ist das Grundproblem des Empirismus: Aus Beobachtungen lassen sich keine sicheren Aussagen ableiten. Die Erfahrung reicht nicht aus, um Naturgesetze mit Sicherheit zu begründen. Naturgesetze sollten aber Aussagen über Zusammenhänge in der Natur sein, die an allen Orten und zu allen Zeiten gelten. David Hume hat dieses Problem als Erster herausgearbeitet, weshalb man heute vom Hume'schen Problem spricht.

Kant knüpfte sowohl an den Rationalismus als auch an den Empirismus an. Er sah in ihnen wertvolle Ansätze, wies aber auch auf ihre Grenzen und Schwierigkeiten hin. Während der Rationalismus einseitig die Rolle der Begriffe betone, konzentriere sich der Empirismus einseitig auf das Sinnliche. Kant stellte heraus, dass Erkenntnis weder allein durch Sinnesdaten noch allein durch Begriffe möglich ist, sondern dass drei Dinge notwendig sind: Sinnesdaten, eine raumzeitliche Ordnung (Anschauungsformen) sowie apriorische Begriffe und Prinzipien. A priori bedeutete für Kant ‚nicht auf Erfahrung beruhend' oder ‚unabhängig von Erfahrung'. Erkenntnisse über apriorische Begriffe und Prinzipien nennt Kant *transzendental*. Daher wird Kants Philosophie als Transzendentalphilosophie bezeichnet.

Mit Kant erfuhr der Begriff der Metaphysik eine Umwertung. Kant zerschlug die alte Metaphysik, die sicheres Wissen über übersinnliche Dinge wie Gott und die Seele erlangen wollte, und mahnte die Metaphysik zur Bescheidenheit. Die Metaphysik im Sinne Kants befasst sich mit den ersten Prinzipien der menschlichen Erkenntnis, sie ist eine Wissenschaft von allen Erkenntnissen a priori (also Erkenntnissen, die nicht auf Erfahrung beruhen).

Philosophie war für Kant kein starres System von Begriffen und Lehrsätzen, sondern die Befragung des Verstandes. Dieses Motiv wurde in der Grundformel der Aufklärung auf die kürzeste Formel gebracht: ‚Sapere aude!' – ‚Habe Mut, dich deines eigenen Verstandes zu bedienen!'

Erst im fortgeschrittenen Alter erreichte Kant mit seiner ‚Kritik der reinen Vernunft' den Höhepunkt seines Schaffens. Kants ‚Kritik der reinen Vernunft' ist eines der schwierigsten, aber auch grundlegendsten Werke der abendländischen Philosophie. In der ‚Kritik der reinen Vernunft' gibt Kant einen systematischen Überblick über seine Erkenntnistheorie. Die zentrale Frage der ‚Kritik der reinen Vernunft' lautet: ‚Was kann ich wissen?' Als Kant 1804 hochbetagt in Königsberg starb, war er zu einem europäischen Großereignis geworden. Nach Kant war in der Philosophie nichts mehr wie zuvor.

Zu Beginn seiner ‚Kritik der reinen Vernunft' greift Kant das Problem auf, das schon Hume erkannt hatte: Durch Erfahrung erhalte ich niemals Gewissheit. Ohne Erfahrung aber sind die empirischen Wissenschaften nicht möglich. Andererseits vertrauen wir den empirischen Wissenschaften. Das führt zum Problem:

> Denn wo wollte selbst Erfahrung ihre Gewißheit hernehmen, wenn alle Regeln, nach denen sie fortgeht, immer wieder empirisch, mithin zufällig wären; [...] (Kant, KrV, 5)

Kants Lösungsansatz ist die Analyse des Erkenntnisvermögens, die er als Kritik (oder Untersuchung) der Vernunft bezeichnet. Diese Untersuchung kann nur durch die Vernunft selbst erfolgen. Vernunftkritik bedeutet also: Die Vernunft untersucht sich selbst. Dabei entdeckt sie Bedingungen, die Erfahrung erst möglich machen. Diese Bedingungen sind Vernunftgesetze oder erste Prinzipien menschlicher Erkenntnis. Erste Prinzipien menschlicher Erkenntnis können nicht selbst wieder erfahrungsabhängig sein: Sie müssen also vor (oder unabhängig von) aller Erfahrung (also a priori) sein.

Kants Kernthese lautete: Unser Verstand konstruiert die Welt nach den Gesetzen der Vernunft. Was die Welt unabhängig davon ist, können wir nicht wissen. Wir können niemals aus unserer inneren Welt heraustreten, um zu sehen, ob sie mit einer äußeren Welt übereinstimmt. Die Welt ist subjektiv, insofern sie eine Konstruktion des menschlichen Geistes ist. Zugleich ist sie objektiv, weil der Geist aller Menschen nach den gleichen Regeln funktioniert. Deshalb sind auch die Welten verschiedener Menschen vergleichbar. Damit hat Kant ein Kriterium gewonnen, um eine Grenze zwischen träumender Fantasie und wachem Verstand, zwischen Wissenschaft und Fiktion zu ziehen: Wissenschaftlich ist, was den apriorischen Prinzipien des menschlichen Verstandes entspricht; was ihnen widerspricht, ist träumerische Fantasie. Nur das Apriorische ist sicher und kann unabhängig von zufälligen Erfahrungen von allen Wesen zu allen Zeiten und an allen Orten als richtig erkannt werden.

Die Verlagerung des Dreh- und Angelpunktes der Philosophie in den menschlichen Geist nannte Kant die kopernikanische Wende (s. Glossar: kopernikanische Wende): Nicht unsere Erkenntnis richtet sich nach den Gegenständen, sondern die Gegenstände richten sich nach den Gesetzen unserer Erkenntnis. Kant spielte damit auf den Übergang vom geozentrischen zum heliozentrischen Weltbild an. Nach dem lange Zeit vorherrschenden geozentrischen Weltbild steht die Erde im Mittelpunkt des Universums und wird von allen anderen Planeten umkreist. Dieses Weltbild wurde im 16. Jahrhundert durch das von Nikolaus Kopernikus (1473–1543) vertretene und von Galileo Galilei (1564–1642) und Johannes Kepler (1571–1630) weiterentwickelte heliozentrische Weltbild abgelöst. Nach dem heliozentrischen Weltbild steht die Sonne im Mittelpunkt des Universums und wird von allen anderen Planeten umkreist.

Was zählt Kant zu den apriorischen Bedingungen der Erkenntnis? Dazu gehören die Anschauungsformen *Raum* und *Zeit*. *Raum* und *Zeit* sind für Kant wichtige Bedingungen der Erkenntnis. Stellen wir uns ein Haus vor: Vieles kann man wegdenken (die Haustür, die Fenster oder den Schornstein), nur die Ausdehnung kann man nicht wegdenken. Für Kant war der Raum eine apriorische Anschauungsform der Dinge der Außenwelt. Die *Zeit* ist eine Anschauungsform, in der mir sowohl äußere als auch innere Erscheinungen gegeben sind. Wenn ich beispielsweise bestimmte Erinnerungen vor meinem geistigen Auge entstehen lasse, dann ordne ich diese Bilder nicht der äußeren Welt zu, dennoch folgen sie einem zeitlichen Ablauf.

Raum und Zeit verbinden die Vielzahl der Vorstellungen in mir, indem sie diese in einen räumlichen und zeitlichen Zusammenhang stellen. Kant spricht von *Anschauungen*. Wenn ich aber die Vielfalt der *Anschauungen* nicht mir selbst zuordnen könnte, wäre ich auch zu keiner Erkenntnis fähig. Ohne Ich-Bezug wäre die Erkenntnis ‚Das Haus ist rot' nicht möglich. Die Anschauungen müssen durchgängig *meine* Vorstellungen sein *können*: „*Ich denke*, muß alle meine Vorstellungen begleiten *können*; [...]" (Kant, KrV, 132) Dieses ‚Ich-denke' oder ‚Selbstbewusstsein' oder ‚Bewusstsein meiner selbst' nennt Kant transzendentale (oder reine) Apperzeption. So verschieden die Vorstellungen auch sein mögen, ‚Ich-denke' ist eine Bedingung ihrer Möglichkeit und ihrer Einheit.

Die zentrale Frage der KrV lautet: Wie sind synthetische Erkenntnisse a priori möglich? Was ist damit gemeint? Erkenntnis a priori bedeutet, dass die Erkenntnis nicht auf Erfahrung gestützt ist. Also: Um zu wissen, dass die Summe der Innenwinkel in einem ebenen Dreieck 180° beträgt, muss ich keine Dreiecke in der Natur vermessen. Eine solche Erkenntnis ist a priori. Synthetische Erkenntnisse sind (im Gegensatz zu analytischen Erkenntnissen[14]) erkenntniserweiternd. Eine synthetische Erkenntnis ist z.B. die Aussage ‚Der Tisch in meinem Wohnzimmer ist aus Glas'. Dass der Tisch in meinem Wohnzimmer aus Glas ist, ist weder eine logische Wahrheit noch eine Definition. Es ist nicht Teil der Definition des Tisches, dass er aus Glas sein muss. Er könnte auch aus Holz, Kunststoff, Metall oder einem anderen Material bestehen. Synthese bedeutet ‚Zusammensetzung'. Mein Wohnzimmertisch ist die Synthese von ‚Tisch' und ‚Glas'. Dass mein Wohnzimmertisch aus Glas ist, können meine Besucher durch Beobachtung (also empirisch) feststellen. Also: Der Satz ‚Mein Wohnzimmertisch besteht aus Glas' ist empirisch und synthetisch. Aber wie kann eine Erkenntnis a priori und synthetisch sein? Wenn es solche Erkenntnisse gäbe, dann wüsste ich bereits etwas über die Welt, ohne dass ich dazu eine Erfahrung der Welt bräuchte. Solche Erkenntnisse würden weder aus der Erfahrung (durch unsere Sinne) stammen, noch wären sie logische Zusammenhänge (wie z.B. ‚Eine Aussage kann nicht gleichzeitig wahr und falsch sein'), noch wären sie Begriffserklärungen oder Definitionen, und dennoch müssten sie sich auf die Welt beziehen.

Als Beispiel für eine synthetische Erkenntnis a priori nannte Kant das Prinzip der Kausalität: ‚Alles, was geschieht, hat eine Ursache'. Um ein Beispiel zu nennen: Ein Kind, das sich am Feuer verbrannt hat, wird in Zukunft das Feuer meiden. Ohne jemals etwas vom Prinzip der Kausalität gehört zu haben, wendet das Kind dieses Prinzip an: Feuer verursacht Schmerz. Ohne dieses Prinzip bereits vorausgesetzt zu haben, wären wir zu dieser Erfahrung gar nicht fähig. Das Kausalitätsprinzip ist erfahrungsunabhängig und gilt mit Notwendigkeit und Allgemeingültigkeit, es gilt also a priori. Es ist aber zugleich ein

14 Analytische Erkenntnisse sind logische Wahrheiten (z.B. ‚Ein Baum kann nicht zugleich grün und nicht grün sein), Definitionen (z.B. ‚Ein Junggeselle ist ein unverheirateter Mann') oder Begriffserklärungen (z.B. ‚Alle Körper sind ausgedehnt').

synthetisches Prinzip: Im Begriff des Geschehens ist der Begriff der Ursache nicht schon enthalten. Solche Prinzipien nannte Kant metaphysische Prinzipien. Als weitere metaphysische Prinzipien nannte Kant den *Grundsatz der Beharrlichkeit der Substanz* und den *Grundsatz des Zugleichseins nach dem Gesetz der Wechselwirkung* (s. Glossar: Metaphysische Grundsätze).

Ding an sich

Mit Kant wurde der Mensch ‚entzweigerissen' und zum Bürger zweier Welten: Einerseits gehört er der *sinnlich erfahrbaren Welt der Erscheinungen* an, andererseits aber einer davon völlig verschiedenen Welt, nämlich der *Welt der sogenannten Dinge an sich*, die uns sinnlich nicht zugänglich ist. Kants Philosophie wird deshalb als dualistisch bezeichnet. Was aber hat Kant dazu bewogen, diese eigentümlichen Dinge an sich anzunehmen?

Das *Ding an sich* ist sicherlich eine der merkwürdigsten Annahmen Kants. Es existiert, ohne dass etwas Positives über es gesagt werden kann, und es ist daher auch nicht erkennbar. Es gibt kein Fenster, durch das wir einen Blick auf die *Dinge an sich* werfen könnten. Aber wozu braucht Kant dann die *Dinge an sich*?

Die Welt, die wir wahrnehmen, nennt Kant die Welt der Erscheinungen. Unmittelbar haben wir es immer nur mit Erscheinungen zu tun: mit der räumlich ausgedehnten Vase oder der kausal und zeitlich geordneten Abfolge von Sonnenaufgang und Erwärmung des Bodens. Unter Erscheinung verstand Kant alles, was sinnlich wahrgenommen und (als Zutat des Geistes) durch apriorische Formen (z.B. Raum, Zeit und Kausalität) geordnet wird. Aber was bringt die Erscheinung hervor? Das *Ding an sich*. Das *Ding an sich* denkt Kant als *Gegensatz zu den Erscheinungen*. Damit ist dasjenige bezeichnet, was den Erscheinungen zugrunde liegt, also der *Grund der Erscheinung* bzw. dasjenige, was erscheint. In der Sprache Kants: Die *Dinge an sich* ‚affizieren' (d.h. ‚erregen') unsere Sinne. Die *Dinge an sich* entziehen sich aber unserem *direkten* Zugriff. Die Schwierigkeit dabei ist: Einerseits kann das kantische Projekt ohne die Annahme von *Dingen an sich* nicht gelingen, andererseits ergibt sich ein Problem, das in der Philosophie als Affektionsproblem bezeichnet wird. Das Affektionsproblem wurde erstmals von Friedrich Heinrich Jacobi (1743–1819) aufgezeigt: Kants Lehre verlange die Rückführung der Sinneseindrücke auf äußere Ursachen, die in den *Dingen an sich* liegen. Diese Einwirkungen müssten als reale Vorgänge aufgefasst werden, die den Erkenntnisprozess in Gang setzen (Metz, 2004, S. 4). Damit müsste das Kausalgesetz, das nach Kant nur für die Erscheinungswelt gilt, über den Bereich der Erscheinungen hinaus auf die Dinge an sich angewandt werden. Da dies im Widerspruch zu Kants eigener Annahme steht, kann er dies nicht gemeint haben.

Das *Ding an sich* wird zu einem unbekannten X: Es ist nicht räumlich, nicht zeitlich, nicht wirkend, sondern es muss als etwas vorausgesetzt werden, das die Erkenntnistätigkeit des Subjekts in Gang setzt. Sofern man nicht davon ausgehen will, dass das einzelne Subjekt die ganze Welt aus sich selbst heraus konstruiert, muss aber etwas von ihm Unabhängiges angenommen werden. Das *Ding an sich* (selbst unkörperlich, obwohl die uns erscheinenden Dinge körperlich sind) ist widersprüchlich, es gibt ebenso gute Gründe für seine Existenz wie gute Gründe gegen seine Existenz. Es war unter anderem das von Kant offengelassene Problem der *Dinge an sich*, das die Philosophie nach Kant auf den Weg des Deutschen Idealismus geführt hat. Der Deutsche Idealismus ist mit Namen wie Fichte, Schelling und Hegel verbunden.

Exkurs: Das Affektionsproblem und die Philosophie des 20. Jahrhunderts[15]

Auch die Philosophie des 20. Jahrhunderts hat das ‚Affektionsproblem' nicht gelöst. Sie hat es lediglich beiseitegeschoben. Der Sprachphilosoph Hilary Putnam (1926–2016) bemerkte dazu:

> Er [KH.: Kant] bezeichnet die Elemente dieser geistesunabhängigen Realität mit verschiedenen Ausdrücken: als Dinge an sich oder Noumena, und insgesamt spricht er von der noumenalen Welt. Von diesen noumenalen Dingen können wir uns jedoch keine wirkliche Vorstellung machen, und sogar die Konzeption der noumenalen Welt ist kein klarer Begriff, sondern eher ein Grenzbegriff. Heute gilt der Begriff der noumenalen Welt als unnötiges metaphysisches Element des Kantischen Denkens. (Putnam, 1982, S. 90f.)

Doch die *Dinge an sich* als „unnötiges metaphysisches Element" zu bezeichnen, löst das *Affektionsproblem* nicht. Putnam liefert keine Argumente für seine Behauptung, und er räumt sogleich ein, dass Kant vielleicht doch Recht haben könne:

> Aber vielleicht hat Kant recht: Vielleicht kommen wir nicht umhin zu denken, daß es *irgendwie* einen geistesunabhängigen ‚Grund' unserer Erfahrung gibt, selbst wenn Versuche, über ihn zu reden, sofort zu Unsinn führen. (Putnam, 1982, S. 91)

15 Der folgende Abschnitt enthält zusätzliche Informationen. Er ist für die weiteren Betrachtungen nicht erforderlich und kann übersprungen werden.

Analytische Philosophen des 20. Jahrhunderts wie Putnam und Willard Van Quine (1908–2000) haben *Affektion* (ohne diesen Begriff explizit zu verwenden) als unproblematisch vorausgesetzt, ohne die ungelösten philosophischen Schwierigkeiten zu reflektieren, die eine solche Annahme mit sich bringt. Putnam nahm einen Input durch äußere Dinge an. W.V. Quine hat sich noch deutlicher für die Existenz äußerer Dinge ausgesprochen:

> Die Aussage, wir könnten die Dinge der Außenwelt letztlich nur durch ihr Einwirken auf unsere Körper erkennen, sollte man also als eine Wahrheit auffassen, [...] (Quine, Wort und Gegenstand, S. 22)

Quine betrachtete die Existenz der *Dinge der Außenwelt* schlichtweg als Wahrheit. Aber damit sind die philosophischen Probleme um Kants Begriff des *Dinges an sich* nicht beseitigt. Die Vorstellung von Inputs aus der Außenwelt ist ein Modell, das keine Wirklichkeit abbildet. Denn niemand kann aus der Erscheinungswelt herausspringen, um zu überprüfen, ob das Modell zutrifft.

Materie

Formuliere ich etwa den Satz ‚Ein Pferd ist größer als eine Ameise', so machen die Begriffe ‚Pferd' und ‚Ameise' die Materie des Satzes aus; die Größer-kleiner-Beziehung dagegen die Form des Satzes. Für Kant waren Materie und Form zwei grundsätzliche Begriffe, in denen sich unser Denken vollzieht. Unter Materie verstand er „das Bestimmbare überhaupt" und unter Form „dessen Bestimmung" (KrV, 322).

Anders bestimmte Kant den Materiebegriff in seiner Schrift ‚Metaphysische Anfangsgründe der Naturwissenschaft':

> *Materie* ist das *Bewegliche*, so fern es einen *Raum erfüllt.* (MAdN, S. 47)

Schließlich gab Kant in den ‚Metaphysische[n] Anfangsgründe[n] der Naturwissenschaft' eine allgemeine philosophische Bestimmung des Begriffes ‚Materie':

> Materie ist das Bewegliche, so fern es, als ein solches, ein Gegenstand der Erfahrung sein kann. (MAdN, S. 122)

Was damit gemeint ist, wird in den folgenden Ausführungen deutlich. Die Erscheinungswelt, die wir mit unseren Sinnen wahrnehmen, ist in Bewegung: Verkehrsmittel, Wolken, Menschen und Tiere, aber auch Himmelserscheinungen. Bewegung ist eine Eigenschaft, aber wir können Bewegung nie ohne den sich bewegenden Gegenstand beobachten. Materie wird von Kant als Inbegriff der Gegenstände (materiellen Dinge) verstanden, denen die Eigenschaft der Bewegung zugeschrieben wird. Das macht auch den Unterschied zu ideellen Dingen wie Zahlen aus. Eine Zahl als solche ist nicht durch ihre Bewegung sinnlich gegeben. Insofern ist die Zahl auch kein materielles Ding.

Dynamismus

Kant lehnte eine atomistische bzw. monadische Materietheorie ab: Die Materie müsse als grenzenlos Teilbares gedacht werden, und damit könne man nie auf kleinste Teilchen stoßen. Diese Position wird auch als Dynamismus bezeichnet. Kant entwickelt den Dynamismus in seinem Werk ‚Metaphysische Anfangsgründe der Naturwissenschaft' (MAdN, 1786). Auch Oersted, der 1820 die magnetische Wirkung des elektrischen Stromes entdeckte, vertrat zunächst einen Dynamismus, ging aber 1829 zu einer atomistischen Sichtweise über. Der (vor allem in Deutschland vertretene) Dynamismus stellte sich die Materie als eine Art raumfüllende Flüssigkeit vor, die nicht aus kleinsten Teilchen besteht. Kants Dynamismus verwarf die Vorstellung absoluter Härte und absoluter Undurchdringlichkeit. Materie wurde als ein Kontinuum gedacht, das den Raum ständig ausfüllt. Für die Dynamisten gab es keine leeren Zwischenräume, sondern nur unterschiedliche Grade der Raumerfüllung; es entfiel daher die Vorstellung des leeren Raumes, auf den die Atomisten angewiesen sind.

Es muss betont werden, dass der Streit zwischen Atomismus und Dynamismus eine spezifisch deutsche Diskussion war. Die Atomismus-Dynamismus-Kontroverse war ein Streit gegensätzlicher philosophischer Annahmen, der nie die Ebene der physikalischen Forschung erreichte (Stichweh, 1984, S. 494). Der ‚moderne Atomismus', der zur Atomphysik des 20. Jahrhunderts führte, entstand aus zwingenden empirischen Gründen. Ein Vorläufer des ‚modernen Atomismus' war der englische Chemiker John Dalton (1766–1844). Im Jahr 1805 entwickelte er das erste empirisch begründete Atomkonzept. Er entdeckte, dass sich Stoffe nur in ganz bestimmten Massenverhältnissen verbinden können. Auf der Grundlage dieser Erkenntnis formulierte er 1808 das Gesetz der konstanten Proportionen (s. u.), mit dem er die Atomhypothese untermauerte.

7. Deutscher Idealismus: Materie als Geist

Kant hat die Philosophielandschaft nachhaltig verändert. Er zerbrach die alte Metaphysik. Dabei zerfiel die Welt in zwei Teile, die einerseits zusammengehören, andererseits aber nicht miteinander vereinbar sind: die *Welt der Dinge an sich* und die *Welt der Erscheinungen*. Die *Dinge an sich* sind merkwürdige Ge-

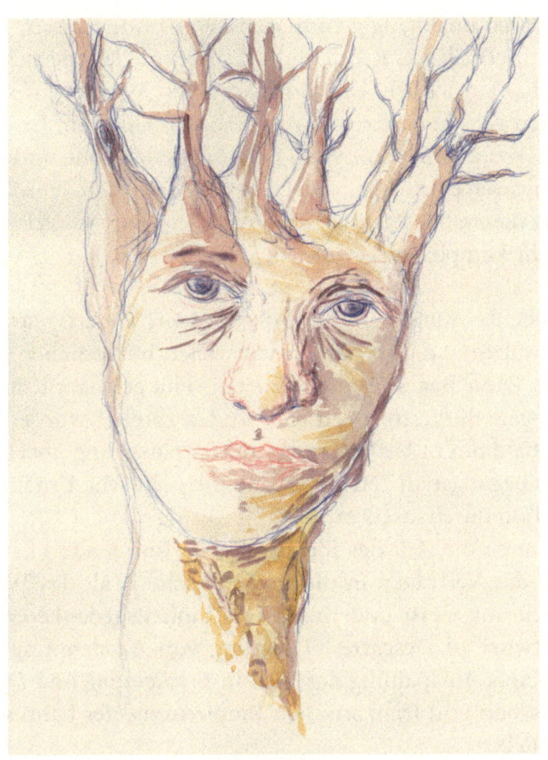

Idealismus
Quelle: Aischa Sabbouh-Eggert

Mit Kants kritischem Werk war die alte Metaphysik zerbrochen. Die Welt zerfiel in zwei grundverschiedene Teile: die Welt der Erscheinungen und die Welt der Dinge an sich. Ein Riss, der durch den Menschen selbst ging: Er wurde zum Bürger zweier Welten. Heinrich Kleist stürzten Kants Überlegungen zur Erkenntnisfähigkeit des Menschen in eine tiefe Krise: Der Kern der Dinge, die Wahrheit, war nicht mehr zu erkennen.
Unmittelbar an Kant schloss eine Gruppe deutscher Philosophen an, die mit dem Anspruch antrat, Kants Philosophie lediglich klarer darzustellen und die Spaltung der Welt zu überwinden. Bald gewannen deren Ansätze eine solche Eigenständigkeit, dass völlig neue philosophische Systeme entstanden. Der Grund der Welt wurde im Geistigen gesucht. Dieser Geist erlangte demnach im Menschen Bewusstsein, um sich selbst zu betrachten. Die Zeit des Deutschen Idealismus war angebrochen.

bilde: Sie existieren unabhängig vom Menschen, ohne Farben, Töne, Gerüche und Formen, außerhalb von Raum und Zeit. Sie sind den menschlichen Sinnen nicht unmittelbar zugänglich. Und doch scheinen ‚Wirkungen' von ihnen auszugehen. Sie erregen die Sinne und regen so den Geist an, Erscheinungen zu erzeugen. Die *Welt der Erscheinungen* ist bunt, voller Töne und Formen. Aber die Erscheinungswelt existiert nur im Geist des Menschen. Jenseits der Erscheinungswelt liegt die ‚wahre Realität' – die Welt der *Dinge an sich*. Damit war die Philosophie sehr kompliziert geworden.

Die Französische Revolution am Ende des 18. Jahrhunderts war eine gewaltige politische Umwälzung, die in Europa von vielen bürgerlichen Intellektuellen begrüßt wurde. Diese Begeisterung setzte eine Flut geistiger Kräfte frei, die vor allem vom jungen Bürgertum getragen und verbreitet wurde. Die Euphorie schlug jedoch bald um in Verbitterung und Enttäuschung über die im Namen der Revolution begangenen Terrorakte und die politische Unfähigkeit, die Ideale der Revolution durchzusetzen.

Dies war auch die Zeit des Idealismus. Bestimmende Elemente des Idealismus waren das Vertrauen in die schöpferische Kraft des Willens und die Idee der Einheit von Geist und Natur. Der Einheitsgedanke entwickelte sich zum Gegenentwurf zu Descartes' Trennung von Ausdehnung und Denken, aber auch zu Kants Aufspaltung der Welt in *Erscheinung* und *Ding an sich* sowie zum englischen und französischen Empirismus, der beim sinnlich Gegebenen stehenblieb.

Diese Epoche wird als Romantik bezeichnet (s. Glossar: Naturphilosophie, romantische). Sie umfasst etwa den Zeitraum von 1790 bis 1840. Zunächst waren es nicht Philosophen, die den Geist dieser Richtung prägten, sondern Künstler und Dichter, unter ihnen Schiller und Goethe, die geniale Schüler Kants waren. Der erste bedeutende philosophische Beitrag stammt von Johann Gottlieb Fichte (1762–1814).

a. Fichte

Mit Johann Gottlieb Fichte entstand ein neuartiges einheitliches philosophisches System. Fichte war zunächst ein Bewunderer der Französischen Revolution. Nachdem sich Napoleon die Kaiserkrone aufgesetzt hatte und Europa gewaltsam zu reformieren versuchte, rief Fichte zum entschlossenen Widerstand auf. 1810 war Fichte maßgeblich an der Gründung der Berliner Universität beteiligt. Er schwor seine

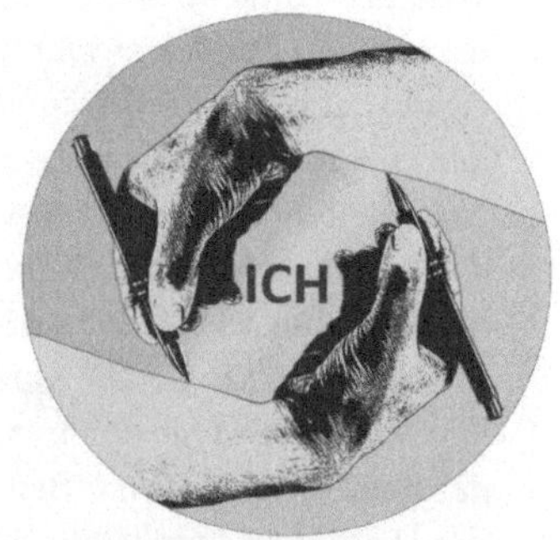

Sich selbst entwerfendes Ich
Quelle: Autor

Zuhörer auf den Befreiungskrieg ein und nahm selbst – schon über 50-jährig – an Übungen des Volkssturms teil. Ende 1813 erkrankte Fichte am sogenannten Lazarettfieber, das vermutlich seine im Lazarett arbeitende Frau Johanna auf ihn übertragen hatte. Im Gegensatz zu seiner Frau erlag er 1814 den Folgen der Infektion.

Fichtes Philosophie ist ganz vom Gedanken der Freiheit durchdrungen. Im Zentrum seines Idealismus steht daher eine Intelligenz, die nichts ist als

> ein *Thun*, und absolut nichts weiter; nicht einmal ein *Thätiges* soll man sie nennen, weil durch diesen Ausdruck auf etwas bestehendes gedeutet wird, welchem die Thätigkeit beiwohne. (Fichte, PhL, Bd. 3, S. 30f.)

Unter dem *Ich*[16] verstand Fichte kein Ding, sondern Tätigkeit und Tätiges zugleich. Fichte sprach deshalb davon, dass sich das *Ich* selbst setze[17]. Da für Fichte alles aus dem *Ich* abgeleitet werden soll, bezeichnet man seine Philosophie als *subjektiven Idealismus*. Fichte begann seine Philosophie mit dem Grundsatz: „kehre deinen Blick von allem, was dich umgiebt ab, und in dein Inneres" (Fichte, PhL, Bd. 3, S. 17).

Nach Fichte werden unsere Vorstellungen nicht von Dingen hervorgebracht, die von außen auf uns einwirken. Er verwarf auch die Position Berkeleys (Fichte, PhL, Bd. 3, S. 29), dass Gott von ‚außen' Vorstellungen in uns hervorrufe. Damit stellte sich das Problem: Wie kann eine Wirklichkeit, die mir als eine fremde, von mir nicht veränderbare gegenübersteht, von mir selbst gesetzt sein? Fichte musste eingestehen: „[...] die Intelligenz handelt, aber sie kann vermöge ihres eigenen Wesens nur auf eine gewisse Weise handeln." (Fichte, PhL, Bd. 3, S. 31) Demnach ist auch die Tätigkeit des Subjekts unveränderlichen Regeln unterworfen. Dadurch entstehe das Gefühl, auf Unveränderliches, Fremdes, ‚Äußeres' und Notwendiges zu stoßen.

Das Subjekt handele immer nach bestimmten Handlungsgesetzen. Ein solches Handlungsgesetz sei z.B. das *Kausalgesetz*. Fichte räumte aber ein, dass sich dieses Gesetz aus höheren Gesetzen ableiten lasse, die sich das Handeln selbst gibt (Fichte, PhL, Bd. 3, S. 31). Damit gewinnt die Philosophie keine feste Grundlage.

Fichtes Versuch, die Vielfalt und die Gesetze der Welt allein aus der *Tätigkeit des Ich* zu erklären, überzeugte seinen philosophischen Zeitgenossen Friedrich Wilhelm Joseph Schelling (1775–1854) nicht. Auch Schelling ging zunächst davon aus, dass allein das Ich die Welt hervorbringt, kam aber bald zu der Einsicht, dass der Grund allen Seins nicht im Ich, sondern in einem *me-*

16 Es geht hier nicht um ein persönliches Ich, sondern um ein überindividuelles Ich.

17 Das Wort ‚setzen' bedeutet hier so viel wie, dass sich das Ich in seinem Sein selbst denkt.

taphysischen Urgrund der Natur liege. Damit wurde er zum Begründer des objektiven Idealismus.

b. Schelling

Friedrich Wilhelm Joseph Schelling wurde 1775 in Leonberg in der Nähe von Stuttgart geboren. Er wuchs in einer dem Pietismus (s. Glossar: Pietismus) verpflichteten Pfarrersfamilie auf. Schon als Sechzehnjähriger wurde er ins Tübinger Stift aufgenommen, wo er als Zimmergenosse Hegels (1770–1831) und Hölderlins (1770–1843) unter dem Einfluss der konservativen Vorgaben des württembergischen Herzogshauses stand. Mit Unterstützung Goethes erhielt er 1798 eine außerordentliche Professur in Jena. Nach 1801 brach der Dialog mit Fichte ab. Es begann eine intensive Zusammenarbeit mit Hegel. Später folgte Schelling einem Ruf nach Würzburg. 1806 ging Schelling nach München, wo er eine Stelle im außeruniversitären Staatsdienst antrat. Die Münchner Zeit ist durch eine Hinwendung zum Religiösen und Theosophischen gekennzeichnet. Die Freundschaft mit Hegel zerbrach. Als Professor und Geheimer Rat trat er 1841 in die Dienste Preußens. Seine Berliner Antrittsvorlesung im November 1841, an der unter anderem Michael Bakunin (1814–1876), Jacob Burckhardt (1818–1897), Friedrich Engels (1820–1895), Friedrich Carl von Savigny (1779–1861), Kierkegaard (1813–1855) und Wilhelm von Humboldt (1767–1835) teilnahmen, war Schellings letzter großer Auftritt. Es war der Versuch, den Kampf gegen die „Hydra des Hegelianismus" (Lenz, 1918, S. 42; Leinkauf, 2020, S. 154) aufzunehmen. Doch er verlor diesen Kampf. Am Ende erfüllte er die Erwartungen seiner Zuhörer nicht. Die Zuhörer blieben weg. Es folgte eine Phase der Einsamkeit und des teilweisen Verstummens. Schelling starb 1854 in Bad Ragaz (Schweiz) (Leinkauf, 2020, S. 151ff.).

Geist in der Natur,
Kaktusgarten, Lanzarote
Quelle: Autor

Schellings Philosophie war eine Reaktion auf die politischen Verhältnisse in Deutschland und Frankreich, aber auch auf die Entdeckungen in den Naturwissenschaften zu Beginn des 19. Jahrhunderts. Chemie, Elektrizität und Magnetismus entwickelten sich in dieser Zeit rasant. Überraschende Zusammenhänge zwischen verschiedenen Naturphänomenen wurden entdeckt. Besonders fasziniert war Schelling von der Vorstellung, dass in der Natur eine einheitliche Kraft wirkt, aus der die anorganische, dann die organische und schließlich die geistige Welt hervorgehen.

Schelling kehrte Fichtes Philosophie gewissermaßen um: Nicht die Natur ist das Produkt des menschlichen Geistes, sondern der menschliche Geist ist das Produkt der Natur. Wie aber kann die Natur den menschlichen Geist hervorbringen? Offenbar nur, wenn sie selbst geistig ist. Für Schelling bilden Geist und Natur ursprünglich eine Einheit. Das Naturgeschehen wird als Wechselspiel gegensätzlicher Kräfte aufgefasst: Anziehung und Abstoßung, positive und negative elektrische Ladung, Werden und Vergehen. Nicht viel anders verhalte es sich im Bereich des menschlichen Geistes und der Geschichte: Krieg und Frieden, Revolution und Reform, ‚arm und reich', ‚gut und böse', ‚schön und hässlich' bilden hier die Gegensätze. Die politische Situation im damaligen Deutschland mag diesen Eindruck bei Schelling noch verstärkt haben. Die Deutschen waren ein zerrissenes Volk. Das Heilige Römische Reich Deutscher Nation bestand um 1800 aus 250 Fürstentümern, an deren Spitze das katholische Österreich und das protestantische Sachsen standen. Als 1806 (Ende des Tausendjährigen Reiches) mit dem Rheinbund die Zahl der Länder auf ein überschaubares Maß reduziert wurde, geschah dies unter dem Protektorat Napoleons. Napoleon brachte den Deutschen wichtige Grundpfeiler einer demokratischen Ordnung: Gleichheit vor dem Gesetz, Religionsfreiheit und eine funktionierende Verwaltung. Eine nationale Identität konnte er ihnen nicht geben. So ist es nicht verwunderlich, dass die Sehnsucht nach Einheit und Identität ein bestimmender Leitgedanke vieler Freigeister jener Zeit war.

Das Streben nach Einheit war für Schelling eine bereits in der Natur angelegte Tendenz. Die Natur war für Schelling ein Organismus, in dem der Geist das Positive, das Treibende, die Materie dagegen das Negative, das Getriebene ist. Diese beiden sich ergänzenden und zugleich gegensätzlichen Teilstücke streben zur ursprünglichen Identität (Einheit) zurück.

Nur in der Kunst könne diese ursprüngliche Einheit dargestellt werden. Kunst könne ausdrücken, was der Philosophie nicht möglich sei. Deshalb war für Schelling die Kunst das Höchste, weil sie den Blick auf das Allerheiligste öffne: auf die *ursprüngliche Einheit von Geist und Natur*. So verwundert es nicht, dass Schelling die Grundgedanken seiner Naturphilosophie auch in Gedichtform darlegte. Dies geschah in seinem Gedicht ‚Epikureisches Glaubensbekenntnis Heinz Widerporstens'. Dort ist von einem ‚Riesengeist' die Rede, der in der Natur steckt und in den toten und lebendigen Dingen um Bewusstsein ringt.

Die zunächst unwissende Natur geht in das Wissen des Menschen über. Diese Dynamik käme aber nicht in Gang, wenn nicht dieser Drang nach Freiheit und Weisheit ursprünglich in der Natur angelegt wäre und wirken würde: „Wie könnte er [KH.: der Mensch] sie [KH.: ewige Freiheit und Weisheit] aber suchen, *wenn sie nicht sich selbst in ihm suchte?*" (Schelling, In: PhL, Bd. 3, S. 51) In der von Schelling beschriebenen Bewegung sucht die Weisheit (bzw. die Freiheit) sich selbst. (Schelling, In: PhL, Bd. 3, S. 51) Nur der Wissende kann am Ende wieder die Frage nach dem Anfang stellen: Die Natur schlägt im Menschen ihre Augen auf und bemerkt, dass sie da ist.

Schelling projizierte ein geistiges Prinzip in die Natur (Bonsiepen, 1997, S. 195). Das Geistige bildet den inneren Kern der Natur. Die Natur wird bereits in ihren anorganischen Formen als beseelt angesehen. Auch wenn dieser Geist erst in einem langwierigen Entwicklungsprozess zu sich selbst findet, kommt der Natur eine eigene Würde zu.

Vittorio Hösle (geb. 1960) wies auf die Aktualität dieses Gedankens hin. Er könne ein Naturverständnis fördern, wonach ein fürsorglicher Umgang mit der Natur keineswegs im Widerspruch zur modernen Naturwissenschaft stehe. (Hösle, 1994, S. 56f.).

Um Freiheit zu erlangen, müsse das Subjekt zur ursprünglichen Einheit zurückkehren. In der *menschlichen Person* erkennt sich der in der Natur enthaltene Geist als *Sich/Ich*. Damit hat das Wort ‚Person' seine ursprüngliche Bedeutung zurückgewonnen. Person leitet sich vom lateinischen Wort ‚personāre' ab, das ‚hindurchschallen' bedeutet. Dieser Begriff stammt aus dem griechischen Theater. Persōna war die Maske des griechischen Schauspielers, die durch eine breite Mundöffnung die Stimme des Schauspielers lauter ertönen ließ. Man könnte vielleicht sagen, dass in Schellings Philosophie das Weltgeschehen zum Theaterstück wird, geschrieben vom Geist in der Natur (dem absoluten Subjekt), der zugleich Schauspieler und Zuschauer ist; der Mensch wird zur ‚Persōna', zur Maske, durch die die Stimme des absoluten Subjekts tönt.

Schelling griff den Gedanken auf, dass Gleiches nur von Gleichem erkannt werden könne: „Das Erkennende muß seyn wie das Erkannte und das Erkannte wie das Erkennende". (Schelling, PhL, Bd. 3, S. 49) Er zitierte Goethe, der diesen Gedanken in der Vorrede zu seiner Farbenlehre wiederholt hatte:

> Wär' nicht das Auge sonnenhaft,
> Wie könnten wir das Licht erblicken?
> Lebt' nicht in uns des Gottes eigne Kraft,
> Wie könnt' uns Göttliches entzücken?
> (Schelling, In: PhL, Bd. 3, S. 49)

c. Hegel

Knospe – Blüte – Frucht
Quelle: pixabay

Mit dem Ende einer Knospe entsteht eine Blüte. Das Absterben der Blüte markiert den Beginn des Fruchtstadiums. Aus der Frucht entsteht eine neue Pflanze. Damit beginnt der Kreislauf erneut. Die Blüte ist der Gegensatz zur Knospe und die Frucht ist der Gegensatz zur Blüte. Werden und Vergehen sowie das Spiel der Gegensätze sind Kennzeichen der Welt, die uns umgibt.

Motive von Schellings Philosophie, wie der Entwicklungsgedanke oder die Vorstellung vom Kampf gegensätzlicher Kräfte als Motor der Entwicklung, spielten auch eine zentrale Rolle für Georg Wilhelm Friedrich Hegel, mit dem der Deutsche Idealismus schließlich seinen Höhepunkt erreichte.
Georg Wilhelm Friedrich Hegel wurde am 27. August 1770 in Stuttgart geboren. Es war das Jahr, in dem Kant die lang ersehnte Professur in Königsberg erhielt. Hegel studierte Philosophie und Theologie in Tübingen.

1801 habilitierte er sich an der Universität Jena. Zusammen mit Schelling gab er 1802 und 1803 die Zeitschrift ‚Kritisches Journal der Philosophie' heraus. Die Besetzung Jenas durch die Truppen Napoleon Bonapartes (1769–1821) veranlasste ihn, im Spätherbst 1806 nach Bamberg zu gehen (Bondelli,

2020, S. 400f.). In Jena erlebte Hegel den Einmarsch Napoleons. Als Anhänger der Französischen Revolution war er von Napoleon begeistert. Er nannte Napoleon die ‚Weltseele zu Pferde' (die Bezeichnung ‚Weltgeist zu Pferde' stammt von Goethe) (Ludwig, 2011, S. 28f.).

1807 erschien sein erstes Hauptwerk, die ‚Phänomenologie des Geistes'. Als Nachfolger Fichtes folgte er 1818 dem Ruf an die Berliner Universität. Seine Vorlesungen erfreuten sich rasch großer Beliebtheit und seine Zuhörerschaft reichte weit über das universitäre Umfeld hinaus, auch Staatsbeamte besuchten seine Vorlesungen. Hegel wurde 1829 Rektor der Berliner Universität. Er starb 1831.

Hegel gilt als Stammvater des Marxismus. Er hatte aber auch großen Einfluss auf viele andere Philosophen. Sein Ausgangspunkt war der Idealismus. Die gesamte Wirklichkeit betrachtete Hegel als ‚Geist'. Um sich seiner selbst bewusst zu werden, müsse sich der Geist mühsam durch die Geschichte hindurcharbeiten.

Dialektik

Ein zentraler Begriff der Philosophie Hegels ist der der Dialektik. Meist wird diese anhand des berühmten Dreischritts These – Antithese – Synthese erklärt. In dieser einfachen Form wird der Dreischritt von Hegel nie verwendet (Ludwig, 2011, S. 38). Zur Erläuterung nennt Hegel in seiner Vorrede zur PhdG den Weg von der Knospe über die Blüte zur Frucht.

> Die Knospe verschwindet in dem Hervorbrechen der Blüte, und man könnte sagen, daß jene von dieser widerlegt wird; ebenso wird durch die Frucht die Blüte für ein falsches Dasein der Pflanze erklärt, und als ihre Wahrheit tritt jene an die Stelle von dieser. (Hegel, PhdG, S. 12)

Die drei Schritte lassen sich wie folgt darstellen.

1. Schritt (These): Knospe
   Die Negation[18] der Knospe führt zur Antithese.

18 Mit ‚Negation' ist hier nicht die Negation im logischen Sinne (Nicht-A) gemeint, sondern eine ‚dialektische Negation'. Die ‚dialektische Negation' ist im Sinne der ‚Aufhebung' oder ‚Begrenzung' von etwas Bestehendem zu verstehen. Die Negation der ‚Knospe' geschieht, indem das Spezifische der Knospe, also das, was die Knospe ausmacht, ein Ende findet oder aufgehoben wird.

2. Schritt (Antithese): Blüte
   Die Negation der Blüte entspricht der doppelten Negation[19] der Knospe. Dies führt zur Synthese.
3. Schritt (Synthese): Frucht

Erscheinung und Ding an sich

Für Hegel war das *Ding an sich* nicht der Grund von Erscheinungen, sondern

> die leere Abstraction von aller Bestimmtheit [...]. (Hegel, 1813, S. 150)

Das *Ding an sich* sei also ein Abstraktionsprodukt, bei dem man von jeder Bestimmtheit absieht. Wenn ich z.B. eine Rose vor mir habe, kann ich davon absehen, dass sie rot ist, stark riecht und Stacheln hat, es bleibt nur das *abstrakte Ding* übrig.

Für Hegel war die Materie die Grundlage der Form. Um ein Beispiel zu nennen: Materie als flüssiges Metall wird in eine Form (z.B. Glockenform) gegossen (‚Formierung'), dabei materialisiert sich die Form (hier als Glocke). Sieht man von aller Bestimmtheit, Form und Eigenschaft ab, so bleibt die unbestimmte Materie übrig (Hegel, 1813, S. 94). Materie kann man nicht riechen, schmecken oder sehen. Materie muss *formiert*, Form muss *materialisiert* werden (Hegel, 1813, S. 96). Form und Materie setzen einander voraus. Sie befinden sich in einem Prozess der Bewegung: Die Tätigkeit der Form ist die Bewegung der Materie (Hegel, 1813, S. 98).

In der Natur werde der Geist zu etwas Wirklichem, indem er sich ausdifferenziert und immer höhere Formen hervorbringt, die das Streben des Geistes nach Selbstbewusstsein offenbaren. Mit jeder höheren Stufe in der Natur komme der Geist diesem Ziel näher. Damit ist nicht nur alles Vernünftige wirklich, sondern zugleich auch alles Wirkliche vernünftig.

Diese stufenweise Entwicklung des Geistes zum Selbstbewusstsein scheint Hegel in die Nähe der Evolutionstheorie zu rücken. Hegel ist aber keineswegs ein Vorläufer der modernen Evolutionstheorie. Für ihn bildet die Natur ein statisches Stufensystem, in dem sich die einzelnen Stufen nur begrifflich unterscheiden. Goethes Metamorphosegedanke, der in der Tat eine Vorform der modernen Evolutionstheorie darstellt, lehnte Hegel ab (Bonsiepen, 1997, S. 491). Hegel stand der Urzeugungstheorie nahe, nach der Lebewesen spontan aus unbelebter Materie entstehen. Er vertrat das klassische Stufenmodell des Seins: Stein, Pflanze, Tier, Mensch und Gott (Bonsiepen, 1997, S. 539).

---

19 Doppelte Negation der Knospe bedeutet: Die Knospe endet mit der Blüte (Negation der Knospe), die Blüte endet mit der sich entwickelnden Frucht (Negation der Negation der Knospe).

Der Geist könne sich erst zur freien Entfaltung erheben, wenn er sich seiner selbst bewusst werde. Dabei müsse er drei Stufen durchlaufen: *subjektiver Geist*, *objektiver Geist* und *absoluter Geist*.

(1) Der subjektive Geist
Auf dieser untersten Stufe geht es um das einzelne menschliche Individuum. Der Geist wird sich erst im Menschen seiner selbst bewusst. Zum subjektiven Geist gehören die Seele (als Gegenstand der Anthropologie), das Bewusstsein (als Gegenstand der Phänomenologie des Geistes) und der „*sich in sich bestimmende Geist* [KH.: sich-wissender Geist], als *Subjekt* für sich, der Gegenstand der *Psychologie*." (Hegel, 1845, S. 347)

(2) Der objektive Geist
Dem subjektiven Geist des einzelnen Menschen steht der sogenannte objektive Geist gegenüber. Darunter versteht Hegel geistige Produkte, die der Mensch selbst geschaffen hat. Hierzu zählen Rechtssysteme, die Moralvorstellungen einer Gesellschaft, der Staat und das Staatsrecht.

(3) Der absolute Geist
Über dem objektiven Geist erhebt sich das Reich des absoluten Geistes mit den Stufen ‚Kunst', ‚Religion' und ‚Philosophie'.

Kunst, Religion und Philosophie entfalten sich in der Geschichte. Die Widersprüche, Auseinandersetzungen und Kämpfe der Geschichte werden als ‚Geburtswehen' des absoluten Geistes gedeutet. Die Personen der Geschichte handeln nicht frei, sondern sind Werkzeuge des absoluten Geistes. Das Wahre erscheint auf der Weltbühne, wenn die Zeit dafür reif ist.

Mit der Religion betritt, überspitzt formuliert, Gott selbst die Bühne des Weltdramas. Religion ist eine Erscheinung des absoluten Geistes. Innerhalb der Religion durchläuft der Geist verschiedene Stadien: von der Naturreligion (Verehrung von Tier- und Pflanzengottheiten) über die Kunstreligion (das Göttliche manifestiert sich im Sprachlichen) zur offenbar(t)en Religion (der Geist weiß von sich selbst durch die Menschwerdung Gottes in Jesus) (Ludwig, 1997, S. 177ff.).

In der Philosophie schließlich erfährt der Geist sein großes Finale. Nach dem Durchgang durch geschichtliche Ereignisse und Epochen strebt der Geist einem Endpunkt zu, den Hegel in seiner eigenen Philosophie erreicht sah.

Das Nachspiel

Hegel starb 1831 und seine Anhängerschaft zersplitterte sich bald. Der Streit entzündete sich an der Gretchenfrage: Wie hältst du es mit der Religion?

1835 erschien ein Buch von David Friedrich Strauß (1808–1874) mit dem Titel ‚Das Leben Jesu', in dem die historische Zuverlässigkeit der Evangelien angezweifelt wurde. Strauß unterteilte die Hegelianer in Rechts- und Linkshegelianer. Als Althegelianer oder Rechtshegelianer wurden die Anhänger Georg Wilhelm Friedrich Hegels bezeichnet, die konservativ orientiert waren, den preußischen Staat bejahten und in Hegel den Vollender der christlichen Philosophie sahen. Berühmte Althegelianer waren Freunde und Schüler Hegels. Zu ihnen gehörten Karl Daub (1765–1836), Philipp Konrad Marheineke (1780–1846), Karl Rosenkranz (1805–1879) und Johann Eduard Erdmann (1805–1892). Die Rechtshegelianer betrachteten die Evangelien als historisch zuverlässige Tatsachen.

Die Linkshegelianer hingegen hielten die Evangelien für Mythen. Zu ihren Anhängern gehörten David Friedrich Strauß, Bruno Bauer (1809–1892) und Ludwig Feuerbach (1804–1872). Nach Feuerbach schuf der Mensch Gott nach seinem Bilde.

Hegel hat die nachfolgende Philosophie stark beeinflusst. Die Einflüsse reichen über die Philosophie hinaus bis in die Einzelwissenschaften wie Geschichtswissenschaft, Soziologie, Ökonomie, Pädagogik und Psychologie.

Diese Entwicklung zeigt, dass die Philosophie nicht, wie von Hegel prognostiziert, zu einem Ende kommen wird. Hegel selbst schrieb in seiner Vorrede zur ‚Phänomenologie des Geistes', dass der Geist, der sich als Geist weiß, die *Wissenschaft* ist. Die ‚Phänomenologie des Geistes' stellt das *Werden der Wissenschaft oder des Wissens* dar. Das Ende der Wissenschaft ist auch heute nicht abzusehen, unendlich viele Rätsel liegen noch vor uns.

Die Kritiker Hegels haben zu Recht darauf hingewiesen, dass Hegel in seinem Systemstreben Wissenschaft und Geschichte in ein künstliches Korsett zwängt. Dies führte auch zu einer Geringschätzung des Erfahrungswissens und der mathematischen Methoden.

8. Schopenhauer: Die Welt als Wille und Vorstellung

Schopenhauer wurde 1788 in Danzig geboren und wuchs in einer wohlhabenden Großkaufmannsfamilie auf. Er begann eine Kaufmannslehre, die er jedoch nach dem Tod seines Vaters abbrach. An den Universitäten Göttingen und Berlin studierte er Medizin, Naturwissenschaften, Geschichte, Mathematik, Sprachen und Philosophie. Seine Lehrer waren unter anderem Gottlob Ernst Schulze (Aenesidemus-Schulze; 1761–1833), Fichte und Schleiermacher (1768–1834). Er promovierte an der Universität Jena zum Dr. phil. Seine Mutter unterhielt in Weimar einen literarischen Salon, wodurch er in Kontakt mit Goethe gelangte. Über Friedrich Majer (1772–1818) und Julius Klaproth (1783–1835)

Überlebenskampf in der Natur
Quelle: pixelio

kam er mit indischem Gedankengut in Berührung. Mit seiner Schrift ‚Die Welt als Wille und Vorstellung' habilitierte er sich an der Berliner Universität. 1820 begann Schopenhauer seine Lehrtätigkeit an der Berliner Universität. Dabei trat er gegen Hegel an, indem er seine Vorlesungen zeitgleich mit denen Hegels ansetzte. Er verlor diesen Kampf jedoch, da die Studenten Hegel den Vorzug gaben. Aus Mangel an Zuhörern hielt er dort nur ein Semester Vorlesungen. In seinen späteren Schriften überzog er Hegel mit Hasstiraden, so ist von einer ‚Philosophie des absoluten Unsinns' oder einer ‚Afterphilosophie' die Rede (Spierling, 2002, S. 12). 1833 ließ er sich in Frankfurt a. M. nieder, wo er bis zu seinem Tod 1860 lebte (Koßler, 2020, S. 437).

Schopenhauers Philosophie durchzieht der folgende Gedanke, mit dem er sein Werk ‚Die Welt als Wille und Vorstellung' einleitet:

> ‚Die Welt ist meine Vorstellung' – dies ist eine Wahrheit, welche in Beziehung auf jedes lebende und erkennende Wesen gilt; [...] Die Einseitigkeit dieser Betrachtung aber wird das folgende Buch ergänzen durch eine Wahrheit, welche nicht so unmittelbar gewiß ist wie die, von der wir hier ausgehn; sondern zu welcher nur tiefere Forschung, schwierigere Abstraktion, Trennung des Verschiedenen und Vereinigung des Identischen führen kann – durch eine Wahrheit, welche sehr ernst und jedem, wo nicht furchtbar, doch bedenklich sein muß, nämlich diese, daß eben auch er sagen kann und sagen muß: ‚Die Welt ist mein Wille.' (Schopenhauer, 2018, Wille I, S. 31ff.)

Vorstellung

Schopenhauer stimmte Berkeley zu: Der Mensch kenne die Sonne oder die Erde immer nur als gesehene Sonne oder gefühlte Erde (Schopenhauer, 2018, Wille I, S. 31ff.). Eine von unserer Vorstellung unabhängige Welt sei nicht denkbar (Schopenhauer, 2018, Wille I, S. 32). Das bedeutet: „Kein Objekt ohne Subjekt" (Spierling, 2002, S. 45). Auf der anderen Seite stand die These „Kein Subjekt ohne Objekt" (Spierling, 2002, S. 45), die Schopenhauer in die Nähe des Materialismus von D'Holbach, La Mettrie und Pierre Cabanis (1757–1808) rückte.

Das Gehirn betrachtete Schopenhauer als Denkorgan. Das bedeutet: Als Denkorgan bringt das Gehirn die Vorstellungen hervor, andererseits muss das Gehirn selbst eine Vorstellung sein. Daraus ergibt sich das sogenannte Gehirn-Dilemma: Wie kann das Gehirn zugleich Erscheinung und Quelle der Erscheinung sein? Dies führte zu einem ständigen ‚Drahtseilakt', ohne dass das Dilemma aufgelöst wurde (Birnbacher, 2009, S. 19).

Dieter Birnbacher weist auf einen entscheidenden Unterschied zu Kant hin. Für Kant entstehen Wahrnehmungen durch die Syntheseleistung eines „transzendentalen Subjekts"[20], während Schopenhauer dafür physiologische Vorgänge im Gehirn verantwortlich machte (Birnbacher, 2022, S. 128). Im Vorgriff auf die evolutionäre Erkenntnistheorie von Konrad Lorenz (1903–1989) interpretierte Schopenhauer Kants Prinzipien des Denkens biologistisch[21] um (Birnbacher, 2022, S. 128).

Für das Leib-Seele-Problem bot Schopenhauer eine Lösung an, die von der Identität von Leib und Seele ausging: Seelisches und Leibliches seien untrennbar miteinander verbunden; sie seien zwei Aspekte derselben Sache (Birnbacher, 2009, S. 41).

Wille

Der Wille wurde in der neuzeitlichen Philosophie zu einem Leitbegriff, mit dem Themen wie Freiheit und Selbstbestimmung verbunden sind (HWdP, 12, S. 785f.). Er ist eine elementare Erfahrung: Wir finden uns immer wollend vor (HWdP, 12, S. 785f.). Bei Kant ist der Wille einerseits ein Vermögen, bestimmte Vorstellungen hervorzubringen (KpV, S. 29), aber auch ein Vermögen, etwas nach bestimmten Zwecken hervorzubringen (KpV, S. 36).

20 Das ‚transzendentale Subjekt' ist bei Kant ein unbekanntes und denkendes X (Kant, KrV, 404). Es handelt sich nicht um ein empirisches Subjekt.

21 ‚Biologistisch' bedeutet, dass das kantische Apriori im Sinne einer Organfunktion interpretiert wird.

Schopenhauer fasste den Willen sehr weit. Zum Willen zählte er den menschlichen Willen, aber auch die in der Natur wirkenden Kräfte. Zugleich deutete er den Willen auch als vernunftloses Drängen und Streben in der Natur. In den beobachtbaren Naturerscheinungen, Kräften und Trieben sah Schopenhauer Erscheinungsformen des Willens.

Wie kam Schopenhauer zu der Auffassung, dass hinter allen Erscheinungen der Erfahrungswelt der Wille als universelles und einheitliches Prinzip waltet? Schopenhauer folgert dies aus einem Analogieschluss vom menschlichen Körper auf die gesamte Natur. Der menschliche Wille äußert sich unter anderem in Hunger und Geschlechtstrieb. Sichtbarer Ausdruck dieses Willens sind z.B. die Zähne und die Genitalien. Analog dazu hat Schopenhauer Erscheinungen wie Menschen, Tiere, Pflanzen und Steine so gedacht, dass auch sie eine Willensseite haben (Spierling, 2002, S. 66). Dieser Wille sei die metaphysische Seite der Welt. Er sei ein Letztes, auf das unser Erkennen stoße (Spierling, 2002, S. 67).

Für Schopenhauer ist der Wille ein Grundzug der ganzen Welt (Birnbacher, 2009, S. 53) und damit auch der menschlichen Gesellschaft:

> [...] auch die Kraft, welche in der Pflanze treibt und vegetiert, ja die Kraft, durch welche der Kristall anschießt, die, welche den Magnet zum Nordpol wendet, [...] ja zuletzt sogar die Schwere, welche in aller Materie so gewaltig strebt, den Stein zur Erde und die Erde zur Sonne zieht – [...], *Wille* heißt. (Schopenhauer, 2018, Wille I, S. 170)

Bewegungskräfte, elektrische und magnetische Kräfte wurden von Schopenhauer als Erscheinungen des Willens gedeutet. Der Wille sei der alleinige Kern der Naturerscheinungen: der Kräfte zwischen magnetischen oder elektrischen Polen, der Kristallbildung, der Veränderung des Aggregatzustandes und der Erdanziehungskraft (Schopenhauer, 2018, Wille I, S. 180). Er wirke auch dort, wo keine Erkenntnis ihn leite. Schopenhauer untermauert dies mit Beispielen aus der Tierwelt: So baut ein einjähriger Vogel ein Nest, um später Eier zu legen, ohne eine Vorstellung von Eiern zu haben, und eine Spinne webt ein Netz, ohne eine Vorstellung von diesem zu besitzen. Der Wille wirke auch in einer Reihe von körperlichen Funktionen (wie Verdauung, Blutkreislauf, Wachstum und Fortpflanzung), die nicht von Erkenntnis geleitet seien.

Ein und derselbe Wille zeige sich in der anorganischen und in der organischen Natur. Die Einheit des Willens äußere sich in der inneren Verwandtschaft der Erscheinungen. Schelling und seine Anhänger lobte Schopenhauer dafür, solche Verwandtschaften auch in der anorganischen Natur nachgewiesen zu haben. Als Beispiel nannte er die Verwandtschaft von Elektrizität und Magnetismus. Auch in Entsprechungen zwischen anorganischer und organischer Natur zeige sich die Einheit des Willens. So finde die Kristallisation in der organischen Welt ihre Entsprechung im Verfestigen der Knochen, das Mischen und Abscheiden in der anorganischen Natur entspreche im Bereich des Organischen dem Mischen der Körpersäfte (Schopenhauer, 2018, Wille I, S. 215).

Für Schopenhauer ist der Wille einerseits *Ding an sich*, andererseits *Naturdynamik* (Schopenhauer, 2018, Wille I, S. 173; Birnbacher, 2009, S. 31). Wieso bestehen in der Philosophie Schopenhauers zwei unterschiedliche Sichtweisen auf den Willen? Dieter Birnbacher weist darauf hin, dass sich in Schopenhauers Metaphysik sich zwei unterschiedliche Tendenzen ausmachen lassen: Zum einen geht es darum, die Vielfalt der seelischen, körperlichen und geistigen Phänomene auf einen gemeinsamen Nenner zu bringen, so wie die Newton'sche Mechanik die Vielfalt der Naturphänomene zu verstehen hilft. Das Schema des Willens bietet dafür ein geeignetes Muster. Andererseits aber müssen die (nur im Subjekt vorhandenen) Erscheinungen in etwas anderem begründet sein. Dieses transzendente Andere ist für Schopenhauer der Wille, der dem kantischen *Ding an sich* entspricht (Birnbacher, 2022, S. 135). Als *Ding an sich* ist der Wille den Erkenntnismethoden der Wissenschaft unzugänglich. Der Wille als *Ding an sich* ist das Reale hinter der Erscheinungswelt.

Im Spannungsfeld zwischen Materialismus und Idealismus

Ob Materie durch unsere Vorstellung konstituiert wird oder auch unabhängig davon existiert, beantwortete Schopenhauer so: Der Erkennende sei ebenso ein Produkt der Materie, wie die Materie bloße Vorstellung des Erkennenden sei (Schopenhauer, 2018, Wille II, S. 23). Der Materialismus habe seine Berechtigung, aber man könne nie das Subjekt überspringen, da eben allein das Bewusstsein das unmittelbar Gegebene sei. Er illustrierte dies durch die Paraphrase:

> Denn der Materialismus ist die Philosophie des bei seiner Rechnung sich selbst vergessenden Subjekts. (Schopenhauer, 2018, Wille II, S. 23f.)

Das Subjekt werde nur durch die Materie zusammengehalten. Andererseits sei Materie an die Form gebunden, die das Subjekt ihr vorgebe. Materie und Subjekt seien „unzertrennlich verknüpft als notwendige Teile eines Ganzen, das [...] beide umfaßt [...]" (Schopenhauer, 2018, Wille II, S. 30). Dieses

> umfassende Ganze ist die Welt als Vorstellung oder die Erscheinung. Nach deren Wegnahme bleibt nur noch das rein Metaphysische, das Ding an sich, welches wir im zweiten Buche als den Willen erkennen werden. (Schopenhauer, 2018, Wille II, S. 30)

Der Stoff sei empirisch gegebene Materie. Im Stoff habe die Materie bereits bestimmte Formen angenommen (Schopenhauer, 2018, Wille II, S. 63f.). Schopenhauer setzte die *Materie* mit dem metaphysischen Begriff der *Substanz* gleich. Die Verschiedenheit der Stoffe deutete er als verschiedene Zustände dieser Substanz. Die Materie habe Eigenschaften wie Unzerstörbarkeit, Ursprungslosigkeit, raumzeitliche Ausdehnung und Wirksamkeit, ihr Wesen sei Kausalität, sie sei unendlich teilbar, sie sei das Beharrliche bei wechselnden Akzidenzien[22], durch sie sei Bewegung möglich, Materie sei (wie auch bei Kant) das Bewegliche im Raum.

Im Streit zwischen Idealismus und Materialismus versuchte Schopenhauer, beide Richtungen zu versöhnen. Sein Lösungsversuch blieb Kant verpflichtet: Die Grundstruktur der Welt sei subjektiv. Ausdruck dieser Subjektivität war für Schopenhauer der Wille. Der Wille wurde als Grundzug *aller* Erscheinungen gedeutet (Birnbacher, 2009, S. 51).

9. Marx und Engels: Geist als Widerspiegelung der Materie

Karl-Marx-Monument
(Lew Jefimowitsch Kerbel),
Brückenstraße, Chemnitz
Quelle: Autor

Hegel hatte ein System geschaffen, das alle Bereiche der Philosophie umfasste, von der Naturbetrachtung über die Menschheitsgeschichte bis hin zu rechtlichen Fragen. Er betrachtete seine Lehre als Endpunkt der Philosophiegeschichte. Doch mit Hegels Tod war die Geschichte der Philosophie nicht zu Ende. Die Linkshegelianer Ludwig Feuerbach (1804–1872) und Karl Marx (1818–1883) knüpften zwar an Hegel an, gelangten jedoch zu anderen Schlussfolgerungen.

Ludwig Feuerbach veröffentlichte 1841 sein Werk ‚Vom Wesen des Christentums'. Darin findet sich die berühmte These, dass die Heiden den Himmel auf die Erde und die Christen die Erde in den Himmel bringen wollten (Paulus, 2004, S. 8). Der revolutionäre Gehalt von Feuerbachs Werk zeigt sich schließlich in der Feststellung: Gibt es kein Jen-

22 Mit ‚Akzidenz' wird das Veränderliche und Zufällige bezeichnet. Hierzu zählen Qualität, Quantität und raum-zeitliche Bestimmung.

Marx ist tot! Es lebe Marx! Kurz nach dem Zusammenbruch des real existierenden Sozialismus war es verpönt, über Marx zu sprechen.
Und weil Revolutionen oft eine merkwürdige Eigendynamik entwickeln, wurde im März 1992 die von Will Lammert geschaffene Büste von Karl Marx, die bis dahin vor dem Hauptgebäude der Jenaer Universität am Fürstengraben gestanden hatte, nach kontroversen Diskussionen aus dem öffentlichen Raum der Stadt Jena entfernt und eingelagert. Dieses Schicksal drohte auch der Marx-Büste in Chemnitz. Doch sie blieb. Heute ist der ‚Nischel', wie die Chemnitzer das Denkmal nennen, ein Wahrzeichen, das aus Chemnitz nicht mehr wegzudenken ist.
Die ‚Wende 1989' war eine Zeit, die Systeme auf den Kopf stellte oder vom Kopf auf die Füße: Ehemalige Marxisten konvertierten nicht selten zu Hegelianern.

seits, in dem wir auf Erlösung hoffen können, komme alles auf das Diesseits an (Paulus, 2004, S. 8).

Diese Thesen beeinflussten Karl Marx, der an der Universität Jena, ohne jemals in die Stadt kommen zu müssen[23], im Jahre 1841 (10 Jahre nach Hegels Tod) mit einer Arbeit zur ‚Differenz der demokritischen und epikureischen Naturphilosophie' zum Doktor der Philosophie promoviert wurde.

Marx wurde am 5.5.1818 in Trier geboren. Er schlug nie eine akademische Laufbahn ein, was auch mit seinem Streben nach praktischer Wirksamkeit zu erklären ist. Dennoch überwiegt die theoretische Bedeutung seines Werkes. Sein Vater machte den jungen Marx mit der französischen und deutschen Aufklärung vertraut. Dem Wunsch des Vaters folgend, ging Marx zum Jurastudium nach Bonn. In den Jahren 1842/43 war Marx Mitarbeiter und später Chefredakteur der liberalen ‚Rheinischen Zeitung'.

Im Spätsommer 1844 trafen sich Marx und Engels erstmals in Paris. Danach begann eine enge und freundschaftliche Zusammenarbeit. Sie dauerte bis zum Tod von Marx. Im Sommer 1849 ging Marx ins Exil nach London, das er, von gelegentlichen Reisen abgesehen, nicht mehr verließ (MLP, S. 465 ff.).

Der erste Band von Marx' Hauptwerk ‚Das Kapital' erschien 1867. Die Fertigstellung der Bände zwei und drei von ‚Das Kapital' verzögerte sich immer wieder durch aktuelle politische Themen (z.B. die Kommentierung des ‚Gothaer Programms' der vereinigten deutschen Arbeiterpartei (1875)). Marx starb 1883.

23 Promotion in Abwesenheit

Eine klare Definition des Begriffs *Materie* hat Marx nicht gegeben. Der Materiebegriff des Marx'schen (historischen und dialektischen) Materialismus ist kein ontologischer, der nach etwas Seiendem fragt. ‚Materie' im Sinne des historischen und dialektischen Materialismus kann weder mit einer metaphysischen Substanz im Sinne der Rationalisten (Descartes, Spinoza, Leibniz) noch mit einem konkreten Stoff oder irgendeinem physikalischen Objekt (z.B. Atom) identifiziert werden. Was versteht der historische und dialektische Materialismus unter ‚Materie'?

Für Marx wurzeln Rechtsverhältnisse und Staatsformen letztlich in den materiellen Lebensverhältnissen (MEW, Bd. 13, S. 8). Diese materiellen Lebensverhältnisse bilden für Marx die reale Basis, auf der sich ein rechtlicher und politischer Überbau erhebt (MEW, Bd. 13, S. 8). Das ist mit der These gemeint, dass die materiellen Lebensverhältnisse das Bewusstsein bestimmen (MEW, Bd. 3, S. 27). Das Individuum war für Marx wesentlich durch die gesellschaftlichen Verhältnisse bestimmt. Es wurde als „ensemble der gesellschaftlichen Verhältnisse" (MEW, Bd. 3, S. 6) gedacht. Die gesellschaftlichen Verhältnisse seien das Materielle, aus dem der Mensch hervorgeht.

Als Grundverhältnis der Geschichte bestimmte Marx das Verhältnis von Produktivkräften (der *Mensch* als Hauptproduktivkraft sowie die Produktivkräfte *Wissenschaft* und *Technik*) und gesellschaftlichen Verhältnissen (bzw. Verkehrsformen, später Produktionsverhältnisse; also die Verhältnisse, die die Menschen im Produktionsprozess eingehen) (PhW, Bd. 2, S. 977). Für Marx war das gesellschaftliche Leben in allen Bereichen ökonomisch bedingt, da es immer vom Entwicklungsstand der Produktivkräfte und den gesellschaftlichen Verhältnissen abhänge.

Die Nähe von Marx und Hegel blieb aber insofern bestehen, als beide im Geschichtsprozess letztlich das Wirken einer objektiven Vernunft sahen, die sich nicht geradlinig, sondern dialektisch, d.h. durch positive Entwicklungen und negative Momente wie Katastrophen, Not, Entbehrungen und Unglücke verwirklicht (vgl. Fleischer, 1970/1974, S. 161). Diese Entwicklung mündet nach Marx im Kommunismus, den er nicht als utopisches Ideal, sondern als wirkliche Bewegung verstand (MEW, Bd. 3, S. 35).

Freiheit könne der Mensch nur erlangen, wenn er alle Verhältnisse umwerfe, in denen er „ein erniedrigtes, ein geknechtetes, ein verlassenes, ein verächtliches Wesen ist" (MEW, Bd. 1, S. 385). Dieser sozialemanzipatorische Ansatz ist der eigentliche Kern der Marx'schen Lehre. Er besteht in der Aufforderung, gesellschaftliche Alternativen zu wagen und Kritik an den Lebensverhältnissen zu üben.

Der marxsche Materialismus ist praktisch. Dies kommt besonders deutlich in der 11 These über Feuerbach zum Ausdruck:

> Die Philosophen haben die Welt nur verschieden *interpretiert*, es kömmt drauf an, sie zu *verändern*. (MEW, Bd. 3, S. 7)

Mit den Naturwissenschaften hat sich Marx weniger beschäftigt. Die Auseinandersetzung mit den Ergebnissen der Naturwissenschaften geht vor allem auf Friedrich Engels (1820–1895) zurück. Dieser entwickelte den sogenannten dialektischen Materialismus.

Friedrich Engels wurde am 28.11.1820 in Barmen geboren. Sein Leben und seine Bedeutung wurden durch die Freundschaft bestimmt, die er 1844 in Paris mit Karl Marx schloss. Engels hörte 1841 Schellings gegen Hegel gerichtete Vorlesung und schloss sich dem junghegelianischen Kampf gegen Schelling an.

Im November 1842 kam Engels nach Manchester, wo er in der Firma ‚Ermen und Engels', deren Mitinhaber sein Vater war, eine Lehre absolvierte. Engels studierte die Chartisten- und Arbeiterbewegung, die englische sozialkritische Literatur (Shelley, Disraeli, Carlyle), nationalökonomische Schriften, sozialistische Theoretiker und sammelte Material für eine Sozialgeschichte Englands. Diese Studien führten zunächst zu brieflichen Kontakten mit Marx. Im September 1844 kam es zum entscheidenden Treffen in Paris. Am 1.7.1869 schied Engels aus der väterlichen Firma aus. Er siedelte im Herbst 1870 nach London über, wo er nur wenige Minuten von Marx entfernt wohnte.

Mit seinen späteren Schriften trug Engels zur Verbreitung der Marx'schen Lehre bei. Darüber hinaus beschäftigte er sich intensiv mit naturwissenschaftlichen Fragen. 1876/78 schrieb er die Schrift ‚Anti-Dühring', die 1878 als Buch unter dem Titel ‚Herrn Eugen Dührings Umwälzung der Wissenschaft' erschien. Es folgten 1873/76 erste Vorarbeiten zur ‚Dialektik der Natur', die Engels 1881/82 fortsetzte. 1888 erschien Engels' wohl bekannteste und wirkungsmächtigste Schrift ‚Ludwig Feuerbach und der Ausgang der klassischen deutschen Philosophie'. Im November 1894 beendete er die Arbeit am 3. Band von ‚Das Kapital'. Nach kurzer Krankheit starb er 1895 in London (Bollnow, 1959, S. 521–527).

Friedrich Engels charakterisierte die Situation der philosophischen Deutung der Naturwissenschaften zu Beginn des 19. Jahrhunderts anhand zweier unterschiedlicher philosophischer Richtungen: einer metaphysischen und einer dialektischen. Zur metaphysischen Richtung zählte er den französischen mechanischen Materialismus, der in der Tradition von Descartes stand, aber auch Demokrit und Epikur verpflichtet blieb (Engels, 1979, S. 51ff.). Die andere Richtung war für Engels die auf Aristoteles und Hegel zurückgehende dialektische Richtung (Engels, 1979, S. 51ff.). Beide Richtungen hielt Engels für unzureichend. Die metaphysische Richtung gehe von starren Gegensätzen aus: Grund und Folge bzw. Ursache und Wirkung. Nach Hegel dagegen entwickle sich die Welt zwar nicht in starren Gegensätzen, doch bleibe bei ihm alles mystisch (Engels, 1979, S. 53).

Die Naturwissenschaften des 19. Jahrhunderts brachten neue Ideen hervor wie z.B. die Vorstellung einer Höherentwicklung der Natur. Ein metaphysisches Naturbild, in dem die Welt nur durch eine lineare Kette von Ursache und Wirkung geordnet sei, werde den modernen Naturwissenschaften nicht gerecht.

Engels nannte drei naturwissenschaftliche Entdeckungen, die zugleich neue philosophische Ansätze implizierten. Die erste war die *Entdeckung des Energieerhaltungssatzes*, nach dem Energie weder erzeugt noch vernichtet werden kann. Allerdings können die einzelnen Energieformen – Bewegungsenergie, Wärmeenergie, Strahlungsenergie, elektrische Energie, magnetische Energie und chemische Energie – ineinander umgewandelt werden. Die *Entdeckung der Zelle* als Grundeinheit der Organismen, aus deren Vermehrung und Differenzierung sich Pflanzen und Tiere entwickeln, war die zweite Neuerung. Sie zeigte, wie sich Organismen verändern und entwickeln können. Darwin begründete die dritte Entdeckung, die *Evolutionstheorie*. Mit ihr konnte nachgewiesen werden, dass alle Organismen – und damit auch der Mensch – das Ergebnis eines langen Entwicklungsprozesses sind, in dem aus einzelligen Lebewesen allmählich komplexere Lebensformen entstanden sind (Engels, 1979, S. 41f.).

Diese Erkenntnisse sprachen in der Interpretation von Engels weniger für einen Materialismus der alten Form als vielmehr für die Hegel'sche Dialektik. Die neuen Erkenntnisse hatten gezeigt, dass in der Natur eine Entwicklung stattfindet und dass niemals absolute Gegensätze anzutreffen sind. So ist der Unterschied zwischen Elektrizität und Magnetismus nur ein relativer, da elektrische Phänomene mit Magnetismus verbunden sein können und umgekehrt. Aber auch der Unterschied zwischen Mensch und Tier ist nur ein relativer, da evolutionsgeschichtlich eine direkte Entwicklung vom Tierreich zum Menschen nachgewiesen werden konnte.

Marx und Engels kehrten die Hegel'sche Dialektik um. Dialektik beschreibe die Bewegung der realen Welt. Sie führe zu der Einsicht, dass die Welt kein Komplex fertiger Dinge ist, sondern ein Komplex von Prozessen. Daher könne auch unser Wissen über die Welt nie zu einem Abschluss kommen. Die von Friedrich Engels entwickelte Dialektik der Natur war als Methode gedacht, den universellen Zusammenhang der Naturerscheinungen aufzudecken (Engels, 1979, S. 63). Allerdings scheint Engels die dialektischen Gesetze letztlich auch als reale Naturzusammenhänge verstanden zu haben. So bezeichnete er „die dialektischen Gesetze [KH: als] wirkliche Entwicklungsgesetze der Natur" (Engels, 1979, S. 66). Später, vor allem in der sowjetischen Fassung des dialektischen Materialismus, wurde die Dialektik als eine Natur und Gesellschaft beherrschende Dynamik umgedeutet.

Engels sprach von drei sogenannten dialektischen Grundgesetzen.

(1) Gesetz vom Umschlagen von Quantität in Qualität und umgekehrt
(2) Gesetz von der Durchdringung der Gegensätze
(3) Gesetz von der Negation der Negation

Gesetz des Umschlagens von Quantität in Qualität und umgekehrt
Führt man Wasser (oder einer anderen Flüssigkeit) Wärme zu, so erhöht sich seine Temperatur. Wenn der Siedepunkt erreicht ist, geht die quantitative Änderung (Temperaturerhöhung) in eine qualitative Änderung über: Das Wasser wird zu Gas (Wasserdampf), wobei während dieser Umwandlungsphase die Temperatur nicht weiter ansteigt. Sinkt dagegen die Temperatur, so geht am Gefrierpunkt die quantitative Änderung (Temperaturabnahme) in eine neue Qualität über: Dabei ändert das Wasser seinen Aggregatzustand von *flüssig* zu *fest*. Schmelzpunkt oder Siedepunkt sind Punkte, an denen quantitative Änderungen in qualitative *umschlagen* (Engels, 1979, S. 68).

Gesetz von der Durchdringung der Gegensätze
Nichts kann ohne sein Gegenteil existieren: kein Berg ohne Tal, kein Licht ohne Schatten und keine Freude ohne Leid. Dieses Prinzip kannte schon Jakob Böhme (1575–1624): Der Widerspruch sei ein notwendiger Bestandteil aller Erscheinungen. Hegel und später Marx griffen dieses Prinzip auf. Engels formulierte die These: Die Entwicklung in Natur und Gesellschaft vollzieht sich in Gegensätzen, die durch ihren Streit und ihr Aufgehen ineinander Höheres und Neues hervorbringen (Engels, 1979, S. 71). Ein solcher Gegensatz ist z.B. der Arbeitskampf zwischen Arbeitgebern und Arbeitnehmern. Um auf dem Markt bestehen zu können, müssen Arbeitgeber ihre Gewinne maximieren. Dem stehen die Lohnforderungen der Arbeitnehmer entgegen. Dieser Gegensatz führt zum Arbeitskampf.

Ein anderes Gegensatzpaar ist der Gegensatz zwischen Nord- und Südpol eines Magneten. Die Pole sind einander entgegengesetzt, aber der eine kann nicht ohne den anderen existieren. Wenn wir einen Magneten zerbrechen, haben wir nicht in dem einen Bruchstück den Südpol und in dem anderen den Nordpol. Jedes dieser Bruchstücke bildet wieder einen eigenen Magneten mit einem Nord- und einem Südpol. Auch Leben und Tod schließen einander aus, und doch gehören sie zusammen. In jedem Lebewesen finden Zerfallsprozesse statt, die für den Tod typisch sind. Andererseits ist der Tod die Voraussetzung für neues Leben. So bilden abgestorbene Organismen die Nahrungsgrundlage für andere Organismen, die dadurch überleben und neues Leben hervorbringen. Der Gegensatz zwischen Leben und Tod ist auch insofern nicht absolut, als es nicht immer möglich ist, eine scharfe Grenze zwischen Leben und Tod zu ziehen. Dies zeigt sich beispielsweise bei der Frage, ob Viren Lebewesen sind oder nicht. Nach der klassischen Definition von Leben sind sie es nicht, da sie keinen eigenen Stoffwechsel betreiben und sich nicht selbstständig vermehren. Zumindest befinden sie sich genau im Zwischenbereich zwischen Leben und Tod.

Gesetz von der Negation der Negation
Die Entwicklungsstadien von Bienen, Käfern, Fliegen und Motten: Ei, Larve (auch Raupe), Puppe und ausgewachsenes Tier. Jedes Stadium ist die Nega-

tion[24] des anderen: die Raupe als Negation des Eies, die Puppe als Negation der Raupe und z.B. ein farbenprächtiger Schmetterling als Negation der Puppe. Mit dem Schmetterling beginnt diese Entwicklung auf einer höheren Stufe von Neuem, sobald er Eier gelegt hat. Ein solcher Entwicklungsgedanke kommt im dritten dialektischen Grundgesetz zum Ausdruck. Es ist das Gesetz von der Negation der Negation. Alles Gewordene ist das Ergebnis einer früheren Entwicklungsstufe: Das Neue ist die Negation einer früheren Stufe.

Engels zitierte Hegels Beispiel einer Blüte (Engels, 1979, S. 76): Die Blüte als Negation der Knospe, die Frucht als Negation der Blüte bzw. als Negation der Negation der Knospe. Ein anderes Beispiel ist ein Getreidekorn. Wenn wir das Getreidekorn in die Erde legen, entwickelt sich daraus der Keimling. Vom Korn ist nach einiger Zeit nichts mehr zu sehen. Der Keimling ist also die Negation des Getreidekorns. Aus dem Keimling entwickelt sich eine Pflanze, die in ihrer Ähre wieder eine Vielzahl von Getreidekörnern enthält. Die Pflanze mit ihrer Ähre ist die Negation der Negation des Getreidekorns. Auf einer höheren Stufe finden wir das Getreidekorn wieder.

Das Gesetz von der Negation der Negation demonstrierte Engels auch an einem Beispiel aus der Mathematik: a sei eine Zahl größer Null. Wir negieren die Zahl a durch Umkehren ihres Vorzeichens -a. Aus der positiven Zahl wird eine negative. Diese Negation negieren wir, indem wir die negative Zahl mit sich selbst multiplizieren: $(-a)\cdot(-a)$. Das Produkt von zwei negativen Zahlen ist eine positive Zahl: $+a^2$. Die Zahl $+a^2$ ist das Ergebnis der Negation der Negation von a. Man erhält eine positive Zahl auf einer höheren Stufe, nämlich in der Form der zweiten Potenz von a (oder a zum Quadrat) (Engels, 1979, S. 77).

Als Beispiel für eine Negation der Negation führt Engels auch die Entwicklung der Philosophie an. So sei die antike (vorsokratische) Philosophie ein ursprünglicher und naturwüchsiger Materialismus gewesen. Zur Negation des antiken Materialismus habe seine Unfähigkeit geführt, das Geistige zu erfassen. Aus dieser Negation sei der Idealismus entstanden. Schließlich sei der Idealismus unhaltbar geworden, und aus seiner Negation sei der moderne (und hier meint Engels die von ihm und Marx entwickelte Form) Materialismus entstanden. Der moderne Materialismus sei also die Negation der Negation des antiken Materialismus (Engels, 1979, S. 79).

Auch in der Weltgeschichte sah Engels die Gültigkeit des Gesetzes von der Negation der Negation bestätigt. So endete mit dem Aufstieg Konstantinopels und dem Fall Roms die klassische Antike (Zeit der Griechen und Römer). Es begann das Mittelalter, das als Negation der Antike interpretiert werden kann. Das Ende des Mittelalters ist untrennbar mit dem Fall Konstantinopels verbunden. Mit der Wiederentdeckung der griechischen Antike begann im Humanis-

24 So viel wie *Aufhebung*

mus und in der Renaissance die Neuzeit. Damit vollzog sich mit der Neuzeit die Negation der Negation der Antike (Engels, 1979, S. 79).

Es geht beim Gesetz von der Negation der Negation um Aufhebung, Weiterentwicklung und Rückkehr auf einer höheren Stufe. Bildlich könnte man sich die Negation der Negation als Spiralbewegung entlang der Zeitachse vorstellen.

Eine Nachbetrachtung

Das Ende einer Utopie: die Ruinen des ehemaligen Palasts der Republik, Berlin
Quelle: Autor

Die Ruine des Palastes der Republik: Symbol des Untergangs der DDR, des Zusammenbruchs des sozialistischen Weltsystems, des Endes der marxistischen Lehre und der Utopie einer kommunistischen Gesellschaftsordnung. Ironischerweise hat die Dialektik der Geschichte auch vor dem Marxismus selbst nicht Halt gemacht.
Wie Hegel, Marx und Engels betonten, entsteht aus jedem Ende etwas Neues. So hat auch der Abriss des Palastes der Republik etwas Neues hervorgebracht, nämlich das Humboldt-Forum. Das Dialektische daran ist, dass das Humboldt-Forum nicht das Ende des Palastes der Republik bedeutet. Im Humboldt-Forum soll mit Exponaten an den Palast der Republik erinnert werden.

Insbesondere Marx hat eine große praktische Wirkung entfaltet. Marx machte deutlich, wie stark die Ökonomie die Lebensverhältnisse, die institutionellen Strukturen und die Handlungen und Motive der Menschen beeinflusst. Ein aktuelles Beispiel ist etwa der für das kapitalistische System so grundlegende Wachstumsgedanke: Wachstum als Motor des Fortschritts und gleichzeitig als Ursache einer nie dagewesenen Umweltzerstörung. Wirtschaftsunternehmen sind auf steigende Gewinne und Wachstum ausgerichtet. Dieser Gedanke bestimmt das Denken und Handeln der Menschen in der modernen Industriegesellschaft: Wir kaufen immer modernere technische Geräte, wir erwarten steigende Löhne und Gehälter, wir unternehmen Reisen in immer entferntere Regionen der Erde, wir steigern unsere Ansprüche an das Leben, wir sind ständig auf der Suche nach dem ultimativen Kick, wir optimieren unseren Körper immer weiter, wir steigern unsere durchschnittliche Lebenserwartung, wir kommunizieren immer schneller und mit immer größeren Datenmengen, unsere Computer und Datennetze werden immer schneller und wir erwarten ein immer größeres Angebot an Nahrungsmitteln und anderen Konsumgütern.

Marx und Engels ist es gelungen, einen Materialismus zu entwickeln, der sich vom Stoffdenken des mechanischen Materialismus gelöst hat. An die Stelle einer konkreten materiellen Grundlage (z.B. Atome oder Moleküle) trat die Vorstellung einer objektiven Realität.

Der Materialismus von Marx und Engels knüpfte an die Dialektik Hegels an, aber im Gegensatz zu Hegel suchten Marx und Engels den engen Schulterschluss mit den Wissenschaften ihrer Zeit. Marx und Engels wollten ihr philosophisches Gebäude nicht aus einem festen Begriffssystem entwickeln, sondern ihre Begriffe aus Natur und Gesellschaft ableiten.

Engels arbeitete heraus, dass ein kausales Denken in linearen Ursache-Wirkungsketten nicht ausreicht, um den modernen Wissenschaften gerecht zu werden. Die heutigen Wissenschaften haben diese Erkenntnis bestätigt: Insbesondere in der Chemie, der Biologie und den Sozialwissenschaften sind Vernetzungen und zyklische Zusammenhänge typisch.

Dennoch ist die ökonomische Lehre von Marx in der Praxis gescheitert. Denn es ist nicht gelungen, aus der ökonomischen Theorie von Marx eine überprüfbare Vorhersage abzuleiten. Dazu bedürfte es strenger Gesetze. Ein solches Gesetz hat Marx nur an einer Stelle angegeben. Es ist das sogenannte Gesetz vom tendenziellen Fall der Profitrate, das sich in folgender Form niederschreiben lässt.

$$\frac{\frac{s}{v}}{\left(1+\frac{c}{v}\right)} = \frac{m}{(1+g)}$$

Mit p = Profitrate; s = Mehrwert; c = konstantes Kapital; v = variables Kapital
Es gilt: c+v (Gesamtkapital); m = s/v (Mehrwertrate bzw. Ausbeutungsrate); g = c/v (organische Zusammensetzung des Kapitals)

Konstantes Kapital: Rohmaterial, Hilfsstoffe und Arbeitsmittel
Variables Kapital: Wert der Arbeitskraft, deren Nutzungsrecht vom Kapitalisten gekauft wird
Mehrwert: der Überschuss, den die Arbeitskraft über das zur Reproduktion Nötige hinaus produziert und den sich der Kapitalist aneignet

Marx ging davon aus, dass sich die Mehrwertrate *m* durch den technischen Fortschritt nicht verändert, während die organische Zusammensetzung des Kapitals *g* im Laufe der Zeit ständig zunimmt. Die Folge davon müsse ein Sinken der Profitrate sein, was zu einer Zunahme von Ausbeutung und Unterdrückung und schließlich zum Zusammenbruch des kapitalistischen Systems führe. Genau dies ist jedoch nicht eingetreten, was z.B. mit der gestiegenen Effizienz der Produktionsanlagen zusammenhängt, aber auch mit Tarifabschlüssen, die zu tendenziell steigenden Löhnen geführt haben (Herrmann, 2018, S. 51).

Das Gesetz vom tendenziellen Fall der Profitrate ist ein gutes Beispiel für eine selbstzerstörende Prognose. Selbstzerstörende Prognosen treten in sozialen Kontexten auf. So ist es einem Meteoroid gleichgültig, ob man ihm zuruft: ‚Du wirst in einer Minute in der Erdatmosphäre verglühen!' Dagegen wird ein schwerkranker Mensch, sobald er von seiner Diagnose erfährt, die Folgen seiner Krankheit verhindern oder zumindest lindern wollen. Ebenso wird der Arbeiter versuchen, der zunehmenden Verelendung entgegenzuwirken. Auf der anderen Seite wollen die Kapitalisten den Zusammenbruch des Kapitalismus verhindern, was in der Summe zu Bedingungen führt, unter denen das Gesetz des tendenziellen Falls der Profitrate nicht mehr gilt.

Die sowjetische Form des dialektischen Materialismus sah in den Gesetzen der Dialektik ‚Naturgesetze', die *Gesellschaft*, *Denken* und *Natur* gleichermaßen bestimmen. Engels' Unterscheidung einer *objektiven und einer subjektiven Dialektik* begünstigte solche Interpretationen:

> Die Dialektik, die sog. *objektive*, herrscht in der ganzen Natur, und die sog. subjektive Dialektik, das dialektische Denken, ist nur Reflex der in der Natur sich überall geltend machenden Bewegung in Gegensätzen, die durch ihren fortwährenden Widerstreit und ihr schließliches Aufgehen ineinander, resp. in höhere Formen, eben das Leben der Natur bedingen. (Engels, 1979, S. 71).

Das Konzept der ‚objektiven Dialektik' stellte die dialektischen Grundgesetze auf eine Stufe mit den Naturgesetzen, was zu fatalen Fehlschlüssen führte. Ein Naturgesetz hat die Eigenschaft, etwas voraussagen zu können. Wenn ich das Fallgesetz kenne, kann ich vorhersagen, dass ein Stein, der aus 10 m Höhe fällt, nach etwa 1,43 s auf dem Boden aufschlägt. Es ist jedoch keine einzige Entdeckung bekannt, die mit Hilfe der dialektischen Grundgesetze vorhergesagt wurde. Die dialektischen Gesetze können als Interpretationsrahmen für Vorgänge in Natur und Gesellschaft angesehen werden. Damit verlieren sie aber den Charakter allgemeiner Gesetze. Vor allem im Marxismus sowjetischer Prägung (Marxismus-Leninismus) wurde unter Berufung auf die dialektischen Gesetzmäßigkeiten eine Entwicklung der Gesellschaftsformen prognostiziert, die letztlich zu einer kommunistischen Gesellschaft führen sollte. Eingetreten ist das Gegenteil: der Zusammenbruch des real existierenden Sozialismus. Ironischerweise richtete sich die sozialemanzipatorische Idee von Marx Ende der 1980er Jahre gegen die sozialistischen Regime, die sich als Vollender der Marx'schen Idee verstanden. Unter dem Motto ‚*Wir* sind das Volk' stürzten die Menschen in der ehemaligen DDR die Lebens- und damit auch die Produktionsverhältnisse, unter denen sie nicht mehr leben wollten. Der Wille des Volkes wurde Ende der 1980er Jahre zur Praxis einer friedlichen Revolution. Der Zusammenbruch des real existierenden Sozialismus lässt sich mit Bezug auf Marx gut verstehen: Eine Gesellschaft geht nicht unter, solange sie ihre Kräfte noch entfalten kann (MEW, Bd. 3, S. 9). Mit der ungeheuren Dynamik der Produktivkräfte der kapitalistischen Gesellschaft konnte die sozialistische Zentralverwaltungswirtschaft nicht Schritt halten.

Im Materialismus von Marx und Engels wird der Begriff der Materie selbst zum Problem: Materie als Gegensatz zum Bewusstsein, als das, was außerhalb und unabhängig vom Bewusstsein existiert. Wie aber kann man sich sinnvoll auf bewusstseinsunabhängige, materielle Verhältnisse in Natur und Gesellschaft beziehen, ohne bereits auf Konstruktionen des Bewusstseins wie *Teilchen, Festkörper, Flüssigkeiten, Arbeitskraft, Produktionsverhältnisse* oder *Staat* zurückzugreifen?

In der sowjetischen Version des dialektischen Materialismus war die Formulierung beliebt, das Bewusstsein ‚widerspiegele' die Materie. Aber was ist mit Widerspiegelung gemeint? Ist mit Widerspiegelung gemeint, dass materielle Gegenstände wie Bäume, Häuser und Gestirne vom Bewusstsein ‚fotografisch' abgebildet werden? Dass Wahrnehmung nicht im Sinne einer fotografischen Abbildung verstanden werden kann, haben schon vor Marx und Engels die Arbeiten von Berkeley, Hume und Kant gezeigt. Aber gerade diese Autoren waren, vor allem in der leninistischen Version des Materialismus, als Idealisten verschrien, und so ist es nicht verwunderlich, dass ihre Argumente keinen Anklang fanden.

10. Gehirn und Bewusstsein

a. Bergson: Materie und Gedächtnis

Die Frage nach dem Verhältnis zwischen dem *Körperlich-Materiellen* und dem *Geistigen* ist in der modernen Philosophie ein Thema der *Philosophie des Geistes (Philosophy of Mind)*. Ein Philosoph an der Schwelle von der *traditionellen Metaphysik des Geistes* zur modernen *Philosophie des Geistes* war Henri-Louis Bergson (1859–1941). Bergson gehörte zu den Stars der intellektuellen Vorkriegsgeneration. Seine Hauptwerke erschienen noch vor Ausbruch des Ersten Weltkriegs (MLP, S. 83ff.).

In seinem Werk ‚Materie und Gedächtnis' definierte Bergson Materie als die Gesamtheit der Bilder, die uns umgeben. Bilder können dabei durchaus im Sinne des Alltagsverstandes verstanden werden: z.B. *Häuser*, *Tiere*, *Pflanzen* und *Himmelskörper*. Auch die *Nerven* und das *Gehirn* selbst sind Bilder (Bergson, 2015, S. 17).

Gehirn und Bewusstsein
Quelle: Aischa Sabbouh-Eggert

Mögen sie ‚umami'? Bitte was?
Neben süß, sauer und bitter gehört umami zu den Empfindungen unseres Geschmackssinns. Bereits 1908 entdeckte der japanische Chemiker Ikeda Kikunae (1864–1936) umami als eigenständige Geschmacksrichtung. Diese Geschmacksrichtung lässt sich mit ‚fleischig', ‚würzig' oder ‚herzhaft' beschreiben.
Umami entsteht durch Trocknen, Fermentieren, Kochen, Schmoren oder Reifen. Und wenn Sie immer noch nicht wissen, wie umami schmeckt, dann liegt das daran, dass Sie diesen Geschmack noch nicht bewusst als solchen wahrgenommen haben. Da nützt ihnen auch meine Beschreibung nicht viel: Beschrieben und berichtet (und sei es noch so detailliert) ist nicht selbst erlebt.

Gemäß Bergson zeigen die Bilder der materiellen Welt Stabilität: Ich sehe zum Beispiel eine Kugel, deren Form meine Hände bestätigen. Mein Sehsinn nimmt also etwas wahr, das vom Tastsinn bestätigt wird. Zwischen der *Ordnung der visuellen*

Bergsons Materiebegriff
Quelle: Autor

Empfindungen und der *Ordnung der Tastempfindungen* bestehe eine Parallelität (Bergson, 2015, S. 69). Diese Ordnung müsse durch beide Sinne erfahrbar, aber auch unabhängig von ihnen sein (Bergson, 2015, S. 69). Dies führte Bergson zur Annahme einer *Ordnung, die unabhängig von der individuellen Wahrnehmung und somit für alle Menschen gleich ist* (Bergson, 2015, S. 70).

Bergson entwickelte eine Position, die er weder als Idealismus noch als Realismus verstand. Der Idealismus betrachte die Wahrnehmungen als die ganze Wirklichkeit, der Realismus müsse eine unveränderliche Ordnung der Dinge annehmen: Für den Idealisten bilden die Wahrnehmungen die Realität, für den Realisten stimmen sie mit der Realität überein. Sowohl für den Idealisten als auch für den Realisten ist die Materie letztlich etwas vom Geist Konstruiertes. Bergson selbst möchte eine Position zwischen Idealismus und Realismus einnehmen: Die Realität der Dinge könne nicht konstruiert, sondern nur erfasst und erfahren werden.

Unser Gedächtnis verbinde die Wahrnehmungen durch die Zeit wie Perlen auf einer Schnur. Würden wir diese Zutat des Gedächtnisses entfernen, hätten wir eine ‚reine Wahrnehmung'. Diese ‚reine Wahrnehmung' sei das, was die Materie ausmache. Alles andere komme durch das Gedächtnis hinzu. Das Gedächtnis müsse also eine von der Materie unabhängige Kraft sein. Letztlich blieb das Verhältnis von Materie und Geist bei Bergson aber unbestimmt. Wenn der Geist in Form des Gedächtnisses von der Materie unabhängig sei, dann könne man ihn vielleicht experimentell nachweisen. Bergson schlug zur Klärung dieser Frage eine empirische Untersuchung vor. Sein Versuch, das

Verhältnis von Geist und Gehirn aus der Perspektive der sich erst Mitte des 19. Jahrhunderts entwickelnden Hirnanatomie und Neurophysiologie zu diskutieren, macht ihn zu einem Vorläufer der modernen *Philosophie des Geistes*. In der modernen *Philosophie des Geistes* geht es unter anderem um die Frage: In welchem Verhältnis stehen *Gehirn* und *Bewusstsein* zueinander?

b. Die moderne Philosophie des Geistes: Bewusstsein, Selbst und Materie

Die Philosophie des Geistes blickt auf eine lange Tradition zurück. Durch die Geschichte der Philosophie zieht sich die Frage nach dem Verhältnis von Materie und Geist. Sie ist eine der *Achsen der Erkenntnis*, die in den verschiedenen Epochen der Philosophiegeschichte in unterschiedlichen Fragestellungen wiederkehrt: als Frage nach dem Verhältnis von *Stoff* und *Seele* in der Antike, als Frage nach dem Verhältnis von *Ausdehnung* und *Denken* in den Systemen des Rationalismus, als Frage nach dem Verhältnis von *Materie* und *Geist* in den Systemen des Idealismus oder als Frage nach dem Verhältnis von *Materie* und *Bewusstsein* im dialektischen und historischen Materialismus. Die moderne Philosophie des Geistes schließlich reduziert die Frage nach dem Verhältnis von Materie und Geist auf die Frage nach dem Verhältnis von *physikalischen Prozessen* und *mentalen Zuständen*.

Im Allgemeinen spricht man auch heute noch vom *Körper-Geist-Problem* (oder *Leib-Seele-Problem*). Bevor jedoch Lösungsansätze vorgestellt werden, sollen einige für das Körper-Geist-Problem (oder Leib-Seele-Problem) wichtige Begriffe erörtert werden.

(1) Geist
(2) Bewusstsein
(3) Mentales
(4) Physisches
(5) ‚Erste' und ‚dritte' Person
(6) Erste-Person-Data
(7) Dritte-Person-Wissen

Zu (1): Geist
Unter ‚Geist' oder ‚Geistigem' versteht man zumeist Absichten, Emotionen, Entscheidungen, Erinnerungen, Gedanken, körperliche Empfindungen, Sinneserfahrungen, Träume, Überlegungen, Überzeugungen, Vorstellungen, Wünsche und vieles mehr. Obwohl hier sehr unterschiedliche Phänomene zusammengefasst werden, soll diese vereinfachende Ausdrucksweise verwendet werden. Sie dient vor allem dazu, den Unterschied zum Physischen oder Materiellen zu verdeutlichen.

Zu (2): Bewusstsein

Wunschvorstellungen, Glaubenszustände, Schmerz- und Geruchswahrnehmungen, aber auch visuelle Wahrnehmungen werden dem Bewusstsein zugerechnet. Bewusstsein ist schwer zu charakterisieren, weil es mit nichts anderem vergleichbar ist. Offenbar kann man Bewusstsein nicht definieren, ohne Bewusstsein zu kennen (Pauen, 2005, S. 21). Heute werden vier Bewusstseinsarten unterschieden.

Wachbewusstsein: Ich nehme z.B. im *Wachzustand* bestimmte Ereignisse um mich herum wahr. Unter dem Einfluss von Narkosemitteln, Alkohol oder Drogen ist das Wachbewusstsein getrübt.

Intentionales Bewusstsein: Bewusstsein ist zunächst immer Bewusstsein von etwas. Aber es gibt verschiedene Arten, sich auf etwas zu beziehen. Hier geht es darum, *wie* ich mich auf bestimmte Dinge beziehe: Ich *hoffe*, dass ich im Lotto gewinne. Ich *wünsche* mir, dass es Anna bald wieder besser gehen wird. Ich *weiß*, dass bei mir zu Hause noch eine Flasche Limonade im Kühlschrank steht.

Phänomenales Bewusstsein: Dieses kann beispielsweise charakterisiert werden als das Bewusstsein, *wie es ist*, Schmerzen zu haben; *wie es ist*, rot zu sehen; *wie es ist*, traurig zu sein; oder *wie es ist*, den Duft einer Rose zu riechen. Allgemein formuliert: *wie es ist*, im Zustand p zu sein.

Für das phänomenale Bewusstsein sind keine Begriffe nötig. Ich weiß, *wie es ist*, Schmerzen zu haben, auch wenn ich den Begriff ‚*Schmerz*' nicht kenne. Hinzu kommt die *Privatheit* dieser Zustände: Meine Schmerzen kann *nur ich* haben. Ich kann sie meinem Gegenüber nicht direkt zeigen. Wenn mein Gesprächspartner noch nie Schmerzen empfunden hat, wird er meiner Beschreibung nicht folgen können. Um es mit einem Goethezitat aus Wilhelm Meisters Lehrjahren zu sagen: ‚Nur wer die Sehnsucht kennt, weiß[,] was ich leide'.

Selbstbewusstsein: Im Selbstbewusstsein beziehe ich mich nicht nur auf mich selbst, sondern ich *weiß auch, dass* ich mich auf mich selbst beziehe. Also: In diesem Zustand denke ich nicht nur an den nächsten Urlaub, sondern ich *weiß auch, dass* ich gerade an den nächsten Urlaub denke.

Zu (3): Mentales, mentaler Zustand

Grundsätzlich besteht Einigkeit darüber, dass alle Bewusstseinszustände als mentale Zustände bezeichnet werden können. Ich habe einen privilegierten Zugang zu mentalen Zuständen. Aber es scheint mentale Zustände zu geben, die keine Bewusstseinszustände sind. Um ein Beispiel zu nennen: Dass ich mich letzte Woche über Herrn Müller geärgert habe, mag mir im Moment nicht bewusst sein. Aber sobald ich Herrn Müller wieder sehe, wird mir der Ärger wieder bewusst. Zu den mentalen Zuständen werden also solche gezählt, die aktuell oder potenziell bewusst sind.

Zu (4): Physisches

Das Physische soll hier als Gegenstand der Naturwissenschaften verstanden werden. Dazu gehören die Gegenstände der Physik (z.B. Atome und Elektronen), die Gegenstände der Chemie (z.B. Säuren und Laugen) und die Gegenstände der Biologie (z.B. Pflanzen und Tiere). Eine solche Definition verhält sich neutral zu der Frage, ob alle physischen Gegenstände letztlich auf Physik zurückgeführt werden können. Sofern man annimmt, dass sich auch die Gegenstände der Sozial- und Wirtschaftswissenschaften auf naturwissenschaftliche Begriffe zurückführen lassen, können auch diese als physische Gegenstände angesehen werden.

Zu (5) ,Erste' und ,dritte' Person

Ludwig Wittgenstein (1889–1951) hat sich in den dreißiger und vierziger Jahren des 20. Jahrhunderts mit der Asymmetrie von Äußerungen in der ersten und dritten Person beschäftigt. Eine Äußerung in der ersten Person bezieht sich auf mein privates Erleben, während die dritte Person verkürzend für Aussagen über ,dich', ,sie', ,ihn', ,uns' oder ,euch' steht (Schulte, 2016, S. 183f.).

Der Gebrauch von ,ich' steht auf einer anderen Stufe als der Gebrauch von ,du', ,er', ,sie' oder ,ihr'. Ich kann nie darin irren, dass ich traurig, müde oder wütend bin oder Schmerzen empfinde. Meine Empfindungen sind mir unmittelbar (d.h. ohne Sprache oder bildliche Darstellung) gegeben. Ich *habe* diese Empfindungen oder ich *habe sie* nicht, und ich kann darin nicht irren. Natürlich kann ich lügen, indem ich behaupte, ich sei nicht traurig, nicht müde, nicht wütend und ich habe gerade keinen Schmerz. Vor diesem Hintergrund wird der Gedanke des ,Tractatus' verständlich, dass „die Welt meine Welt ist [...]" (Wittgenstein, 5.62). Ich bin es, der den Gegenständen Namen gibt und damit meine Welt konstruiert. So ist es auch verständlich, wenn Wittgenstein schreibt, dass „[...] beim Tod die Welt sich nicht ändert, sondern aufhört." (Wittgenstein, 6.431) Wittgenstein spricht davon, dass meine Empfindungen privat sind (Wittgenstein, PU, 248): „es hat Sinn, von Anderen zu sagen, sie seien im Zweifel darüber, ob ich Schmerzen habe; aber nicht, es von mir selbst zu sagen." (Wittgenstein, PU, 246)

Der Irrtum beginnt erst mit dem Übergang zur Perspektive der ,dritten' Person. Die Perspektive der ,dritten' Person ist immer *mittelbar* und somit an die Sprache gebunden. Ich kann sagen ,Tim ist traurig' (vielleicht weil er gerötete Augen hat und den Kopf gesenkt hält), aber ich kann mich dabei auch irren. Selbst wenn Tim mir sagt, dass er traurig sei, kann ich nicht absolut sicher sein, dass das stimmt. Vielleicht gibt er aus irgendeinem Grund nur vor, traurig zu sein.

Aus dieser Überlegung leitet Wittgenstein ab, dass es keine Privatsprache geben könne. Denn Sprache setzt immer Regeln voraus, und Regeln brauchen einen gesellschaftlichen Rahmen, an dem nicht nur eine einzelne Person beteiligt ist. Der Gebrauch einer Sprache muss von mir unabhängig sein. Sprache benötigt Kriterien für ‚richtig' oder ‚falsch'. Dagegen ergibt es keinen Sinn, nach Kriterien für die ‚Richtigkeit' oder ‚Falschheit' meines Schmerzes zu fragen. Wittgenstein sagt: Da hinsichtlich meiner Schmerzen jeder Zweifel ausgeschlossen ist, kann ich auch nicht sagen, dass ich weiß, dass ich Schmerzen habe. Für Wittgenstein ergibt der Gebrauch des Wortes ‚Wissen' nur dann einen Sinn, wenn der Zweifel nicht ausgeschlossen ist (Wittgenstein, PU, S. 564). Von *Wissen* kann man in der Erste-Person-Perspektive nicht sprechen, da hier keine Irrtumsmöglichkeit besteht.

Zu (6): Erste-Person-Data (EPD)
‚Ich-sehe-gerade-Rot', ‚mich-schmerzt-es-soeben', ‚ich-fühle-gerade-Wut', ‚ich-erinnere-mich-gerade-an-den-letzten-Urlaub', ‚wie es für mich ist, gerade etwas Süßes zu schmecken': Zu solchen Erlebnissen habe ich einen privilegierten Zugang, d.h., ich erfahre sie aus der Perspektive der *ersten Person*. Solche Erlebnisse sollen hier als Erste-Person-Data (EPD) bezeichnet werden. EPD sind Erlebnisse, die durch ihre ‚Meinigkeit' (ob ich darauf nun bewusst reflektiere oder nicht) oder einen ‚Wie-es-für-*mich*-ist-Aspekt' gekennzeichnet sind. Die EPD sind mir in ihrer ‚Meinigkeit' unmittelbar gegeben, dafür steht der Begriff ‚Data'. Das lateinische Wort ‚datum' (Plural: data) bedeutet das ‚Gegebene'.

Um Missverständnisse zu vermeiden, muss betont werden, dass die EPD nicht im Sinne von ‚Sinnesdaten' (z.B. im Sinne des auf unserer Netzhaut Gegebenen) zu verstehen sind. Es sind auch nicht Elementarerlebnisse (wie etwa bei Carnap) gemeint. Vielmehr können EPD komplexe Gebilde sein, die bereits in einen theoretischen und sprachlichen Kontext eingebettet sind. Entscheidend ist der Aspekt des privilegierten Zuganges bzw. der ‚Meinigkeit'. Um ein Beispiel zu nennen: Erlebnisse wie ‚Ich-nehme-gerade-eine-rote-Rose-wahr' oder ‚wie-es-für-mich-ist-die-rote-Rose-zu-sehen' sind persönliche Erlebnisse, aber sie setzen z.B. die Kenntnis der Begriffe ‚rot' und ‚Rose' voraus. Mit den EPD soll gleichzeitig ein ‚Wahrnehmungsverlauf' erfasst werden. Der Wahrnehmungsverlauf umfasst die Perspektiven der Vergangenheit (Erinnerung), der Gegenwart (Jetzt-Erlebnis) und der Zukunft (Erwartung). Am Beispiel des Verzehrs einer Pizza soll ein solcher Wahrnehmungsverlauf dargestellt werden. Das ‚Jetzt-Erleben' beruht auf der vor mir liegenden Pizza: Die Erinnerung an die Pizza, die gerade auf meinen Tisch gestellt wurde, lässt mich jetzt (während ich sie vor mir liegen sehe und ihren Duft wahrnehme) Messer und Gabel in die Hand nehmen und in mir eine Vorahnung des zu erwartenden Geschmacks entstehen. Strenggenommen müsste man von einem ‚Erste-Person-Data-Strom' sprechen.

Zu (7): Dritte-Person-Wissen (DPW)
Das DPW ist ‚Wissen' (z.B. in Form von Aussagen, Hypothesen oder Theorien) im Sinne der heutigen Philosophie: Es ist sprachlich verfasst (also ‚mittelbar'),

es drückt eine Überzeugung mit Wahrheitsanspruch aus, es ist prinzipiell auch anderen Personen (‚Dritten') zugänglich, es ist aber auch der Möglichkeit des Irrtums unterworfen (z.B. ‚Vor mir liegt ein Ball' – in Wirklichkeit ist es aber vielleicht ein Stein). Auch mathematisches Wissen ist zum DPW zu zählen, da es an Sprache gebunden ist.

Die ‚Erkenntnislücke' zwischen der ersten und dritten Person

Es gibt eine erkenntnistheoretische Lücke zwischen der ersten und der dritten Person. Das folgende Beispiel verdeutlicht diese Lücke zwischen erster und dritter Person: Selbst wenn ich alles über eine Nadelspitze, ihr Eindringen in die Haut, die Schmerzrezeptoren und die dabei ablaufenden neuronalen Prozesse weiß, kann ich daraus nicht ableiten, wie sich dieser Schmerz anfühlt. Mit anderen Worten: Die EPD können nicht durch die DPW (Wissen über den Aufbau und die Bewegung physikalischer Systeme wie Atome, Moleküle und elektrische Leitungsvorgänge) erklärt werden.

In diese Richtung deutet das Gedankenexperiment von Mary, einer Neurowissenschaftlerin, die ihr ganzes Leben in einem Schwarz-Weiß-Raum verbringt. Sie weiß zwar alles über Farben, hat aber noch nie Rot gesehen.

1. Mary kennt alle physikalischen Fakten.
2. Mary kennt nicht alle Fakten (sie hat ja noch nie *Rot* gesehen).

---

3. Die physikalischen Fakten erschöpfen nicht alle Fakten.

(Chalmers, 2010, S. 108)

In der allgemeinen Fassung führen solche Schlüsse zu Argumenten gegen einen Materialismus.

1. Es gibt Wahrheiten über das Bewusstsein, die nicht aus physikalischen Wahrheiten ableitbar sind.
2. Wenn es Wahrheiten über das Bewusstsein gibt, die nicht aus physikalischen Wahrheiten ableitbar sind, dann ist der Materialismus falsch.

---

3. Der Materialismus ist falsch.

(Chalmers, 2010, S. 109)

Das Körper-Geist-Problem besteht in der Frage nach dem Zusammenhang zwischen Körper und Geist des Menschen. Die Ansätze zur Lösung des Körper-Geist-Problems lassen sich in *Dualismus* und *Monismus* unterscheiden.

Dualismus

Der Dualismus geht von der grundsätzlichen Verschiedenheit von Geistigem und Körperlichem aus (z.B. die Trennung von körperlicher und geistiger Substanz bei Descartes). Er ist kein einheitliches System. Im Laufe der Philosophiegeschichte hat sich eine Vielzahl von Ansätzen herausgebildet, die als dualistisch bezeichnet werden können. Eine erste Orientierung kann die Unterscheidung zwischen Substanz- und Eigenschaftsdualismus bieten.

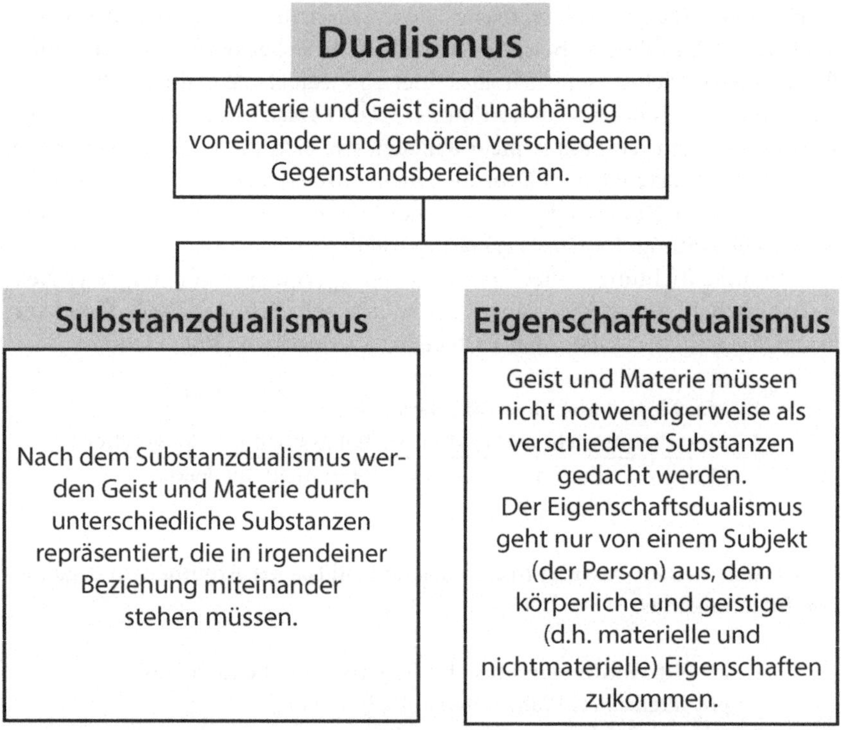

Dualismus

Materie und Geist sind unabhängig voneinander und gehören verschiedenen Gegenstandsbereichen an.

Substanzdualismus

Nach dem Substanzdualismus werden Geist und Materie durch unterschiedliche Substanzen repräsentiert, die in irgendeiner Beziehung miteinander stehen müssen.

Eigenschaftsdualismus

Geist und Materie müssen nicht notwendigerweise als verschiedene Substanzen gedacht werden. Der Eigenschaftsdualismus geht nur von einem Subjekt (der Person) aus, dem körperliche und geistige (d.h. materielle und nichtmaterielle) Eigenschaften zukommen.

Dualismus
Quelle: Autor

Substanzdualismus

Berühmt geworden ist vor allem der Interaktionismus[25] von René Descartes. Descartes nahm zwei Substanzen an (eine ausgedehnte Substanz und eine geis-

25 *Interaktionismus* bedeutet so viel wie *Wechselwirkungstheorie.*

tige Substanz), die miteinander in Wechselwirkung stehen. Der Ort der Wechselwirkung war für Descartes die Zirbeldrüse (Epiphyse). Descartes kam zu dieser Überzeugung, weil die Zirbeldrüse nur einmal im Gehirn vorkommt. Alle anderen Teile des Gehirns sind doppelt vorhanden. Daher könne die Zirbeldrüse die Einheit gewährleisten, indem sie die verschiedenen Reize integriert (Pauen, 2005, S. 42f).

Descartes musste davon ausgehen, dass die Seele die Materie in irgendeiner Weise beeinflusst. Wie diese Beeinflussung aber erfolgen sollte, blieb im Dunkeln. Wie kann etwas Nichtausgedehntes auf etwas Ausgedehntes einwirken? Der Haupteinwand gegen den Interaktionismus ist seine Unvereinbarkeit mit der Physik. Der Geist kann physikalische Prozesse nur beeinflussen, wenn er deren Energiezustand verändert. Es müsste also ein Energieaustausch zwischen Geist und physikalischem Prozess stattfinden. Dabei müsste in den physikalischen Systemen, die mit dem Geist in Wechselwirkung stehen, plötzlich Energie verschwinden oder entstehen. Dies widerspricht jedoch dem Energieerhaltungssatz. Solche Prozesse sind bisher nicht beobachtet worden.

Bereits Descartes' Nachfolger suchten nach Alternativen. Arnold Geulincx (1624–1669) wies darauf hin, dass grundsätzlich verschiedene Substanzen auch keinen Einfluss aufeinander ausüben könnten. Geulincx und Nicole Malebranche (1638–1715) entwickelten eine Position, die als Okkasionalismus[26] bekannt wurde. Für Geulincx kann eine Veränderung der Materie keine Ideen hervorbringen. Die Verbindung zwischen Körper und Seele werde durch eine gemeinsame Ursache, nämlich Gott, hergestellt. Dahinter stand auch das ehrliche Eingeständnis, dass die Seele nicht allein durch Bezugnahme auf körperliche Funktionen verstanden werden könne. Eine detaillierte Ausarbeitung erfuhr der Okkasionalismus durch Malebranche. Für ihn stand die Seele zwischen der menschlichen und der göttlichen Substanz. Wenn ich mir z.B. mit dem Hammer auf den Finger schlage, so geschieht das Zurückziehen der Hand nur durch die Vermittlung Gottes.

Der Okkasionalismus nahm an: Weder beeinflusst der Körper die Seele noch die Seele den Körper, sondern Gott stellt eine Verbindung zwischen beiden her. Dies ist vergleichbar mit dem Zusammenhang zwischen dem Barometerstand und dem Wettergeschehen. Weder beeinflusst der Barometerstand das Wetter (eine Manipulation des Zeigers hat keinen Einfluss auf das Wettergeschehen), noch beeinflusst das Wetter direkt den Barometerstand (der Regen selbst hat keinen Einfluss auf den Barometerstand). Es gibt vielmehr ein Drittes, das sowohl den Barometerstand als auch das Wettergeschehen beeinflusst. Diese dritte Größe ist der Luftdruck.

Ein weiterer Lösungsversuch ist die von Leibniz vertretene Lehre von der prä-

26 Okkasionalismus leitet sich vom lateinischen Begriff ‚causa occasionalis' (‚Gelegenheitsursache') ab. Verwandt ist das englische Wort ‚occasionally' ‚gelegentlich').

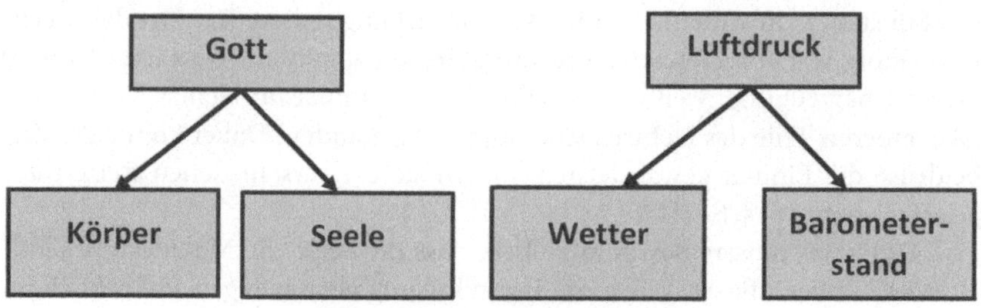

Das Grundprinzip des Okkasionalismus
Quelle: Autor

stabilierten Harmonie. Danach verlaufen körperliche und geistige Prozesse völlig synchron bzw. parallel, weshalb diese Position auch als psychophysischer Parallelismus bezeichnet wird. Seele und Körper folgen demnach ihren eigenen Gesetzen, die durch die Allwissenheit und Allmacht Gottes exakt aufeinander abgestimmt sind. Ein Analogon ist eine Maschine. Der Konstrukteur hat sie so eingerichtet, dass sie das tut, was der Mensch von ihr erwartet.

Allerdings verlieren sowohl der Okkasionalismus als auch der psychophysische Parallelismus von Leibniz ihre Plausibilität, wenn die theologische Voraussetzung eines allmächtigen und allwissenden Gottes aufgegeben wird. Ohne die Voraussetzung Gottes läuft der Substanzdualismus auf ein unlösbares Problem hinaus: Wie können eine nichtmaterielle (nicht ausgedehnte) Substanz und eine materielle (ausgedehnte) Substanz miteinander wechselwirken?

Eigenschaftsdualismus

Beim Eigenschaftsdualismus stehen sich nicht verschiedene Substanzen, sondern verschiedene Arten von Eigenschaften gegenüber. Es wird das Verhältnis von Eigenschaften betrachtet. Der Eigenschaftsdualismus geht davon aus, dass das Bewusstsein den Charakter einer Eigenschaft hat. Es könnte z.B. eine neue Art von physikalischer Eigenschaft sein. Allerdings müsste es sich dabei um sehr eigenartige physikalische Eigenschaften handeln. Denn zu ihnen hätte man aus der Perspektive der ersten Person einen privilegierten Zugang. Wir könnten solche Eigenschaften also unmittelbar erleben. Dies würde eine gravierende Erweiterung der Physik erfordern (Pauen, 2005, S. 60). Für eine solche Erweiterung der Physik gibt es derzeit keine zwingenden Gründe.

Plausibler ist ein Eigenschaftsdualismus, der bereits eine lange Tradition hat, nämlich der Epiphänomenalismus. Epiphänomenalistische Ansätze lassen sich bereits im 19. Jahrhundert nachweisen. Ein Vertreter war der Zoologe Thomas Henry Huxley (1825–1895). Er verglich das Bewusstsein mit dem Pfeifen einer herannahenden Lokomotive, das die Bewegung der Lokomotive anzeigt, sie aber nicht beeinflusst. Das ‚Pfeifen' und die ‚Bewegung der Lokomotive' sind verschieden, das ‚Pfeifen' hat keinen Einfluss auf die ‚Bewegung der Lokomotive'. Das ‚Pfeifen' ist nur eine Begleiterscheinung des ‚Herannahens des Zuges'. In ähnlicher Weise betrachtet der Epiphänomenalismus psychische Prozesse als Begleiterscheinungen physischer Prozesse. Eine Rückwirkung psychischer Prozesse auf physische Prozesse wird jedoch ausgeschlossen.

Seelische Zustände (Trauer, Liebeskummer, Wut und Hass, aber auch Freude, erotische Stimmung und Entspannung) wären demnach Begleitprozesse körperlicher Vorgänge. Der Epiphänomenalismus widerspricht jedoch der Erfahrung, denn bestimmte mentale Zustände (Trauer, Liebeskummer, Wut und Hass, aber auch Freude, erotische Stimmung und Entspannung) wirken in der Regel auf den Körper zurück. Man denke nur an die körperlichen Folgen psychischer Überlastung (z.B. Kopfschmerzen oder Verdauungsstörungen). Angesichts solcher Erfahrungen fällt es schwer, psychische Zustände lediglich als Begleiterscheinungen ohne Rückwirkung auf körperliche Vorgänge zu betrachten.

Das Drei-Welten-Modell von Karl Popper

Palast mit dem Minotaurus-Fresko, Knossos, Kreta
Quelle: Autor

Eine besondere Form des Dualismus ist das Drei-Welten-Modell von Karl Popper (1903–1997). Ausgangspunkt ist Poppers Unterscheidung zwischen einer physischen Welt (z.B. der Palast mit dem Minotaurus-Fresko in Knossos auf der Insel Kreta), einer psychischen Welt (z.B. die Gefühle und Stimmungen, die man mit dem Anblick des Palastes verbindet) und einer ideellen Welt (z.B. die Bedeutung der minoischen Kultur als älteste Hochkultur Europas). Nach Karl Popper lassen sich nicht alle Beziehungen zwischen diesen Welten auf physikalische Zusammenhänge zurückführen. So erklärt die physikalische und chemische Beschaffenheit des Stierfreskos allein nicht, warum mich der Anblick dieses Kunstwerks in eine Mischung aus Bewunderung und Schrecken versetzt. Es ist vielmehr mein Wissen über die minoische Kultur und über rituelle Tötungshandlungen. Der Grund für meine Stimmung ist in einer ideellen Welt zu suchen.

Monismus

Die Alternative zum Dualismus ist der Monismus. Der Monismus will Materie und Geist auf eine gemeinsame Grundlage zurückführen. Auch der Monismus hat eine Vielzahl unterschiedlicher Richtungen hervorgebracht. Als erste Orientierung kann die Einteilung in einen materialistischen, einen neutralen und einen idealistischen Monismus hilfreich sein.

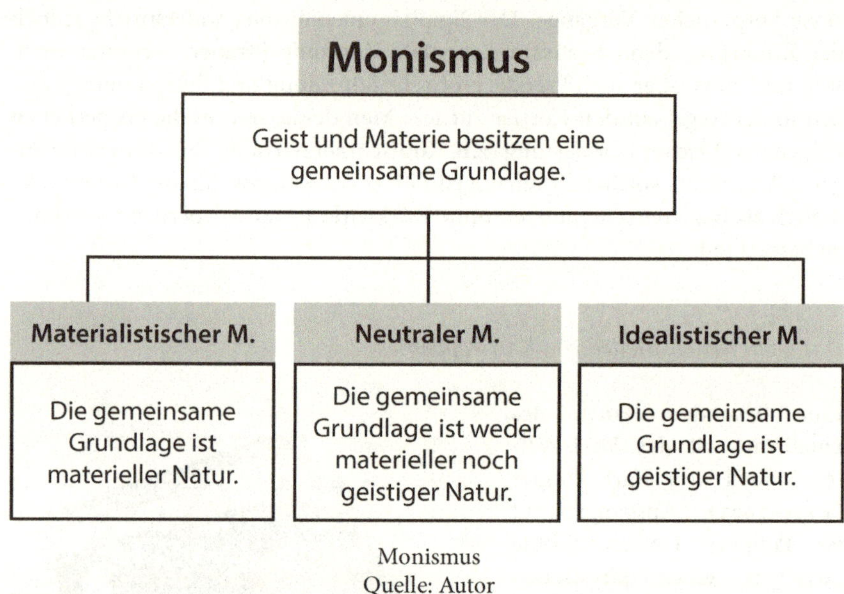

Monismus
Quelle: Autor

Materialistischer Monismus

Demokrits Atomismus kann als eine frühe Form des materialistischen Monismus angesehen werden. Die Seele wurde von Demokrit als ein Atom unter anderen Atomen verstanden. Es unterschied sich von den anderen Atomen nur durch seine Kugelgestalt. Letztlich wurde die Seele aber als etwas Materielles verstanden.

Ein konsequenter Vertreter des materialistischen Monismus war La Mettrie. Gemäß seinem Grundsatz ‚Der Mensch ist eine Maschine' sah er die Seele in Abhängigkeit von den Zuständen des Körpers: „Seele und Körper schlafen zusammen ein. Sobald die Blutbewegung ruhiger wird, verbreitet sich eine sanfte Empfindung von Frieden und Ruhe in der ganzen Maschine." (La Mettrie, 1875, S. 14)

Im dialektischen und historischen Materialismus wurde das Bewusstsein als Entwicklungsprodukt der Materie verstanden. Vor allem den gesellschaftlichen Charakter des Bewusstseins betonte der dialektische und historische Materialismus. Mit Hilfe des Bewusstseins beziehe sich der Mensch durch Begriffe, Aussagen, Theorien und Voraussagen auf die Wirklichkeit. Der Monismus des dialektischen und historischen Materialismus beruhte im Wesentlichen auf der Annahme, die Welt als materielles System begreifen zu können. Das Geistige hatte nur insofern eine Berechtigung, als es an menschliche Subjekte gebunden war. Ein Gottesbegriff und überweltliche Mächte wurden strikt abgelehnt. Dieser Monismus führte daher zum Atheismus.

Heutige Ansätze zur Lösung des Körper-Geist-Problems sind überwiegend einem materialistischen Monismus verpflichtet. Meist wird nur die Existenz physischer Eigenschaften anerkannt (Pauen, 2005, S. 75). Es wird angenommen, dass Bewusstsein ausschließlich in physikalischen Begriffen erklärt werden könne. Ein Beispiel ist der eliminative Materialismus von Paul Churchland (geb. 1942): Wir würden nicht mehr von mentalen Ereignissen sprechen, wenn wir die zugrunde liegenden neuronalen Prozesse verstanden hätten (Pauen, 2005, S. 97). Ein ähnliches Ziel verfolgt Thomas Metzinger (geb. 1958) mit der Selbstmodell-Theorie der Subjektivität (SMT). Demnach lassen sich Bewusstseinsvorgänge durch physikalische oder biochemische Prozesse beschreiben. Die zentrale ontologische Grundannahme dieser Theorie ist, dass das Selbst keine Substanz im philosophischen Sinne ist. Das Selbst ist kein mysteriöses Etwas, das übrigbliebe, wenn der Körper, das Gehirn und sogar der Rest des Universums verschwinden würden. Bewusstes Erleben ist in der SMT das Ergebnis „von komplexen Informationsverarbeitungs- und Darstellungsprozessen im zentralen Nervensystem" (Metzinger, 2012, S. 2). Der Mensch unterscheide sich von den meisten Tieren nicht nur dadurch, dass er über eine subjektiv erlebte Innenperspektive verfüge, sondern vor allem dadurch, dass er sich dieser Innenperspektive bewusst werden könne. Er hat ein bewusstes Selbst. Wie ist die Entstehung des bewussten Selbst zu erklären? Metzingers Antwort läuft auf folgendes Argument hinaus: Wenn unser Gehirn aktiv ist, erleben wir nicht die beteiligten Strukturen und Prozesse im Gehirn selbst, sondern immer nur die Inhalte, die durch diese Strukturen und Prozesse repräsentiert werden. Um dies an Beispielen zu verdeutlichen: Bei Gefahr musste der Mensch des Altertums nicht wissen: ‚In meinem Gehirn ist gerade eine Wolfsrepräsentation aktiv', sondern nur: „Vorsicht! Wolf in der Nähe!" (Metzinger, 2012, S. 37) Wenn ich ein Buch in den Händen halte, erlebe ich nicht, durch welche Prozesse das Buch in meinem Gehirn repräsentiert wird, sondern nur das mir gegebene Buch. Ich schaue sozusagen durch die repräsentierenden Strukturen hindurch auf den Inhalt (Metzinger, 2012, S. 36). Ebenso sei bewusstes Erleben ein Prozess im Gehirn. Was ich erlebe, sei aber nicht der Prozess, der beim bewussten Erleben im Gehirn abläuft, sondern dessen Inhalt: das bewusste Selbst.

Metzinger argumentiert, dass die SMT (zumindest prinzipiell) empirisch überprüfbar sei: Wenn der Mensch in der Lage wäre, alle im Gehirn ablaufenden Prozesse gleichzeitig und direkt zu erfassen, würde sich das ‚Ich-Gefühl' auflösen (Metzinger, 2012, S. 39). Für einen ‚Superwissenschaftler', der alle Vorgänge im Gehirn erkennt, wäre die Welt nicht mehr aus der Perspektive der ersten Person erfahrbar. Für diesen ‚Superwissenschaftler' stellt sich die Welt nur noch aus der Perspektive der dritten Person dar. Sein ‚Ich' löste sich damit auf.

Zum materialistischen Monismus gehört schließlich auch der Funktionalismus. Er wurde unter anderem von Jerry Fodor (1935–2017) vertreten. Mentale Zustände werden hier mit den Aktivitäten eines Computers verglichen. Dies lässt sich am Beispiel eines Getränkeautomaten veranschaulichen. Dieser befindet sich in einem Anfangszustand, in dem beispielsweise auf den Einwurf einer 1-Euro-Münze gewartet wird, damit das Getränk ausgegeben werden kann. Dem entspricht der mentale Zustand: Wunsch nach einer 1-Euro-Münze (Pauen, 2005, S. 144f.).

Neutraler Monismus

Nach dem neutralen Monismus sollen Körper und Geist auf eine gemeinsame Grundlage zurückgeführt werden, die neutral ist, weil sie weder etwas Materielles noch etwas Geistiges ist. Erste Ansätze dazu finden sich bereits bei Parmenides. Er lehrte, dass es nur *ein* Sein geben könne. Diesem Sein stehe kein Denken gegenüber. Das Sein umfasse alles, also auch das Denken.

Auch Spinozas Monismus kann als neutral bezeichnet werden. Spinozas Substanzbegriff umfasst *Denken* und *Ausdehnung*. *Denken* und *Ausdehnung* seien Eigenschaften (Attribute) der einen *Substanz*.

Eine andere Form des neutralen Monismus ist als Doppel-Aspekt-Monismus bekannt. Er geht auf Überlegungen von Theodor Fechner (1801–1887) zurück. Der Doppel-Aspekt-Monismus wurde unter anderem von Sigmund Freud (1856–1939) vertreten (Solm/Turnbull, 2007, S. 86). In den letzten Jahren haben Solms und Turnbull diesen Ansatz wieder ins Gespräch gebracht. Der Unterschied zwischen Körper und Seele sei eine Frage der Wahrnehmung. Fechner verglich dies mit der Betrachtung eines Kreises, der von innen konkav, von außen aber konvex erscheint (Seeck, 2021, S. 127). Analog dazu seien Geist und Körper nur verschiedene Sichtweisen auf ein unbekanntes ‚Etwas'. Das heißt zum Beispiel: Von der Außenperspektive erscheint das Gehirn als etwas Körperliches, von der ‚Innenperspektive' als etwas Mentales (Solm/Turnbull, 2007, S. 70). Offen bleibt, was mit diesem ‚Etwas' gemeint ist. Sinnlich ist uns dieses Unbekannte nicht zugänglich.

Der bekannteste Vertreter des neutralen Monismus war Bertrand Russell (1872–1970). Russell war britischer Philosoph, Mathematiker und Logiker. Sein neutraler Monismus basierte auf der These, dass sowohl Geist als auch Materie auf ein grundlegenderes Konzept zurückgeführt werden können, das weder geistig noch materiell ist. In jüngerer Zeit wurde Russells Konzept von David Chalmers als *Typ-F-Monismus* oder *Russell'scher Monismus* wieder aufgegriffen (Chalmers, 2010, S. 133). Demnach wurzeln sowohl mentale Eigenschaften als auch die physikalische Realität in einer gemeinsamen Ebene. Chalmers spekuliert: Sowohl unsere mentalen Erfahrungen als auch die physikalischen Prozesse könnten auf einer tieferen Ebene auf sogenannten ‚protophänomenalen' Eigenschaften beruhen (Chalmers, 2010, S. 133). In dieser Form ist der Monismus eine Spielart des Idealismus. Man kann auch von *Panpsychismus* oder *Protopanpsychismus* sprechen. Es bleibt offen, wie aus protophänomenalen Eigenschaften mentale Erlebnisse und physikalische Prozesse gebildet werden können. Der *Typ F-Monismus* könnte ein Ansatz für weitere Untersuchungen sein, ist aber bisher nur eine unausgearbeitete Vermutung.

Idealistischer Monismus

Für den idealistischen Monismus ist das Geistige das Erste, aus dem alles hervorgeht. Er hat eine lange Tradition. Schon für Pythagoras gründete die Welt nicht auf einem Urstoff, sondern auf Zahlenverhältnissen. Mit Platon erreichte der idealistische Monismus einen ersten Höhepunkt. Für Platon waren die Ideen unveränderliche Urbilder, die die einzig wahre Realität darstellten. Die Dinge der beobachtbaren Welt seien nur ‚Schatten' der Ideen. Auch Plotin vertrat einen konsequenten idealistischen Monismus. Er ließ alles aus einem geistigen Prinzip, dem *Einen*, hervorgehen. Die Materie sei die vom Göttlichen am weitesten entfernte Erscheinungsform des Geistigen, sie sei das Nichts, das Finstere und Böse.

Die Philosophie des Cusanus ging ebenfalls von einem geistigen Prinzip aus. Er stellte ein *Können-selbst* an den Anfang. Das *Können-selbst* ist ein Geistiges, das in Tätigkeiten wie Lesen, Gehen und Sprechen konkrete Ausdrucksformen findet.

Auch Berkeley, die Vertreter des deutschen Idealismus (Fichte, Schelling und Hegel) und Schopenhauer haben ihre Ansätze auf ein geistiges Prinzip gegründet: In Berkeleys Immaterialismus existiert alles in einem denkenden Geist (Gott), für Fichte setzte sich das denkende Ich selbst, für Schelling war die Natur die unbewusste Tätigkeit eines Geistes, für Hegel war der Entwicklungsprozess der Welt (von der Natur über das Leben des einzelnen Menschen bis hin zu Kunst, Religion und Philosophie) die Selbstentfaltung des Geistes, und für Schopenhauer stand hinter allen Erscheinungen der Natur, des menschlichen Lebens und der Geschichte das Wirken des Weltwillens.

In der modernen *Philosophie des Geistes* griff David Chalmers das Konzept eines idealistischen Monismus wieder auf. Eher beiläufig erwähnte Chalmers einen sogenannten Typ-I-Monismus. Was ist damit gemeint? Der Buchstabe ‚I' steht für ‚Idealismus' (im Berkeley'schen Sinne). Chalmers beschreibt den Typ-I-Monismus folgendermaßen: Ein ‚makroskopischer' phänomenaler Geist („macroscopic" phenomenal mind) erzeugt die physikalischen Zustände (Chalmers, 2010, S. 138). Einfacher ausgedrückt: Wir erzeugen die Welt direkt in unserem Bewusstsein. Dies ähnelt der Sichtweise von Berkeley, Kant und Schopenhauer. Der Typ-I-Monismus geht nicht den Umweg über ‚mikroskopische'[27] (‚protophänomenale') Eigenschaften, die unterhalb der Ebene der physikalischen Prozesse liegen. Chalmers verfolgt diesen Weg nicht weiter, räumt aber ein: Diese Ansicht sollte zumindest anerkannt werden (Chalmers, 2010, S. 138).

27 Der Begriff ‚mikroskopisch' bezieht sich hier auf die Teilchenebene (z.B. Atome oder ihre Bestandteile).

Thesen zur ersten Achse: Materie als Geist

Ich habe eingangs von Grundthemen gesprochen, die das philosophische Denken wie eine Zeitachse über große Zeiträume bis in die Gegenwart durchziehen. Solche Grundthemen habe ich als ‚Achsen der Erkenntnis' bezeichnet. Die Diskussion über das Verhältnis von Materie und Geist ist ein solches Grundthema.

Keine der bisher entwickelten Theorien hat die Lücke zwischen Geist und Materie befriedigend geschlossen. Die dualistischen Theorien sind nicht besser als der materialistische Monismus. Der Dualismus löst das Problem der Wechselwirkung zwischen Körper und Geist nicht. Im materialistischen Monismus bleibt der Begriff der Materie unklar, und außerdem erklärt der materialistische Monismus die Erste-Person-Perspektive nicht, denn jeder Versuch, die Erste-Person-Perspektive aus der Dritte-Person-Perspektive abzuleiten (z.B. aus Aussagen über die Nerventätigkeit), lässt die Erste-Person-Perspektive verschwinden.

1. Warum man nicht sagen kann, was Materie ist

Elementarteilchen
Quelle: Panthermedia

Sind Elementarteilchen die materielle Basis der Welt? Ich erinnere mich an eine Diskussion, die ich als Student mit zwei Kommilitonen führte. Es ging um den Begriff der Materie in der Physik. Mein Vorschlag, die Elementarteilchen als materielle Grundlage der Physik zu betrachten, wurde von meinen beiden Kontrahenten abgelehnt. Sie argumentierten, dass man auf der Ebene der Elementarteilchen nur abstrakte Strukturen und Symmetrien finden könne, die eher den Ideen Platons ähnelten. Deshalb müsse man das Fundament der Physik als ‚Geistiges' betrachten. Das Gespräch fand 1989 statt. Es war die Zeit der ‚Wende'. Vor allem Carl Friedrich von Weizsäcker spielte als Dialogpartner für die Naturwissenschaftler in der DDR eine wichtige Rolle. Er besuchte Jena im Herbst 1989. Der damals 77-Jährige sprach mit unglaublicher Kondition. Ihn umgab eine Aura, der man sich nur schwer entziehen konnte. Es lag wohl auch an seinem Einfluss, dass unter den Jenaer Physikern die Bedeutung der Philosophie Platons für die Physik lebhaft diskutiert wurde.

Als ich kurz darauf meine Diplomarbeit am Institut für Theoretische Physik in Jena schrieb, begegnete mir dieser Gedanke wieder. Meine Aufgabe war es, eine sogenannte Spiegelungsalgebra zu entwickeln. Die Mathematik dahinter ist kompliziert. Aber die Grundidee ist einfach. Das Bild unten zeigt die Spiegelung der Mondsichel an zwei Ebenen. Dabei wird der Halbmond im Raum verschoben und gedreht. In ähnlicher Weise kann jede beliebige Bewegung eines Körpers durch Spiegelungen an Ebenen dargestellt werden.

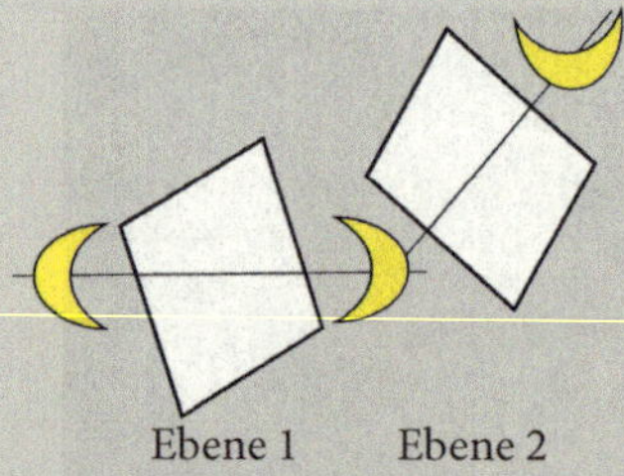

Die Grundgleichungen der Physik (z. B. das zweite Newtonsche Gesetz oder die Schrödinger-Gleichung in der Quantenmechanik) sind Bewegungsgesetze. Ich konnte zeigen, dass selbst die kompliziertesten Bewegungsabläufe in der Physik (einschließlich der Quantenmechanik) durch eine Folge von Spiegelungen an geeigneten Ebenen dargestellt werden können. Die Spiegelung hatte sich als der einfachste ‚Baustein' physikalischer Vorgänge erwiesen. Dieses Ergebnis erinnerte mich an die Behauptung meiner beiden Kommilitonen: Das Grundlegende in der Physik ist kein ‚materieller Baustein' (wie etwa Demokrits Atome), sondern eine Idee.

Der Begriff ‚Struktur der Materie' gehört heute zum allgemeinen Sprachgebrauch der Physik. Doch was ist Materie (Diemer, 1968, S. 39)?

Bereits 1789 entwickelte Antoine Lavoisier (1743–1794) eine Tabelle der chemisch nicht weiter zerlegbaren Stoffe. Dies war der erste Versuch einer systematischen Zusammenstellung der experimentell gefundenen elementaren Bausteine der Materie. Im 19. Jahrhundert wurden schließlich immer mehr chemisch nicht weiter zerlegbare Elemente entdeckt. Die Ähnlichkeit der chemischen Eigenschaften einiger Elemente schien auf eine Verwandtschaft hinzudeuten. Im Jahr 1869 ordneten Dmitri Iwanowitsch Mendelejew (1834–1907) und Lothar Meyer (1830–1895) unabhängig voneinander die chemischen Elemente in einem Gesamtsystem, dem Periodensystem der chemischen Elemente.

Das erste empirisch untermauerte Atomkonzept wurde 1805 von John Dalton entwickelt. Er formulierte das sogenannte *Gesetz der multiplen Proportionen*[28]. Denn es war bekannt, dass sich Stoffe immer nur in bestimmten Massenverhältnissen miteinander verbinden.

> Distickstoffoxid: 7 g Stickstoff mit 4 g Sauerstoff
> Stickstoffoxid 8 g Stickstoff mit 8 g Sauerstoff
> (Lindner, 1984, S. 13)

Dies ließ auf den atomaren Aufbau der Materie schließen. Aus dem Gesetz der multiplen Proportionen schloss man, dass es so viele Atome wie chemische Elemente gibt. Man nahm an, dass Atome massive, undurchdringliche Kügelchen sind. Diese Vorstellung wurde erstmals von Philipp Lenard (1862–1947) erschüttert. Lenard gelang 1898 der Nachweis, dass Elektronenstrahlen dünne Metallfolien durchdringen können. Daraus folgerte er, dass das Atom aus einem sehr kleinen Kern und einer lockeren Elektronenhülle bestehen müsse (Lindner, 1984, S. 21). Lenards Modell wurde 1911 von Ernest Rutherford (1871–1937) und seinen Mitarbeitern wesentlich verfeinert. Sie führten ähnliche Experimente durch wie Lenard. Dabei nutzten sie die positiv geladenen α-Strahlen, die von radioaktiven Stoffen ausgehen. Es gelang ihnen, die Größe des Atomkerns zu bestimmen und zu zeigen, dass der Atomkern eine innere Struktur besitzt. Außerdem konnten sie nachweisen, dass die Elektronen in großem Abstand um den Atomkern kreisen. Das Atom konnte also nicht das kleinste Teilchen sein, sondern muss aus kleineren Teilchen zusammengesetzt sein. In den folgenden Jahren wurde das Atommodell weiter verfeinert. Bereits 1913 verknüpfte Niels Bohr (1885–1962) das Rutherford'sche Atommodell mit der Vorstellung, dass sich die Elektronen nur auf festen Bahnen um den

28 Wenn zwei Elemente verschiedene chemische Verbindungen bilden können, stehen die Massen des einen Elements, die sich mit einer gleichbleibenden Masse des anderen Elements verbinden, zueinander im Verhältnis ganzer Zahlen.

Atomkern bewegen können. Jeder Bahn (Schale genannt) ist ein fester Energiewert zugeordnet. Das sogenannte Bohr'sche Atommodell führt bereits zu einer quantenmechanischen Beschreibung des Atoms.

Lange Zeit hielt sich die Vorstellung, dass die grundlegenden Teilchen eines Atoms die Elektronen in der Atomhülle und die Protonen und Neutronen im Atomkern sind. Im Jahr 1964 stellten Murray Gell-Mann (1929–2019) und George Zweig (geb. 1937) die Hypothese auf, dass auch Neutronen und Protonen aus Elementarteilchen (Quarks genannt) aufgebaut sein könnten. Erst 1968/69 fanden sich eindeutige Hinweise auf die Existenz von Quarks. Ausschlaggebend waren Experimente am Teilchenbeschleuniger Stanford Linear Accelerator (SLAC), bei denen Elektronen auf Protonen geschossen wurden. Dabei schienen die Elektronen an kleinen harten Kernen im Proton abzuprallen. Daraus schlossen James Bjorken (geb. 1934) und Richard P. Feynman (1918–1988), dass Protonen aus Teilchen, den sogenannten Quarks, zusammengesetzt sind.

Damit stellte sich erneut die Frage nach einer Systematik der Grundbausteine der Materie. Das heute weitgehend akzeptierte Bild der Materie geht von drei Gruppen von je zwei Quarks und drei Gruppen von je zwei Leptonen (e^-,ν_e) aus. Diese Untergruppen werden als Fermionen bezeichnet. Hinzu kommen die Bosonen (Wechselwirkungs- oder Austauschteilchen), die die Kräfte zwischen den Fermionen vermitteln.

Dies ist jedoch nur eine Momentaufnahme. In einigen Jahren wird das Bild der Materie vielleicht schon ganz anders aussehen. Denn der größte Teil der Materie in der Natur ist unbekannt. Die gewöhnliche Materie, aus der die

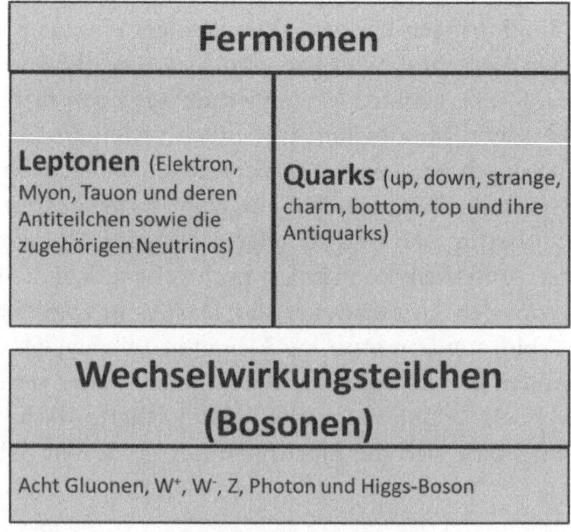

Standardmodell der Materie
Quelle: Autor

uns bekannte Welt besteht, macht nur etwa vier Prozent der gesamten Energiebilanz des Universums aus. Der größte Teil des Universums besteht aus Dunkler Materie[29] (ca. 27 %) und Dunkler Energie[30] (ca. 70 %). Über die Dunkle Materie und die Dunkle Energie wissen wir so gut wie nichts. Die Existenz von Dunkler Materie und Dunkler Energie wird nur angenommen, um Besonderheiten in der Bewegung der sichtbaren Materie oder die Expansion des Universums erklären zu können. Dies ist zugegebenermaßen keine besonders befriedigende Situation.

Aber all diese Modelle beantworten nicht die philosophische Frage, was Materie ist. Was macht die Eigenschaft der Materie aus? Eine Antwort, die manchmal gegeben wird, lautet: Die Masse macht die Eigenschaft der Materie aus. Physikalische Felder wie ein Magnetfeld oder ein elektrisches Feld haben aber keine Masse. Diese Felder könnten also nicht zur Materie gezählt werden. Außerdem bleibt die Masse nicht bei allen physikalischen Vorgängen erhalten. Trifft ein Teilchen auf sein Antiteilchen (z.B. ein Elektron auf ein Positron), so vernichten sich beide unter Aussendung von zwei masselosen Photonen[31]. Ist damit Materie verschwunden? Nein, der verschwundenen Masse entspricht ein bestimmter Energiebetrag. Nach Einsteins berühmter Gleichung $E = m \cdot c^2$ (c: Lichtgeschwindigkeit; c = 300000 km/s) kann jeder Masse (m) ein Energieäquivalent (E) zugeordnet werden.

Von Materie sollte man erwarten, dass sie nicht einfach verschwinden oder entstehen kann. Das heißt: Sie sollte eine Größe sein, die bei den verschiedensten Veränderungen immer gleich bleibt (Erhaltungsgröße). Materie sollte eine Erhaltungsgröße sein. Die *Energie* ist eine solche Erhaltungsgröße. *Energie* ist aber kein geeigneter ‚Urstoff', der als Materie angesehen werden kann, weil es physikalische Situationen gibt, in denen der Energiebegriff nicht sinnvoll anwendbar ist. Dies hat folgenden Grund: Gemäß Einsteins Allgemeiner Relativitätstheorie gibt es physikalische Bedingungen, unter denen sich eine Erhaltungsgröße[32] ‚Energie' nicht mehr definieren lässt (Stephani, 1988, S. 136).

Auch der Kraftbegriff scheidet zur Definition der Materie aus. *Kraft* ist keine Erhaltungsgröße. Schon einfache Hebel und Wagenheber machen dies

---

29 Dunkle Materie ist eine hypothetische Form der Materie. Sie ist nicht direkt beobachtbar, macht sich aber durch ihre Gravitationswirkung bemerkbar. Sie wurde eingeführt, um die Geschwindigkeit zu erklären, mit der sichtbare Sterne das Zentrum von Galaxien umkreisen. Ein empirischer Nachweis der Dunklen Materie steht noch aus.

30 Die Dunkle Energie ist eine hypothetische Form der Energie, die in die Kosmologie eingeführt wurde, um die beschleunigte Expansion des Universums zu erklären.

31 Photonen besitzen keine Ruhmasse.

32 Erhaltungsgrößen sind Größen, deren Gesamtwert bei verschiedenen physikalischen Prozessen über die Zeit konstant bleibt. Ein bekanntes Beispiel hierfür ist die Energie. In seiner einfachsten Form lautet der Energieerhaltungssatz: In abgeschlossenen Systemen bleibt die Summe aller Energien konstant.

deutlich: Mit solchen Vorrichtungen können wir aus einer kleinen Kraft eine große Kraft erzeugen. Zudem kommen moderne physikalische Disziplinen wie die Quantenmechanik und die Allgemeine Relativitätstheorie ohne den Kraftbegriff aus. In der Quantenmechanik spielen Größen wie *Energie*, *Impuls* und *Ort* eine größere Rolle.

Vielleicht könnte man einfach sagen: Materie ist alles, was sich auf das Standardmodell der Teilchen zurückführen lässt. Abgesehen davon, dass damit noch keine Erklärung für Dunkle Materie und Dunkle Energie vorliegt, sind Quarks, Elektronen, Higgs-Bosonen und andere Elementarteilchen begriffliche Konzepte (bzw. theoretische Begriffe und mathematische Modelle). Ich kann nicht auf ein Elektron zeigen wie auf einen Elefanten. Ein Elefant lebt in Afrika oder Asien, man kann ihn aber auch außerhalb seines natürlichen Lebensraumes sehen (z.B. im Zoo), aber ein Elektron ‚lebt' nur in einer Theorie. Außerhalb dieser Theorie oder eines speziellen Beobachtungskontextes (z.B. in einer Kathodenstrahlröhre) ist die Rede von Elektronen nicht mehr sinnvoll.

Die 1926 von Erwin Schrödinger (1887–1961) aufgestellte und später nach ihm benannte Schrödingergleichung beschreibt das Verhalten eines Elektrons in einem Wasserstoffatom. Die Schrödingergleichung verwendet dazu eine abstrakte Wellenfunktion Ψ, deren Bedeutung zunächst offenbleibt. In der Gleichung findet sich keine Größe, die direkt einem Elektron zugeordnet werden kann. Die Schrödingergleichung liefert als Lösung Energiezustände von Atomen, aus denen wiederum bestimmte Spektren für elektromagnetische Wellen folgen (Lindner, 1984, S. 78). Letztlich stoßen wir nur auf abstrakte Begriffe und mathematische Strukturen, die verschiedene Interpretationsmöglichkeiten zulassen. Dies gilt auch für physikalische Theorien wie Superstringtheorien und Theorien der Quantengravitation. All diese Theorien und ihre Modelle sind Werkzeuge, um immer feinere Vorhersagen zu treffen und immer besser mit den empirischen Daten umzugehen. Physikalische Theorien haben es letztlich mit theoretischen Konzepten und mathematischen Strukturen zu tun. Das Ergebnis ist: ‚Materie' gehört zu unserer Vorstellungswelt, sie existiert nicht außerhalb unsere Geistes!

Unter Materialismus versteht man heute zumeist den *Physikalismus* (oder *physikalistischen Materialismus*), demzufolge alles Seiende auf physikalische Gegenstände zurückführbar ist. Demnach sollen sich die Begriffe aller Wissensgebiete (auch der geistig-seelischen und sozialen) in physikalische Begriffe übersetzen lassen. Das Geistige beruht aber unter anderem auf sogenannten *doxastischen Einstellungen*: z.B. ‚jemand glaubt', ‚jemand ist überzeugt' oder ‚jemand hält es für möglich'. Es kann verschiedene doxastische Einstellungen zu einem physikalischen Sachverhalt geben. Nehmen wir ein einfaches Beispiel: Zu dem einfachen physikalischen Sachverhalt ‚Es regnet' gibt es verschiedene doxastische Einstellungen: ‚Ich glaube, dass es regnet', ‚Ich bin überzeugt, dass es regnet' oder ‚Ich halte es für möglich, dass es regnet'. Die Menge der doxastischen (und damit geistigen) Sachverhalte ist mächtiger als die Menge der physikalischen Sachverhalte. Es ist daher zweifelhaft, ob sich doxastische Sachverhalte auf physikalische Sachverhalte reduzieren lassen.

Der Physiker und Philosoph Carl Friedrich von Weizsäcker hat Materie und Bewusstsein gleichgesetzt. Von Weizsäcker entwickelte die sogenannte Ur-Alternativen-Theorie (auch Theorie der entscheidbaren Alternativen). Grundlage der Theorie von C. F. von Weizsäcker ist lediglich der Begriff der Zeit (mit Vergangenheit, Gegenwart und Zukunft) sowie der logische Begriff der Alternative. Physikalische Sachverhalte sollen auf der Basis dieser Ur-Alternativen dargestellt werden. Die einzig sinnvolle Definition von Materie sei, so von Weizsäcker, „daß Materie das ist, was den Gesetzen der Physik gehorcht." (von Weizsäcker, 1989, S. 25) Wenn aber die Gesetze der Physik „Gesetze für Vorhersagen entscheidbarer Alternativen" (von Weizsäcker, 1989, S. 25) sind und wenn das Bewusstsein den Gesetzen der Physik gehorcht (was von Weizsäcker annimmt), dann sind Materie und Bewusstsein identisch. Holger Lyre hat diesen Gedanken später aufgegriffen: Der ‚Grundstoff' der Welt sei *Information* (Lyre, 2004, S. 179). Carl Friedrich von Weizsäckers Ansatz ist jedoch bis heute ein Fragment geblieben.

Das Grundproblem des Materialismus ist der Begriff der *Materie selbst*. Was soll unter Materie verstanden werden? Physikalische Theorien wären aber ohne die Voraussetzung einer wie auch immer gedachten Materie (z.B. Teilchen) nicht möglich. Die in physikalischen Theorien vorausgesetzte Materie beruht aber auf Begriffen bzw. theoretischen Konzepten, und damit gehört Materie in den Bereich des Geistigen.

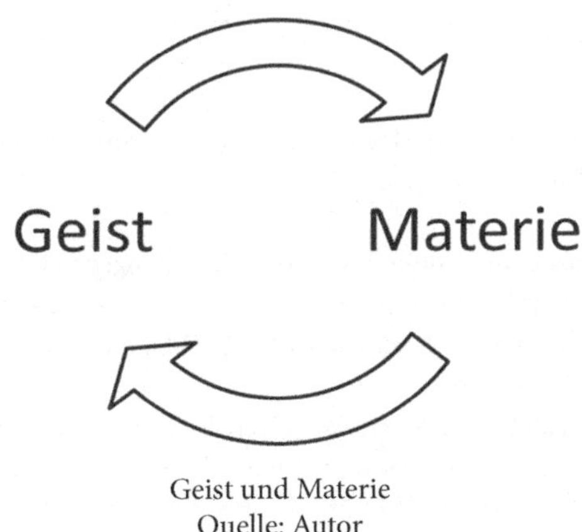

Geist und Materie
Quelle: Autor

Geist bestimmt Materie: Materie ist immer Konstruktion (ein begriffliches Modell und damit etwas Geistiges).

Materie bestimmt das Geistige: Ohne ein Konzept von Materie (z.B. Teilchen, Feld, Energie oder Nervenzelle) sind naturwissenschaftliche Theorien (z.B. Mechanik, Quantentheorie oder Neurobiologie) nicht möglich.

2. Warum Geist der Materie vorausgeht

Strukturierte Welt oder Welt als Struktur?
Quelle: Autor

‚Subjektivitätsvergessenheit' ist vielleicht eine passende Beschreibung der modernen Philosophie des Geistes:

> Die moderne Philosophie des Geistes hat demgegenüber das Subjekt und die Subjektivität weitgehend *vergessen*; sie weiß weithin gar nicht mehr, was das eigentlich ist: Subjektivität. (Meixner, 2003, S. 385).

Nach der einflussreichen materialistischen Sichtweise innerhalb der Philosophie des Geistes lassen sich mentale Zustände wie Schmerz, Angst oder Wünsche auf neuronale (und damit letztlich physikalische) Prozesse zurückführen. In diese Richtung zielt z.B. der Ansatz von Metzinger: Mein *Selbst* würde sich auflösen, wenn ich mir aller neuronalen Prozesse, die meine Bewusstseinsinhalte repräsentieren, unmittelbar bewusst wäre. Aber wäre das Durchschauen aller neuronalen Strukturen nicht von der Vorstellung begleitet: ‚*Ich bin es*, der alles durchschaut'? Wäre das nicht schon ein Widerspruch zu der Annahme, dass sich das *Selbst* beim Durchschauen aller neuronalen Grundlagen der Bewusstseinsinhalte auflöse? Ist Selbstbewusstsein nicht doch eine unhintergehbare Größe, die auch eine neurobiologische Theorie des Selbstbewusstseins voraussetzen muss? Wäre dem so, müsste jede neurobiologische Theorie des Selbstbewusstseins von vornherein zirkulär sein. Es gibt gute Gründe dafür, dass Bewusstsein nicht aus physikalischen Gesetzen abgeleitet werden kann.

Chalmers zitiert eine Metapher von Kripke: Nachdem Gott alle physikalischen Wahrheiten geschaffen hatte, hatte er noch eine Menge Arbeit vor sich, um alle Wahrheiten über das Bewusstsein zu schaffen (Chalmers, 2010, S. 124). Ich behaupte: Weder ist das Bewusstsein aus dem Physischen hervorgegangen, noch sind Bewusstsein und Physisches gemeinsam aus einem Dritten entstanden, vielmehr entsteht das Physische aus dem Bewusstsein. Um ebenfalls mit einer Metapher zu arbeiten, modifiziere ich die oben zitierte Metapher von Kripke folgendermaßen:

Nachdem Gott alle Wahrheiten über das Bewusstsein geschaffen hatte, überließ er es dem Menschen, die physikalischen Wahrheiten zu schaffen. Aber er behält die Zügel in der Hand, indem er zu manchen Entwürfen ‚Nein' sagt.

Es geht darum, dass ich mich in meinem Bezug auf die Welt niemals von meinem *Ich* lösen kann. Darauf hat der Phänomenologe Edmund Husserl nachdrücklich hingewiesen:

> Ich kann in keine andere Welt hineinleben, hineinerfahren, hineindenken, hineinwerten und -handeln als die in mir und aus mir selbst Sinn und Geltung hat. (Husserl, 1995, S. 22)

Meine These lautet: Wissen beginnt mit meiner privaten Perspektive (Erste-Person-Data). Ich muss aber auch den Weg nachvollziehen können, wie aus den Erste-Person-Data das Dritte-Person-Wissen über *Atome*, *Elementarteilchen*, *Materie* oder *Geist* entstanden ist. Wenn ich von *Materie*, *Geist* oder *Urstoff* spreche, muss ich mir bewusst sein, dass es sich um begriffliche Hilfsmittel handelt. Um dies am Beispiel einer brennenden roten Kerze zu verdeutlichen: Am Anfang stehen unmittelbare Erlebnisse (Erste-Person-Data): ‚*wie ich* Rot wahrnehme', ‚*wie ich* Hitze empfinde' oder ‚*wie* sich der Kerzenkörper *anfühlt*'. Erst dann kann ich Sätze (nämlich das Dritte-Person-Wissen) wie den folgenden formulieren: ‚Vor mir steht eine rote, brennende Kerze'. Ich behaupte: Die Basis unseres Wissens bilden Erste-Person-Data (siehe Abbildung unten). Die *physikalischen Wahrheiten* (d.h. alles Dritte-Person-Wissen) hingegen werden aus den Erste-Person-Data gebildet. Folglich gilt: Nicht das Dritte-Person-Wissen (z.B. Aussagen über physikalische Zusammenhänge) begründet die Erste-Person-Data (Erlebnisse), sondern die Erste-Person-Data (Erlebnisse) begründen das Dritte-Person-Wissen.

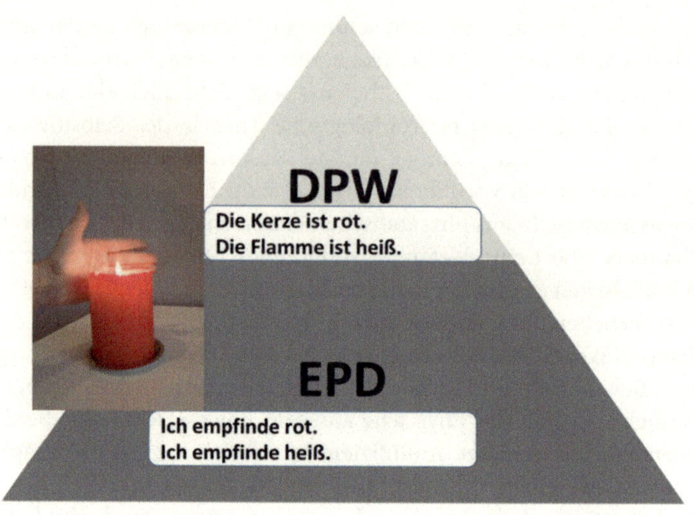

Erste-Person-Data (EPD) als Basis des Dritte-Person-Wissens (DPW)
Quelle: Autor

Dieser Ansatz erinnert an den Versuch von Rudolf Carnap (1891–1970), einem der wichtigsten Vertreter des modernen Empirismus, das Wissen über die physikalische Außenwelt und über kulturelle und soziale Prozesse auf sogenannte *Elementarerlebnisse* zurückzuführen. Diesen Ansatz entwickelte er in seinem ersten Hauptwerk ‚Der logische Aufbau der Welt'. Unter dem Druck der Arbeiten von Quine, Schlick und anderen gab Carnap sein Vorhaben auf. Quine und Schlick konfrontierten Carnap mit der These von der Theoriebeladenheit der Wahrnehmung, die besagt: Selbst einfachste Beobachtungen hängen von bestimmten Hintergrundannahmen ab.

Blauer Klecks
Quelle: Autor

Die Theoriebeladenheit der Wahrnehmung lässt sich am Beispiel des oben dargestellten Kleckses veranschaulichen. Wenn wir den Klecks betrachten, versuchen wir, etwas Sinnvolles darin zu erkennen. So wird der eine in dem Klecks eine tanzende menschliche Figur sehen, ein anderer vielleicht einen Taucher, einen Astronauten, einen Außerirdischen, einen Seestern, eine Blume oder etwas ganz anderes. Zudem ist die Bedeutung des Begriffs ‚*Blau*' alles andere als selbstverständlich. So kannten beispielsweise die alten Griechen den Begriff ‚*Blau*' noch nicht.

Das hier vorgeschlagene Modell unterscheidet sich in zwei wesentlichen Punkten von Carnaps Ansatz: Die EPD sind – im Gegensatz zu den Elementarerlebnissen, die für Carnap keinen Ich-Bezug haben – nur privat erfahrbar, und außerdem können EPD in einen theoretischen und sprachlichen Kontext eingebettet sein.

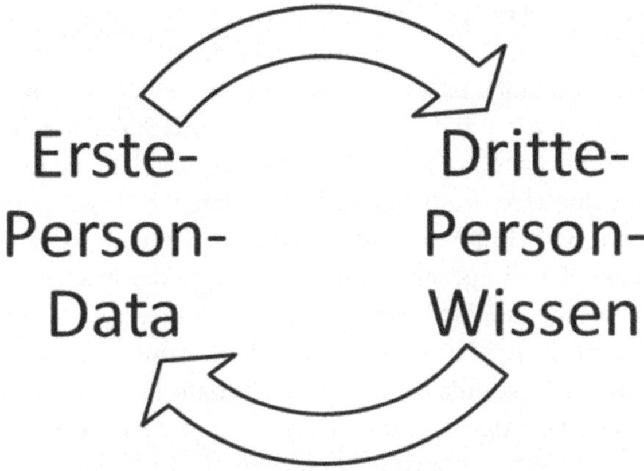

Erste-Person-Data und Dritte-Person-Wissen
Quelle: Autor

Aus Erste-Person-Data geht das Dritte-Person-Wissen hervor; das Dritte-Person-Wissen bildet das Hintergrundwissen, in dem wir die Erste-Person-Data erleben.

Hauptgedanken: Materie – Geist

Dinge, die wir fühlen, sehen und hören, bezeichnen wir als Materie: den menschlichen Körper, die Tiere, Pflanzen, Gebäude und die Objekte im Weltall. Aber was ist der Stoff, aus dem all diese materiellen Dinge bestehen? Was ist der Träger der grundlegenden Eigenschaften der Welt? Die Antwort der Physik lautet: Elementarteilchen (z. B. Quarks oder Elektronen). Doch was die Physiker als Elementarteilchen bezeichnen, sind abstrakte mathematische Objekte, die nur im Rahmen einer physikalischen Theorie einen Sinn ergeben. Es sind Begriffe, die uns helfen, uns in der Welt zu orientieren und Beobachtungsdaten zu beschreiben. Aber diese Begriffe sind Teil unserer Sprache. Sprache ist immer etwas Geistiges. Die Frage, ob Materie als Träger der grundlegenden Eigenschaften der Welt unabhängig von unserer Sprache existiert, kann nicht sinnvoll beantwortet werden. Damit aber ist dem Materialismus die Grundlage entzogen. Deshalb kann man auch nicht sagen: Das Geistige ist nur eine Funktion der Materie. Somit ist ein Atheismus problematisch, nach dem alles aus der Materie und ihren Gesetzen erklärbar ist und Gott keinen Platz mehr in der Welt hat. Umgekehrt kann aus der Geistigkeit der Welt nicht auf die Existenz eines göttlichen Wesens geschlossen werden. Geist und Materie sind Begriffe, mit denen wir uns auf die Welt beziehen. Was die Welt aber unabhängig von unseren Begriffen ist, lässt Raum für Religion.
Die Naturwissenschaften haben die Welt und das menschliche Selbst nicht entzaubert. Physikalische Prozesse und neuronale Vorgänge erklären vieles, aber sie bringen Metaphysik und Religion nicht zum Verschwinden. Denn wir begegnen einer natürlichen Ordnung und können uns mit Begriffen wie *Atom, Elementarteilchen, Materie* und *Geist* erfolgreich auf unsere Welt beziehen. Darin liegt ein großer Zauber.

Zweite Achse: Außenwelt – Innenwelt

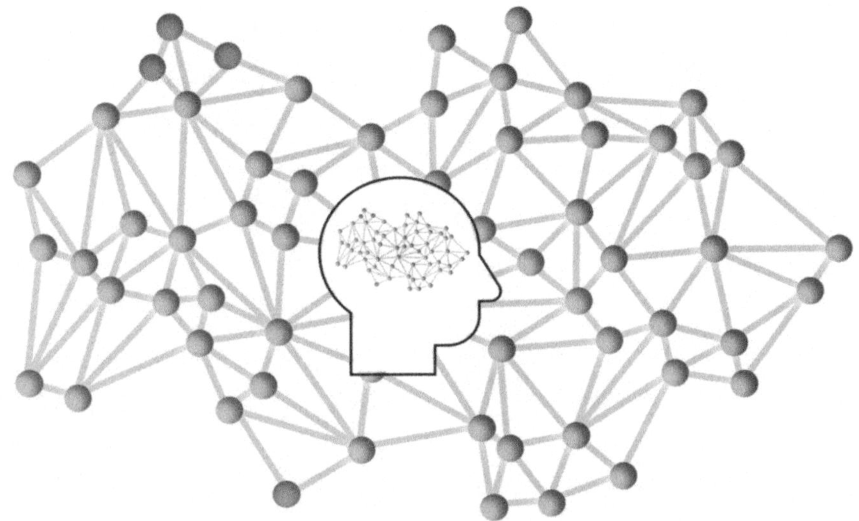

Innenwelt und Außenwelt
Quellen: Autor, pexels, clipartgalerie

Blick in den Außenraum
Quelle: Autor

Könnte die Außenwelt nur eine Täuschung sein? Wussten Sie, dass noch 1956 eine sogenannte Flat Earth Society gegründet wurde? Diese trug Argumente zusammen, warum die Erde flach ist. Wussten Sie, dass man durch geschickte Wahl der Koordinaten die Welt als das Innere einer Hohlkugel beschreiben kann? Unsinn, werden Sie sagen. Aber wie kann man diesen Unsinn widerlegen? Wie entkräftet man das Argument, unsere Welt sei nur eine geschickte Täuschung oder eine perfekte Simulation? Wo der Alltagsverstand von Unsinn spricht, wittert der Philosoph manchmal ein ernsthaftes Problem. Der Philosoph fragt weiter: Was unterscheidet die Außenwelt von der Innenwelt? Wie kann ich sicher sein, dass die Außenwelt keine Täuschung ist? Könnte die Vorstellung von der Außenwelt nicht auch ein göttliches Wesen, ein böser Dämon oder ein skrupelloser Wissenschaftler in mir hervorbringen? Descartes formulierte das philosophische Gedankenexperiment eines Dämons, der uns die Außenwelt nur vorgaukelt. Putnam beschrieb das Gedankenexperiment von Gehirnen in einer Nährlösung in einem großen Tank, die an einen großen Computer angeschlossen sind, der die Außenwelt simuliert. Putnams Gedankenexperiment wurde mit dem Filmklassiker ‚Matrix' auf die Leinwand gebracht. Die moderne Neurowissenschaft stützt die These, dass die Außenwelt eine Konstruktion unseres Gehirns ist.

Als philosophisches Problem bleibt die Frage: Was ist außerhalb meines Geistes und was kann ich davon wissen?

Ein zentrales philosophisches Denkmuster ist die Gegenüberstellung einer menschlichen Innenwelt und einer Außenwelt. Üblich ist die nachfolgende Zuordnung.

Innenwelt: Dazu gehören unsere Gefühle (z.B. Ärger, Wut, Angst, Ekel, Freude und Liebe), Stimmungen (Furcht, Überraschung, Trauer und Ärger), aber auch Erinnerungen und Träume. Ganz allgemein kann zur Innenwelt alles gezählt werden, was mir als Denkender, Vorstellender oder Fühlender zugeordnet werden kann. Auch das Unbewusste gehört zur Innenwelt.

Außenwelt: Wir sind ständig von räumlich-zeitlich ausgedehnten, äußeren Dingen umgeben. Dazu gehören andere Menschen, Gebäude, die uns umgebende Natur und der Weltraum – all dies bezeichnen wir als Außenwelt.

Für Rudolf Carnap bestand das Problem der Außenwelt in der Frage: Existieren die räumlichen Dinge auch unabhängig von meiner Wahrnehmung (Carnap, 2004, S. 34)? Seine Antwort lautete: Diese Frage kann empirisch nicht entschieden werden. Nur über empirisch entscheidbare Fragen könne Einigkeit herrschen: Zwei Geografen (ein Idealist und ein Realist) werden zum gleichen Ergebnis kommen, wenn es um die Beschaffenheit, Gestalt und Lage eines Berges geht. Aber für den ‚realistischen Geografen' liegt dem Berg etwas Reales zugrunde, während für den ‚idealistischen Geografen' nur unsere Wahrnehmungen bzw. Vorstellungen real sind, nicht aber der Berg selbst (Carnap, 2004, S. 34). Kein Experiment könne zwischen diesen beiden Thesen entscheiden. Carnap folgert daraus: Die Außenweltthese würde keinen Sinn ergeben (Carnap, 2004, S. 36).

Dieser Außenweltskeptizismus wurde nicht von allen modernen Empiristen geteilt. So hat der englische Philosoph und Mitbegründer der analytischen Philosophie George Edward Moore (1873–1958) einen Beweis für die Existenz einer Außenwelt geliefert. Die Existenz einer Außenwelt, so Moore, lasse sich logisch aus der Bedeutung von Begriffen wie ‚Blatt', ‚Papier', ‚Hand' und ‚Socken' ableiten. Denn zur Bedeutung dieser Begriffe gehöre, dass sie erfahrungsunabhängig sind. Erfahrungsunabhängigkeit bedeutet ‚außerhalb meines Geistes sein'. Moore gab dafür folgendes Kriterium an: Ein Ding X existiert außerhalb meines Geistes genau dann, wenn

(1) X existiert zum Zeitpunkt t.
(2) Ich habe zum Zeitpunkt t keinerlei Empfindungen oder Wahrnehmungen von X.

Daraus entwickelte Moore einen Beweis für die Existenz der Außenwelt: Aus ‚Es gibt mindestens eine Hand' folgt logisch ‚Es gibt mindestens ein Ding außerhalb meines Geistes'. Da sich diese Argumentation auf beliebig viele Dinge erweitern lässt, könne auf die Existenz einer Außenwelt gefolgert werden. Allerdings stößt die Argumentation auf ein Problem: Woher weiß ich, dass es mindestens eine Hand gibt? Moore scheint behaupten zu wollen, dass beispielsweise eine Annahme wie ‚Ich weiß, dass es mindestens eine Hand gibt' sicherer ist als die Annahme ‚Ich weiß nicht, dass es mindestens eine Hand gibt'. Diese (sicheren) Tatsachen werden ‚mooresche Tatsachen' genannt. Kritiker haben Moore die Zirkularität seines Beweises vorgeworfen: Sein Beweis setzt die Existenz der Außenwelt bereits voraus.

Für Kant und im 20. Jahrhundert für die Vertreter des Radikalen Konstruktivismus waren Raum und Zeit Konstruktionsprinzipien, die zu unserer Innenwelt gehören. Raum und Zeit werden demnach erst in unserem Inneren erzeugt. Die moderne Neurowissenschaft gibt ihnen Recht. Der Neurowissenschaftler John O'Keefe (geb. 1939) entdeckte 1971 im Gehirn Nervenzellen (Ortszellen bzw. Spatial Cells), die für die räumliche Wahrnehmung zuständig sind. Dafür erhielt er 2014 gemeinsam mit dem Forscherehepaar Moser den Nobelpreis für Medizin. Das philosophisch interessante Ergebnis dieser Forschungsarbeit war, dass die Raumkarte im Gehirn kein Abbild eines physikalischen Raumes ist, sondern die Mobilitätsbedürfnisse und -möglichkeiten der Tiere berücksichtigt. So legen die Ortszellen von Ratten die dritte Dimension nur grob fest, während die Ortszellen von Fledermäusen Orte klar dreidimensional darstellen. Die Außenwelt ist also als ein Konstrukt zu verstehen, das in meiner Innenwelt entsteht.

Außenwelt im Sinne eines ‚tatsächlichen Außenraums' ist daher eine sehr problematische Interpretationsmöglichkeit von ‚außen'. Außenraum wäre demnach ein Raum, in dem sich mein Ich wie in einem Gefäß befindet. Im Folgenden möchte ich zeigen, dass ein solcher Außenraumbegriff zu Paradoxien führt, weshalb ‚Außenraum' nicht im Sinne eines tatsächlich existierenden ‚Behälterraumes' verstanden werden sollte.

1. Paradoxien des Außenraumes

Ein Ereignis E im Raum wird durch seine Raumkoordinaten (x, y, z) und seine Zeit (t) angegeben: E(x, y, z, t). Die Koordinaten müssen auf ein Koordinatensystem bezogen sein. Das Koordinatensystem kann frei gewählt werden.

	X			

Um beispielsweise die Position des Kreuzes in der Matrix anzugeben, kann man sagen: ‚zweite Zeile von oben und zweite Spalte von links' oder ‚vierte Zeile von unten und zweite Spalte von links' oder ‚zweite Zeile von oben und vierte Zeile von rechts'. Dies wird als Koordinatenkonvention bezeichnet. Die Folgen der Koordinatenkonvention können paradox sein.

Die sogenannte Hohlwelttheorie (Kanitscheider, 1984, S. 383f.; Carrier, 2009, S. 31ff.) zeigt die paradoxen Konsequenzen der Koordinatenkonvention auf. Diese Theorie wurde bereits Ende des 19. Jahrhunderts aufgestellt. Johannes Lang (1899–1967) entwickelte sie 1933 in seinem Buch ‚Das neue Weltbild' weiter. Die Hohlwelttheorie beschreibt die Erde als Hohlkugel, in deren Innenraum wir leben. Durch geschickte Wahl des Koordinatensystems kann die Außenwelt in das Innere dieser Kugel projiziert werden. Die Sonne befindet sich demnach 300 m von der Erdoberfläche entfernt in Richtung Erdmittelpunkt, und die extragalaktischen Objekte konzentrieren sich näher am Erdmittelpunkt. Empirisch lässt sich die Hohlwelttheorie nicht widerlegen. Durch geschickte Zusatzannahmen kann sie immer wieder mit der Erfahrung in Einklang gebracht werden. Sie widerspricht zwar dem sogenannten ‚gesunden Menschenverstand', aber auch physikalische Theorien wie die Relativitätstheorie und die Quantenmechanik sind mit dem ‚gesunden Menschenverstand' schwer zu erfassen. Mit ‚gesundem Menschenverstand' sind Vorstellungen gemeint, die unserer Alltagserfahrung entspringen. Weder der kosmische noch der mikrokosmische Bereich sind jedoch der Alltagserfahrung zugänglich.

Die Hohlwelttheorie kann mit folgenden Einwänden zurückgewiesen werden: Die Theorie zeichne die Erde willkürlich aus; sie gehe von einem asymmetrisch aufgebauten Universum aus; sie wirke künstlich und kompliziert; die Überlegungen seien auf beliebig große Hohlkugeln übertragbar. Aber solche Einwände sind keine empirischen Widerlegungen. Es scheint keine empirischen Gründe zu geben, die gegen die Hohlwelttheorie sprechen.

Blockuniversum

Eisbohrkerne konservieren Ereignisse aus der fernen Vergangenheit. Der älteste Eisbohrkern wurde 2004 in der Antarktis gewonnen. Er enthält Informationen, die etwa 900.000 Jahre alt sind. Analog dazu sind im Modell des Blockuniversums alle Ereignisse der Vergangenheit, aber auch der Zukunft ‚konserviert'. Im Blockuniversum werden alle raumzeitlichen Ereignisse und Objekte der Vergangenheit, Gegenwart und Zukunft als ‚gleichwirklich' in einem ‚vierdimensionalen Block' ausgebreitet gedacht. In unserem herkömmlichen Raum-Zeit-Verständnis gelten nur gegenwärtige Ereignisse als real: der gerade wahrgenommene Fliederduft, der Stift, den ich gerade in der Hand halte, oder die Erdbeere, die ich gerade schmecke. Das Vergangene ist nicht mehr und das Zukünftige ist noch nicht.

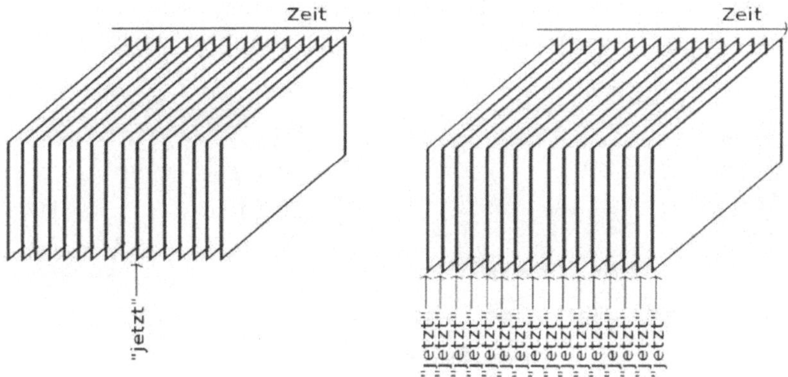

Blockuniversum: herkömmliche Sicht der Raum-Zeit versus Blockuniversum
Quelle: scienceblogs

In ihren empirischen Konsequenzen unterscheiden sich Blockuniversum und herkömmliches Universum offensichtlich nicht. Wofür man sich entscheidet, ist eine Frage des ‚philosophischen Geschmacks'.

Substanzialismus versus Relationalismus

Wenn ich im Wald spazieren gehe, bewege ich mich, physikalisch gesehen, im Raum. Frage ich mich, was unter Raum zu verstehen ist, so gibt es zwei mögliche Antworten: Raum als Gesamtheit aller Entfernungsbeziehungen zwischen mir und den Bäumen bzw. zwischen den Bäumen untereinander oder Raum als absolutes Bezugssystem, in dem ich mich zusammen mit allen Bäumen befinde. Ist ‚Raum' also eine Menge von Entfernungsbeziehungen oder eine Art Behälter? Um diese Frage drehte sich ein heftiger Streit zwischen Leibniz und Newtons Vertrautem Samuel Clarke (1675–1729).

Die sogenannte Leibniz-Clarke-(Newton-)Kontroverse wurde in einem Briefwechsel (aus den Jahren 1715/16) zwischen Leibniz und Newtons Vertrautem Samuel Clarke ausgetragen. Leibniz betrachtete den Raum als Gesamtheit relativer Lagebeziehungen und Anordnungen von Körpern (Relationalismus). Dem stand Newtons Vorstellung eines absoluten Raumes und einer absoluten Zeit gegenüber, die beide ohne Bezug auf ein äußeres Objekt existieren (Substantialismus). Als Beweis für die Existenz des absoluten Raumes führte Newton überzeugende Gedankenexperimente an: den Eimerversuch und das Doppelkugelexperiment. Damit schien Newton als Sieger aus der Kontroverse hervorgegangen zu sein.

Der Eimerversuch ist das bekannteste von Newtons Gedankenexperimenten zum Nachweis des absoluten Raumes. Das Experiment verläuft in vier Phasen.

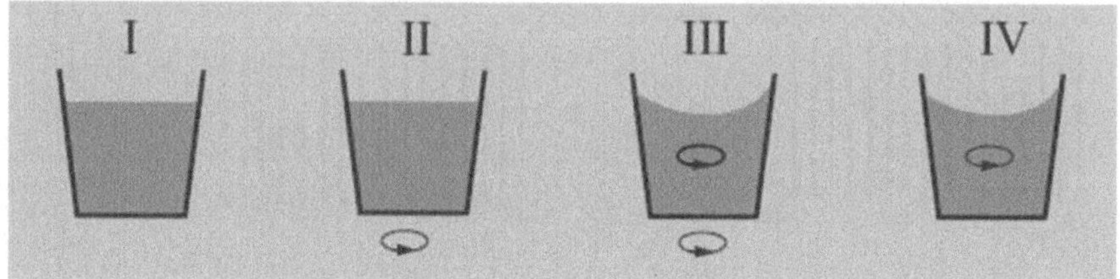

Newtonscher Eimerversuch
Quelle: Autor

Phase I: Eimer und Wasser sind in Ruhe.
Phase II: Der Eimer beginnt zu rotieren, aber das Wasser kann in Folge seiner Trägheit nicht folgen. Es bleibt zunächst in Ruhe.
Phase III: Das Wasser beginnt mit dem Eimer zu rotieren, weshalb sich die Wasseroberfläche wölbt.
Phase IV: Der Eimer bleibt stehen, das Wasser rotiert wegen seiner Trägheit noch nach.

Sowohl in Phase II als auch in Phase IV findet eine Relativbewegung zwischen Wasser und Eimer statt. In Phase IV ist die Wasseroberfläche jedoch gekrümmt, in Phase II nicht. Newton behauptete: Die Krümmung der Wasseroberfläche kann nicht durch die Relativbewegung zwischen Wasser und Eimer erklärt werden, sondern nur durch den Bezug auf den absoluten Raum. Während in Phase II das Wasser relativ zum absoluten Raum ruht, bewegt es sich in Phase IV relativ zum absoluten Raum. Folglich ist die Bewegung relativ zum absoluten Raum für die Krümmung der Wasseroberfläche verantwortlich. Der absolute Raum muss also existieren. Er mache sich durch seine Wirkungen bemerkbar.

Doch später wendete sich das Blatt. Im Jahr 1883 entwickelte Ernst Mach einen Gegenentwurf zu Newtons Konzept des absoluten Raumes: Nach seiner Hypothese könnte die Krümmung der Wasseroberfläche des rotierenden Eimers durch die Relativbewegung zu den umgebenden fernen Massen (z.B. Fixsterne bzw. Fixsternsysteme) verursacht werden.

Dies wurde später als *Mach-Prinzip* bezeichnet.
Einstein führte in seiner Allgemeinen Relativitätstheorie (1915) die Gravitation auf die Geometrie des Raumes zurück. Dabei ließ er sich von Machs Vorstellung leiten, dass die Materie die Struktur des Raumes vollständig bestimmt.

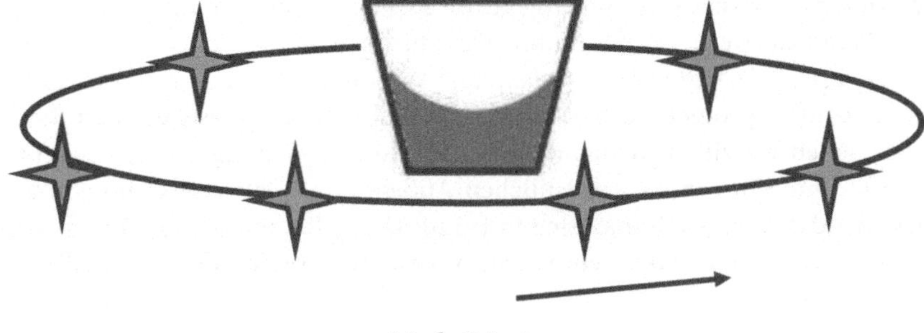

Mach-Prinzip
Quelle: Autor

Es stellte sich jedoch bald heraus, dass die Allgemeine Relativitätstheorie dem *Mach-Prinzip* nicht genügte. Die Allgemeine Relativitätstheorie lässt nämlich einen völlig leeren (also materiefreien) und gekrümmten Kosmos zu. Ein solcher Kosmos könnte völlig autark und unabhängig von einer ihn erzeugenden Materie existieren. Ein Beispiel dafür ist der Anti-de-Sitter-Kosmos (ein materiefreier und gekrümmter Kosmos). Auch die Gravitationswellen (von Einstein bereits 1915/1916 vorhergesagt) zeigen einen absoluten Aspekt der Raum-Zeit. Gravitationswellen sind Störungen der Raumgeometrie, die sich mit Lichtge-

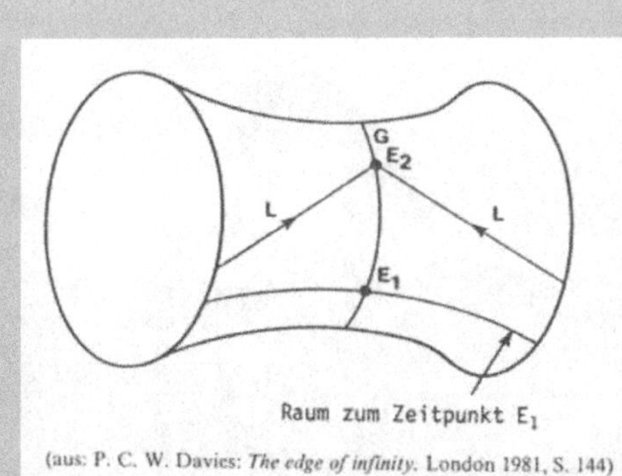

Anti-De-Sitter-Kosmos
Quelle: Davies 1981

Der Anti-De-Sitter-Kosmos ist nach dem niederländischen Astronomen Willem de Sitter benannt. Es handelt sich hierbei um eine Lösung der einsteinschen Gravitationsfeldgleichungen. Der Anti-De-Sitter-Kosmos ist ein statischer Kosmos, d. h., er kann weder expandieren noch kontrahieren. Interessanterweise verläuft die Zeit auf einer geschlossenen Kurve. D. h., jedes Ereignis kehrt nach einer bestimmten Zeit wieder, etwa im Sinne des Filmklassikers Und täglich grüßt das Murmeltier *(1993). Der Anti-De-Sitter-Kosmos wäre die perfekte Realisierung einer Zeitmaschine.*

schwindigkeit ausbreiten und Objekte im Kosmos deformieren.[33]

Paradoxerweise hat der Raum zwei unterschiedliche Aspekte: den *Aspekt des Physisch-Dinghaften* (als Quelle realer Wirkungen) und den *Aspekt des Relationalen* (als geometrisches Verhältnis). Will man im physikalischen Raum mehr sehen als ein Instrument zur Darstellung von Ereignissen, betrachtet man ihn im Sinne eines ‚tatsächlichen Außenraumes', als außerhalb von uns Bestehendes, verwickelt man sich in Paradoxien. Man muss also sehr vorsichtig sein, wenn man von einem realen Außenraum spricht, der außerhalb von uns existiert.

2. Das Matrix-Argument

Wie kann ich zwischen einem *tatsächlich existierenden* und einem nur *simulierten Außenraum* unterscheiden? Diese Frage stellte Putnam mit seinem Gedankenexperiment der *Gehirne im Tank*, das im Filmklassiker ‚Matrix'[34] eine künstlerische Umsetzung fand. Man stelle sich vor: Ein böser Wissenschaftler entfernt das Gehirn eines Menschen aus dessen Körper und hält es in einem Tank in einer Nährlösung. Die Nervenenden sind mit einem Supercomputer

Cyberwelten
Quelle: Panthermedia

33 Gravitationswellen sind Verzerrungen der Raumzeit. Zum Nachweis werden heute Michelson-Interferometer verwendet. Die lokalen Änderungen der Raumzeit-Eigenschaften verändern die empfindliche Interferenz zweier Laserstrahlen.

34 Wobei im Film vollständige Menschen in einer Nährlösung gehalten werden.

verbunden und werden durch elektronische Impulse gesteuert. Der Wissenschaftler kann Erinnerungen löschen und die Person eine völlig andere Umgebung erleben lassen, oder er kann eine Umgebung simulieren, in der die Person früher gelebt hat. Es ist denkbar, dass sich die Gehirne aller Menschen in einem solchen Tank befinden. Der Film ‚Matrix' greift dieses Gedankenspiel auf. *Morpheus* (der Anführer einer Rebellengruppe, die in der realen Welt gegen die Herrschaft der Maschinen kämpft) spricht zu dem jungen Hacker *Neo*:

> Möchtest du wissen, was genau sie ist? [...] Die Matrix ist allgegenwärtig. Sie umgibt uns. Selbst hier ist sie. In diesem Zimmer. Du siehst sie, wenn du aus dem Fenster guckst oder den Fernseher anmachst. Du kannst sie spüren, wenn du zur Arbeit gehst [...] oder in die Kirche und wenn du deine Steuern zahlst. Es ist eine Scheinwelt, die man dir vorgaukelt, um dich von der Wahrheit abzulenken. (Dialog zwischen Morpheus und Neo: http://insidethematrix.net)

Putnam ging mit seinem Gedankenexperiment noch weiter: Und wenn es gar keinen bösen Wissenschaftler gibt? Was, wenn das Universum nur aus Apparaten besteht, die einen Tank voller Gehirne und Nervensysteme kontrollieren und allen eine kollektive Halluzination vorgaukeln? Das ist eine absurde Vorstellung, aber kann man sie widerlegen? Oder: „Wie kannst du wissen, daß du nicht in dieser verzwickten Lage steckst?" (Putnam, 1982, S. 21) Für Putnam ist die entscheidende Frage: „Könnten wir, falls wir in dieser Weise Gehirne in einem Tank wären, *sagen* oder *denken*, daß wir es sind?" (Putnam, 1982, S. 23) Die Antwort Putnams lautet: „Ich werde dafür argumentieren, daß die Antwort lautet: ‚Nein, das ginge nicht.'" (Putnam, 1982, S. 23) Damit wäre bewiesen, dass wir keine Gehirne im Tank sind. Aber wie hat Putnam den Beweis angetreten? Putnams Argument: Die Aussage ‚Wir sind tatsächlich Gehirne im Tank' sei sich selbst widerlegend. Eine sich selbst widerlegende Aussage ist ‚Ich existiere nicht'. Wenn ich nicht existieren würde, könnte ich diese Aussage nicht machen. Damit widerlegt sich diese Aussage selbst. Nach Putnam habe die Aussage ‚Wir sind Gehirne im Tank' eine solche Eigenschaft. Wenn wir also denken können ‚Wir sind Gehirne im Tank', dann sind wir keine Gehirne im Tank. Aber warum? Wenn wir wirklich Gehirne im Tank wären, könnten wir niemals über den wirklichen Tank sprechen. Wenn wir ‚Tank' sagen, beziehen wir uns auf die elektrischen Impulse eines Supercomputers (auf einen simulierten Tank, aber nie auf einen wirklichen Tank). Wären wir keine Gehirne in einem Tank, wäre die Aussage ‚Wir sind Gehirne in einem Tank' sowieso falsch. Allgemeiner formuliert: In einer völlig in sich geschlossenen mentalen Welt, die nur mit ihren eigenen Zuständen interagiert, kann ich mich nicht auf äußere Gegenstände beziehen. Damit ist aber die Frage nicht vom Tisch, wie ich ‚reale äußere Objekte' von einer perfekten Simulation unterscheiden kann.

Wenn ich keine Unterscheidungsmöglichkeit habe, kann ich prinzipiell nicht entscheiden, ob der Satz ‚Wir sind Gehirne in einem Tank' wahr oder falsch ist.

Das Gehirn-Tank-Argument griff später David J. Chalmers als Matrixhypothese auf. Die Matrixhypothese besagt: Ich bin in einer Matrix und war schon immer in einer Matrix. Ich könnte glauben, dass ich gerade an meinem Schreibtisch sitze und dieses Buch schreibe, und ich könnte auch glauben, dass ich einen Körper habe; aber vielleicht ist dieser Glaube falsch, vielleicht bin ich in einem Tank, ich sitze nicht an meinem Schreibtisch und habe keinen Körper. Die Matrixhypothese scheint eine skeptische Hypothese zu sein, da ich als Matrixbewohner massiv getäuscht werde. Chalmers entwickelte ein Gegenargument: Das Gehirn im Tank wird nicht massiv getäuscht und daher ist die Matrixhypothese keine skeptische Hypothese. Chalmers nannte die Matrixhypothese eine *metaphysische Hypothese*.

Nach der metaphysischen Hypothese gibt es unterhalb der Ebene der mikrophysikalischen Objekte (z.B. Quarks, Elektronen und Photonen) und Prozesse noch eine Ebene der Bits und der Computeralgorithmen. Demnach erzeugen diese Computeralgorithmen die physikalische Raum-Zeit und ihre Inhalte und damit die fundamentalen Teilchen (z.B. Quarks, Elektronen und Photonen). Ein Weltschöpfer erzeuge die Computeralgorithmen. Der menschliche Geist beruhe nicht auf Bits, er befinde sich außerhalb dieser von den Computeralgorithmen erzeugten physikalischen Raum-Zeit-Welt und könne mit der physikalischen Raum-Zeit-Welt über Inputs und Outputs auf der Ebene der Computerprozeduren interagieren (Chalmers, 2010, S. 467).

Aus der metaphysischen Hypothese dürfe nicht geschlossen werden, dass die physikalische Realität nicht existiere. Vielmehr wird die Realität durch Rechenoperationen unterhalb der mikrophysikalischen Ebene erzeugt. Gegenstände wie Tische, Stühle und Körper bestünden letztlich aus Bits.

Gehirn im Tank
Quelle: Chalmers, 2010, S. 456

Die Matrixhypothese sei keine skeptische Hypothese, da die Matrixbewohner nicht getäuscht würden. Die Welt sei schlichtweg viel größer oder anders, als sie glauben. In diesem Szenario befinden wir uns ohnehin schon in unserem physikalischen Universum: Wir können nicht wissen, ob es Paralleluniversen gibt oder ob unser Kosmos vielleicht nur ein winziger Teil eines viel größeren Multiversums ist. Und wir müssen auch zugeben, dass unser Wissen über das Universum begrenzt ist: Wenn die Vermu-

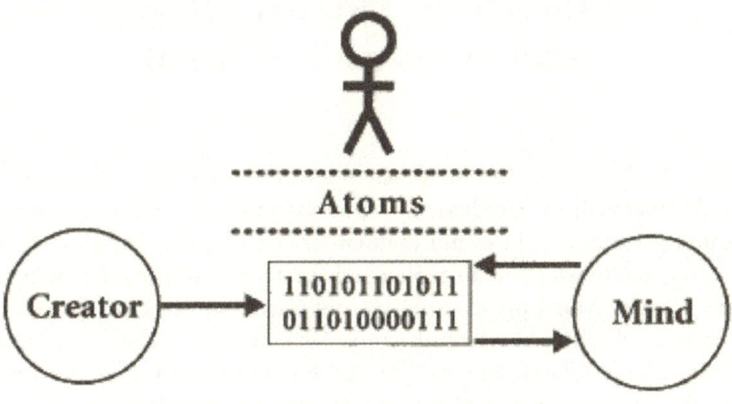

Die metaphysische Hypothese
Quelle: Chalmers, 2010, S. 464

tungen über Dunkle Materie und Dunkle Energie zutreffen, ist uns der größte Teil des Universums noch unbekannt. Chalmers folgerte: Selbst wenn wir in der Matrix leben würden, wäre unsere Welt nicht weniger real (Chalmers, 2010, S. 468).

Dennoch erscheint mir die metaphysische Hypothese (wonach die Raum-Zeit erst durch Rechenoperationen entsteht) nicht plausibel. Wie kann der Austausch von Inputs und Outputs anders gedacht werden denn als Ursache-Wirkungs-Beziehung? Eine Ursache-Wirkungs-Beziehung kann aber nicht ohne Bezug auf Raum und Zeit eingeführt werden. Nach dem heute weitgehend akzeptierten Verständnis von Kausalität sind zwei Ereignisse kausal verbunden, wenn sie zeitlich aufeinanderfolgen und räumlich benachbart sind (Esfeld, 2009, S. 92). Diese Definition von Kausalität setzt Raum und Zeit voraus. Zudem sind Rechenprozesse ohne Zeit nicht denkbar. Jedenfalls kann Zeit nicht erst durch Rechenprozesse erzeugt werden.

Thesen zur zweiten Achse: Außenwelt als Innenwelt

Will man in der Raum-Zeit mehr sehen als eine Darstellungsform der Welt, verstrickt man sich in Paradoxien. Wenn wir in der Physik von Raum-Zeit-Strukturen sprechen, geht es um mathematische Modelle. Paradoxien entstehen, sobald Raum und Zeit als reale Dinge betrachtet werden. Deshalb sollten wir uns von der Annahme eines realen, außerhalb von uns existierenden Außenraums verabschieden. Hinzu kommt: Wenn ich kein Kriterium habe, das eine sichere Unterscheidung zwischen ‚Außenraum' und ‚Außenraumsimulation' erlaubt, ist der Begriff ‚Außenraum' ohnehin überflüssig.
Die Neurowissenschaften bestätigen, dass die raum-zeitliche Dingwelt (die wir als ‚Außenraum' erleben) erst durch das Gehirn erzeugt wird. Erst das Gehirn erzeugt ein ‚Drinnen' und ein ‚Draußen'. Das Räumlich-Dingliche existiert also nur in unserer Innenwelt. Auch das Gehirn, das der Neurologe untersucht, existiert nur in seiner Innenwelt (Roth, 1987 S. 238ff.).[35] Unser Gehirn erzeugt kein Abbild einer Außenwelt. Damit erweist sich die Vorstellung eines direkten Kontaktes mit einer Außenwelt als Illusion. Aber auch das ‚räumliche Objekt Gehirn' ist eine Konstruktion unserer Innenwelt. Andererseits beeinflussen Reize der Außenwelt (z.B. der Stich einer Nadel oder das Rot der untergehenden Sonne) unsere Innenwelt. Solche Reize sind entscheidend dafür, dass wir überhaupt eine Vorstellung von einer Außenwelt entwickeln.

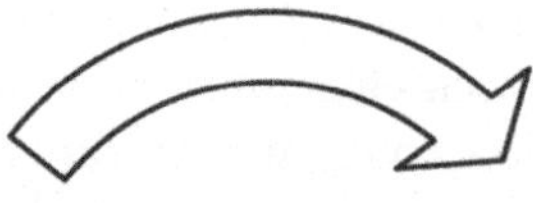

Innenwelt Außenwelt

Die ‚Verzahnung' von Innenwelt und Außenwelt
Quelle: Autor

35 Allerdings verwickelt sich Roth damit in folgendes Problem: Warum befindet sich das (konstruierte) Gehirn seinerseits in einem ‚kognitiven Raum'? Bei Schopenhauer ergibt sich analog das sogenannte ‚Gehirnparadox' (Hinweis von Dieter Birnbacher).

Unsere Innenwelt erzeugt die Vorstellung einer Außenwelt (und auch von unserer Innenwelt selbst); unsere Außenwelt beeinflusst unsere Innenwelt.

Das Begriffspaar ‚Innenwelt' und ‚Außenwelt' steht in enger Beziehung zum Begriffspaar ‚Materie' und ‚Geist'. Vereinfacht lässt sich dieser Zusammenhang wie folgt darstellen.

	Materie Räumlich-zeitlich Ausgebreitetes, Bewegtes, sinnlich Wahrnehmbares	**Geist** Empfindungsmäßiges, Gefühlsmäßiges, Begrifflich-Konzeptionelles
Innenwelt Meine Gefühle, Vorstellungen, Empfindungen und Erinnerungen	-----	z.B. Schmerz
Außenwelt - Außenraum - Die von mir unabhängige Welt (→ Objektives)	z.B. ein Auto	z.B. das Kulturgut der sorbischen Osterbräuche

Hauptgedanken: Außenwelt – Innenwelt

Außenraum ist ein problematischer Begriff: Wenn der Außenraum etwas ist, wo ist er dann? Wie kann man ihn wahrnehmen? Unser Gehirn produziert den Außenraum. Andererseits ist das Gehirn selbst ein räumliches Objekt. Wenn eine Simulation des Außenraums (zumindest im Gedankenexperiment) so perfekt sein kann wie der reale Außenraum, welchen Sinn ergibt dann der Begriff des Außenraums? Interessanterweise werden in unserer Gesellschaft gerade die Dinge der Außenwelt als besonders wichtig angesehen. Dazu gehören Besitztümer wie Haus, Grundstück, Auto, aber auch die Stellung in der Gesellschaft oder die Höhe des Vermögens. Wie ich Dinge persönlich erlebe (also die Innenperspektive), spielt meist eine untergeordnete Rolle. Das Erreichen einer höheren Position und der Besitz von Luxus erscheinen uns wichtiger als Dinge wie die Freude an einer schönen Blume. Wir definieren uns über die Außenwelt als Abteilungsleiter, Professor, Lehrer, Manager, Haus- oder Autobesitzer. Aber wer definiert sich schon über die Glücksmomente, die er mit einem Menschen verbracht hat, der ihm wichtig ist, über einen intensiv empfundenen Sonnenuntergang oder über die empfundene Ruhe bei einem Waldspaziergang? Die Innenseite unserer Wahrnehmung verkümmert zu einem Schattendasein. Der Mangel an Dingen der Außenwelt (z. B. Rohstoffe oder Konsumgüter) ist eine Ursache für viele Konflikte. Zeit, sich der Innenwelt zuzuwenden. Denn unsere Innenwelt ist eine Kraftquelle, die uns unbegrenzt zur Verfügung steht.

Dritte Achse: Objektivität – Subjektivität

Der Verlauf der Zeit
Quelle: Vaclav Jutasch-Süsin, Tuschezeichnung, 2005

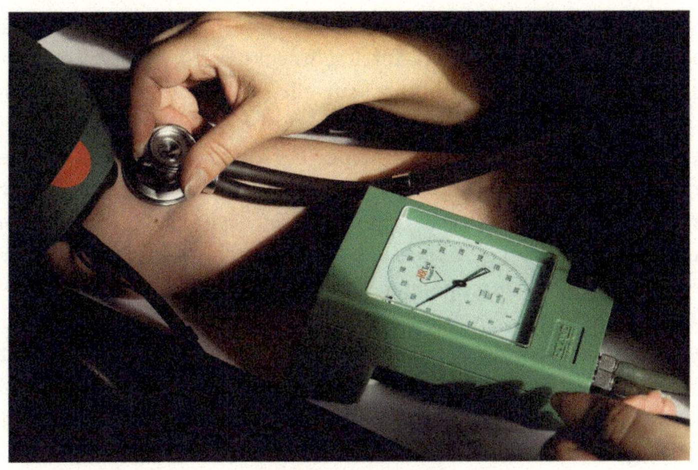

Blutdruckmessung
Quelle: pixelio.de

Eine Blutdruckmessung kann von jedem jederzeit und an jedem geeigneten Ort ausgeführt und nachvollzogen werden. Nicht so die Berichte über vermeintliche UFO-Sichtungen, angebliche Begegnungen mit Bigfoots, mutmaßliche paranormale Phänomene und Folgerungen aus Verschwörungsmythen. Was mich an solchen Berichten erstaunt und überrascht, ist die tiefe Überzeugung, Emotionalität und Inbrunst, mit der sie vorgetragen werden. Ich kann mich nicht erinnern, jemals einen Wissenschaftler auf einer wissenschaftlichen Tagung erlebt zu haben, der seine Position so emotional vorgetragen hat. Meistens bevorzugen Wissenschaftler kühle, sachliche, emotionslose und manchmal leider auch ermüdende Vorträge.
Gefühlsmäßig neige ich zu der Aussage: Wenn Menschen aus voller Überzeugung und mit viel Herzblut Außergewöhnliches behaupten, dann können sie nicht lügen. Interessanterweise ändert sich an der Überzeugung dieser Menschen aber selten etwas, wenn man sie mit gegenteiligen Fakten konfrontiert: Wenn sich das Blut eines angeblichen Bigfoots als das eines Bären herausstellt oder ein UFO-Phänomen als atmosphärische Erscheinung interpretiert werden kann, halten die Anhänger solcher Hypothesen in vielen Fällen an ihrer Überzeugung fest. Um es philosophisch auszudrücken: Solche Darstellungen sind Beispiele dafür, dass sich Auffassungen im ‚Kerker der Subjektivität' verfangen haben. Verhärten sich solche Positionen, sind ein Austausch von Argumenten und ein konstruktiver Dialog nicht mehr möglich. Gerade das Ringen um das bessere Argument sollte ein Grundpfeiler der modernen und aufgeklärten Gesellschaft sein.

Wenn ich sage: ‚Der Apfel schmeckt gut', so ist das meine persönliche Meinung. Ein anderer sagt vielleicht: Der Apfel schmeckt nicht gut, weil er sauer und mehlig ist. Wer hat recht? Geschmacksurteile sind nicht allgemeingültig. Aussagen über Geschmack werden als subjektiv bezeichnet. Subjektiv bedeutet: wesentlich auf mich bezogen, von meiner Person abhängig. Subjektives hängt von persönlichen Meinungen, Gefühlen, Interessen und Vorurteilen ab. Aber meiner Subjektivität steht etwas gegenüber, das man als Objektivität bezeichnet. Der moderne Sprachgebrauch von Objektivität hat sich erst mit der Philosophie der Aufklärung durchgesetzt. Mit Kant wurde das Ideal der Objektivität zum Leitprinzip der Wissenschaft. Der Begriff ‚objektiv' bezeichnet die Unabhängigkeit der Beurteilung oder Beschreibung einer Sache von der Einstellung, Auffassung oder Meinung einer einzelnen Person. Der vorurteilsfreie Wissenschaftler, der die Welt ohne Bezug auf sich selbst beschreibt, war ein Ideal der Aufklärungsphilosophie.

Ob Wasser bei 100 °C siedet oder nicht, ist keine Frage des persönlichen Geschmacks. Wir haben es hier mit objektiven Aussagen zu tun. Objektiv ist etwas, das außerhalb meines persönlichen Geschmacks (meiner Subjektivität) liegt. Aussagen, die nur die Sichtweise von Einzelpersonen wiedergeben, können keine Objektivität beanspruchen. Um Beispiele zu nennen: Es gibt zahlreiche Berichte über paranormale Erscheinungen (z.B. Rückkehr in die Vergangenheit unter Hypnose), Wunderheilungen und Geistererscheinungen. Doch diese Berichte beruhen auf persönlichen Beobachtungen. Es ist bisher nicht gelungen, diese Beobachtungen für jedermann nachvollziehbar zu bestätigen. Ähnliches gilt für vermeintliche UFO-Sichtungen oder für Vorhersagen der Astrologie oder homöopathische Behandlungsmethoden.

Meine persönliche Auffassung von einer bestimmten Sache enthält zufällige Umstände, die zunächst nur ich kenne und die anderen praktisch nicht zugänglich sind. Genau das will man in den Wissenschaften nicht. Die Beschreibung bestimmter Dinge und Sachverhalte soll anderen in gleicher Weise zugänglich sein. Betrachten wir die folgenden Beispiele.

> *Sachverhalt 1:* Gestern habe ich von meinem Balkon aus einen besonders romantischen Sonnenuntergang erlebt.
>
> *Sachverhalt 2:* Ein Deckel auf dem Kochtopf lässt die Kartoffeln schneller gar werden.

Sachverhalt 1 ist subjektiv, d.h. an meine persönliche Wahrnehmung und an einen bestimmten Ort und eine bestimmte Zeit gebunden. Dies entspricht nicht unserer Vorstellung von Objektivität. Sachverhalt 2 entspricht dem, was wir von einer objektiven Aussage erwarten: verallgemeinerbar, unabhängig von Personen, Ort und Zeit.

Das Objektive ist insofern ‚außerhalb meines Geistes', als es von anderen in gleicher Weise wahrgenommen, erfahren oder akzeptiert werden kann. Man könnte vielleicht sagen: Eine Sache ist objektiv, wenn es einen Konsens unter anerkannten Wissenschaftlern über diesen Sachverhalt gibt. Die Sache hat nur einen Haken. Wissenschaftler können sich auch über Dinge einig sein, die objektiv falsch sind. Dafür gibt es historische Beispiele. Eines davon ist die Phlogistontheorie, die lange Zeit unangefochten Verbrennungsvorgänge erklärte. Im späten 17. und im 18. Jahrhundert waren sich die Forscher weitgehend einig, dass bei der Verbrennung ein Stoff (nämlich das Phlogiston) entweicht, was sich jedoch als falsch herausstellte.

Einige philosophisch interessante Überlegungen zum Thema ‚Objektivität' werden in den folgenden Abschnitten diskutiert.

1. Immanuel Kant: Metaphysik als Maßstab für Objektivität

Das zentrale Thema der kantischen Erkenntnislehre ist die Frage, wie wir zu sicheren Erkenntnissen gelangen können. So fragt Kant zu Beginn seiner KrV, woher die Erfahrung ihre Gewissheit nähme, wenn alle ihre Regeln und Prinzipien nur empirisch wären (KrV, 5). Alles Empirische enthält immer etwas Zufälliges. Eine Erkenntnis, die Zufälliges enthält, kann nicht sicher sein.

Nur logische Gesetze und metaphysische Prinzipien (siehe Glossar: metaphysische Prinzipien) können laut Kant sicher sein. Wie die logischen Gesetze seien auch die metaphysischen Prinzipien erfahrungsunabhängig und damit a priori. Metaphysische Prinzipien formulierten *Bedingungen der Möglichkeit von Erkenntnis*. Beispiele für solche metaphysischen Prinzipien sind das Kausalitätsprinzip (jede Wirkung hat eine Ursache) und das Prinzip der Erhaltung der Substanz (Substanz ist das, was in der Zeit erhalten bleibt). Solche Prinzipien sind nach Kant immer schon in den Erkenntnissen enthalten. Dass z.B. der ‚Mond, den ich gestern beobachtet habe' derselbe ist wie der ‚Mond, den ich heute beobachte', liege bereits a priori in der Erkenntnis des Mondes. Nach Kant gelten die metaphysischen Prinzipien für alle Menschen gleichermaßen. Die metaphysischen Prinzipien seien also objektiv. Dafür liefert Kant einen Beweis. Heute wird jedoch bezweifelt, dass dieser Beweis gelungen ist.

2. Leonard Nelson: Die Unmöglichkeit eines Beweises für die Objektivität von Erkenntnis

Leonard Nelson (1882–1927) war ein Göttinger Philosoph, der 1903 eine Schule gründete, die an die Philosophie von Jakob Friedrich Fries (1773–1843) anknüpfte. Nelson verstand die Philosophie als exakte Wissenschaft. Beachtung fand Nelson beispielsweise bei dem Göttinger Mathematiker David Hilbert (1862–1943).

Leonard Nelson behauptete, dass es unmöglich sei, die Objektivität von Erkenntnis zu beweisen. Nelsons Gedankengang ist folgender: Angenommen, *der Konsens unter den Wissenschaftlern* sei das *Kriterium für die Objektivität einer Erkenntnis* (z.B. ‚Licht benötigt ein Medium für seine Ausbreitung'[36]). Kann man diesem Kriterium vertrauen? Nur wenn es selbst objektiv ist. Es muss also schon ein Konsens unter den Wissenschaftlern bestehen, dass der ‚Konsens unter den Wissenschaftlern' das Kriterium für Objektivität ist. Damit befinden wir uns in einem Zirkel. Wir haben das Kriterium auf sich selbst angewandt. Oder die Objektivität des Kriteriums ‚Konsens unter Wissenschaftlern sichert Objektivität' muss durch ein anderes Kriterium bewiesen werden. Damit geraten wir in eine Beweiskette, die sich unendlich fortsetzt.

Daraus folgerte Nelson: Entweder gibt es kein Kriterium für die Objektivität einer Erkenntnis, oder das gesuchte Kriterium bedarf gar keines Beweises (Nelson, GS II, S. 465). Nelson entschied sich (Jakob Friedrich Fries folgend) für Letzteres. Er nahm Erkenntnisse an, die nicht begrifflich sind und ‚dunkel' in unserer Vernunft liegen. Man könne diese Erkenntnisse nicht *be*weisen, sondern nur durch eine psychologische Untersuchung unserer Vernunft *auf*weisen (d.h. bewusst machen) (Nelson, 2011, S. 214). Nelson sprach von ‚unmittelbaren Erkenntnissen der Vernunft'. Die ‚unmittelbaren Erkenntnisse der Vernunft' müssen a priori (d.h. nicht von der Erfahrung abhängig) sein. Sie seien der Maßstab für die Objektivität unserer Erkenntnis.

Bemerkenswert an Leonard Nelsons Überlegungen ist, dass eine empirische Untersuchung die grundlegenden Bedingungen oder Prinzipien von Erkenntnis aufdecken soll. Nelsons Annahme von ‚unmittelbaren Erkenntnissen der Vernunft' als apriorische Bedingungen der Erkenntnis wurde jedoch bald kritisiert. Es sei zweifelhaft, ob eine empirische Untersuchung zu nichtempirischen und sicheren Erkenntnissen führen könne.

Nelson ließ sich von Kants Vorstellung leiten, es könne eine absolut sichere und nicht mehr bezweifelbare Grundlage unserer Erkenntnis geben. Einer der Gegner einer solchen Position ist Karl Popper. Bei Popper wird gerade die Fehlbarkeit der Erkenntnis zum obersten Prinzip erhoben.

3. Karl Popper: Objektivität und Falsifikation

Die Position von Karl Popper (1902–1994) wird als Kritischer Rationalismus bezeichnet. Karl Popper und Hans Albert (geb. 1921) gehörten zu des-

36 Dieser Konsens bestand unter den Physikern bis zu Einsteins spezieller Relativitätstheorie. Erst Einstein zeigte, dass diese Annahme falsch ist.

sen Hauptvertretern. Popper sah sich als Kritiker des logischen Empirismus[37], auch logischer Positivismus oder Neopositivismus genannt. Der logische Positivismus gehörte zu den einflussreichsten philosophischen Richtungen des 20. Jahrhunderts. Die logischen Positivisten wollten die Sätze der Wissenschaft (z.B. ‚Eine Tomate ist rot') auf Sätze über Wahrnehmungen (z.B. Jetzt-hier-Rotwahrnehmung) zurückführen.

Popper zeigte, dass der positivistische Begründungsversuch von Wissenschaft zum sogenannten Fries'schen Trilemma führt: unendlicher Regress – Dogmatismus – Psychologismus. Hätte man vermeintlich erste Sätze der Wissenschaft gefunden, müssten diese wiederum begründet werden, was zu einer unendlichen Begründungskette (unendlicher Regress) führe. Würde man dagegen Sätze der Wissenschaft als hinreichend geprüft anerkennen, wäre dies Dogmatismus, weil man den Ausgangspunkt einfach per Beschluss festlegt. Als dritte Möglichkeit könne man die Sätze der Wissenschaft auf Wahrnehmungen gründen, was Popper als Psychologismus bezeichnete. Problematisch am Psychologismus ist, dass Wahrnehmungen immer täuschen können und zudem vom Hintergrundwissen abhängen.

Popper entschied sich für den Dogmatismus, aber man müsse immer bereit sein, seine Entscheidung zu korrigieren, sobald man besseres Wissen habe. Absolute Sicherheit könne nie erreicht werden:

> So ist die empirische Basis der objektiven Wissenschaft nichts ‚Absolutes'; die Wissenschaft baut nicht auf Felsengrund. Es ist eher ein Sumpfland, über dem sich die kühne Konstruktion ihrer Theorien erhebt; sie ist ein Pfeilerbau, dessen Pfeiler sich von oben her in den Sumpf senken – aber nicht bis zu einem natürlichen ‚gegebenen' Grund. Denn nicht deshalb hört man auf, die Pfeiler tiefer hineinzutreiben, weil man auf eine feste Schicht gestoßen ist: wenn man hofft, daß sie das Gebäude tragen werden, beschließt man, sich vorläufig mit der Festigkeit der Pfeiler zu begnügen. (Popper, 1989, S. 75f.)

Mit dem Problem der Abgrenzung zwischen Wissenschaft und Pseudowissenschaft hat sich Popper in seinem Werk ‚Logik der Forschung' (1935) beschäftigt. Das folgende Beispiel illustriert seine Lösung. Welcher der beiden folgenden Sätze entspricht am ehesten unserer Vorstellung von Wissenschaftlichkeit? Satz A: ‚Alle Vögel können fliegen.' Satz B: ‚Alle Vögel können fliegen oder sich auf andere Weise fortbewegen.' Man wird vielleicht antworten: Satz A hält der Prüfung nicht stand, da man leicht flugunfähige Vögel (wie Pinguine oder Strauße) benennen kann. Satz B sei dagegen sicherer. Das Problem ist nur, dass Satz B

37 Wichtige Vertreter des logischen Positivismus waren z.B. Rudolf Carnap, Hans Reichenbach, Herbert Feigl und Victor Kraft.

auch auf andere Lebewesen zutrifft. Wie kann man Satz B widerlegen? Satz B ist inhaltsleer. Er ähnelt dem Satz eines Politikers: ‚Wir werden die gegenwärtige Krise schnell überwinden, oder es wird noch eine Weile dauern.' Nach dem Motto: Nur nicht festlegen, alles offenlassen! So sollten wissenschaftliche Aussagen nicht sein. Poppers Credo lautete deshalb: Wissenschaft kann nur Vermutungen aufstellen, Vermutungen können prinzipiell an der Erfahrung scheitern.

Berühmt geworden ist das Beispiel der Schwäne: Habe ich tausend weiße Schwäne beobachtet, so kann ich daraus nicht mit Sicherheit schließen, dass alle Schwäne weiß sind. Sobald ich einen nicht-weißen (z.B. schwarzen) Schwan beobachte, ist die Aussage ‚Alle Schwäne sind weiß' mit Sicherheit widerlegt. Das Prinzip der Falsifikation ist der Kern von Poppers Fallibilismus. Der Fallibilismus geht von der prinzipiellen Fehlbarkeit von Annahmen und Lösungen aus und von der ständigen Bereitschaft, die eigenen Auffassungen zu korrigieren.

Das Falsifikationsprinzip erhob Popper zum Kriterium für die Wissenschaftlichkeit von Aussagen. Für wissenschaftliche Aussagen wird ihre prinzipielle Widerlegbarkeit vorausgesetzt. Was nicht widerlegt werden kann, ist nicht wissenschaftlich. Als ich diese Zeilen schrieb, habe ich sofort im Internet nach meinem Horoskop gesucht:

> Ihr heutiger Tag wird geprägt von Unruhe und Unzufriedenheit. Betroffen sind Ihr Familienleben sowie ihre Situation in der Arbeitswelt und der Freizeit. Sie selbst fühlen sich unruhig und launisch. Schnell kann es passieren, daß Sie Ihre starken Stimmungsschwankungen dann an Ihren Mitmenschen auslassen und hier Unruhe stiften. Dabei sollten sich [sic!] sich besser auf Ihre eigene Arbeit konzentrieren und anderen nicht den Tag verderben. Morgen sieht die Welt schon wieder ganz anders aus. [...]
> Stiermenschen messen ihre Lebensqualität am Quantum Ruhe und Sinnlichkeit, die sie haben und genießen können. Eines jeden Stieres Traum ist ein Leben, das möglichst viel von dieser Ruhe und Gelassenheit bietet: ein Haus mit Garten oder ein Penthouse mit Balkon, damit man sich an warmen Tagen der Sonne hingeben bzw. im Schatten ruhen kann. [...] Das Stiermotto lautet: ‚Das Leben ist reich und sprießt im Überfluss!' (Quelle: astroportal.com)

Heute habe ich frei, und deshalb fühle ich mich weder unruhig noch unzufrieden. Und eigentlich hatte ich auch nicht vor, meinen Mitmenschen den Tag zu verderben. Aber es ist gut, dass mich der Autor des Horoskops daran erinnert, mich wieder auf die Arbeit an meinem Buch zu konzentrieren, denn der Entwurf liegt schon lange auf meinem Schreibtisch.

Ich weiß nicht, welches Sternzeichen die Leserinnen und Leser haben, aber wünschen sie sich nicht Ruhe, Sinnlichkeit und Gelassenheit? Ist das nur typisch für den Stier? Und leider bin ich kein großer Freund von Garten- und Balkonarbeit, deshalb habe ich meinen Garten vor vielen Jahren verkauft und mein Balkon sieht ziemlich karg aus. Nun, man sollte das Leben genießen, auch wenn nicht alles im Überfluss vorhanden ist.

Horoskope sind erfolgreich, weil sie mit allgemeinen Formulierungen arbeiten, die auf fast jeden zutreffen, und was nicht zutrifft, vergisst man schnell. Wie kann man das widerlegen? Wissenschaftliche Aussagen sollten falsifizierbar (widerlegbar) sein, was bei der offenen Formulierung von Horoskopen schwer möglich ist. Popper definierte den empirischen Gehalt einer Aussage durch die Anzahl der möglichen Beobachtungen, die gegen diese Annahme sprechen. Je mehr gegen eine Hypothese spricht, desto höher ist ihr empirischer Gehalt. Darüber hinaus sollten wissenschaftliche Aussagen keine Empfehlungen enthalten. Denn auch Empfehlungen können nicht widerlegt werden. Wenn mir das Horoskop empfiehlt, mich auf meine Arbeit zu konzentrieren, dann ist das zwar ein guter Rat, aber nicht falsifizierbar.

Nach eigener Auskunft hat Popper seinen Begriff der Objektivität in enger Anlehnung an Kant entwickelt:

> Kant verwendet das Wort ‚objektiv', um die *wissenschaftlichen Erkenntnisse* als (unabhängig von der Willkür des einzelnen) *begründbar* zu charakterisieren; die ‚objektiven' Begründungen müssen grundsätzlich von jedermann nachgeprüft und eingesehen werden können: ‚Wenn es für jedermann gültig ist, sofern er nur Vernunft hat, so ist der Grund desselben objektiv hinreichend'. (Popper, 1989, S. 18)

Popper wies darauf hin, dass Kant wohl als Erster erkannt habe, dass Objektivität mit Regelmäßigkeit und Reproduzierbarkeit zu tun habe. Dies unterscheide wissenschaftlich nachweisbare Effekte von bestimmten ‚okkulten Effekten' oder Hirngespinsten. Erstere treten regelmäßig auf und sind reproduzierbar, letztere nicht. In der Wissenschaft komme es nicht auf die Evidenz oder den Überzeugungsgrad bestimmter Wahrnehmungen an, sondern auf die Wiederholbarkeit und Nachprüfbarkeit. Für die Anhänger einer Religionsgemeinschaft mag es evident sein, z.B. in der plötzlichen Heilung von einer schweren Krankheit das Wirken Marias zu sehen, aber eine solche Wahrnehmung ist weder reproduzierbar noch überprüfbar.

4. Jürgen Habermas: Objektivität und Diskurs

Jürgen Habermas (geb. 1929) gehört zu den beharrlichen Aufklärern, die sich immer wieder in politisch brisante Themen eingemischt haben. So z.B. anlässlich der westdeutschen Studentenbewegung der 1960er Jahre, und im Jahre

2022 äußerte er sich zum Krieg in der Ukraine, indem er mahnte, den ‚Dritten Weltkrieg', bei dem atomare Waffen eingesetzt würden, zu verhindern. Er wuchs in einer Zeit auf, in der sich die Menschen dem Konformitätsdruck der Nazis beugten. Eine seiner Schlussfolgerungen daraus war: höchste Wachsamkeit in Bezug auf das politische Geschehen (MLP, S. 269ff.). Bevor er als Professor für Philosophie an der Universität Frankfurt lehrte, war er unter anderem 1971 zweiter Direktor des Max-Planck-*Instituts zur Erforschung der Lebensbedingungen der wissenschaftlich-technischen Welt*, dessen Leitung der Physiker und Philosoph Carl Friedrich von Weizsäcker übernommen hatte. Im Mittelpunkt stand die Frage nach der gesellschaftlichen Verantwortung der Wissenschaft.

Wenn ich mich bei einer Wahl für einen Kandidaten oder eine Partei entscheide, dann sollte ich dafür gute Gründe haben. Für Habermas sind *Gründe* die „Münzen, in denen sich die Vernunft gewissermaßen auszahlt." (Habermas, 2016, S. 825) Gehen mir die *guten Gründe* für UFO-Sichtungen oder die Existenz paranormaler Phänomene aus, haben meine Aussagen kaum eine Chance, als objektiv zu gelten. Objektivität setzt Verständigung voraus. Im Verständigungsprozess sollten letztlich immer die besseren Gründe entscheiden: „Ob wir eine umstrittene Aussage annehmen oder ablehnen, kann sich letztlich immer nur an den ‚besseren Gründen' entscheiden." (Habermas 2016, S. 818)

Thesen zur dritten Achse: Subjektivität als Voraussetzung für Objektivität

Wissenschaft soll objektiv sein: „unvoreingenommen", „nicht von Gefühlen und Vorurteilen geleitet", „wirklich", „tatsächlich", und „unabhängig von einem Subjekt und dessen Bewusstsein existierend." (P. Marx, Bl. 5)

Wenn wissenschaftliches Wissen objektiv ist, warum liegen dann selbst Experten manchmal so weit auseinander? Man denke nur an die Debatten über die Nutzung der Kernenergie oder über die Wirksamkeit bestimmter Impfstoffe. Wissenschaft ist immer von vielfältigen Interessen, außerwissenschaftlichen Werten und bestimmten Normen abhängig. So entscheiden gesellschaftliche Interessen darüber, welches Forschungsthema oder Forschungsgebiet gefördert, verfolgt oder finanziert wird. Gesellschaftliche Interessen entscheiden auch über die Verwendung der Ergebnisse. Auch die Art der Datenerhebung und -auswahl, aber auch die Standards der Datenprüfung hängen von bestimmten Interessen ab. Wo bleibt die wissenschaftliche Objektivität? Muss die Wissenschaft ihren Anspruch auf Objektivität aufgeben? Müssen wir Wissenschaft mit mythischen Vorstellungen gleichsetzen?

Dem ist zu entgegnen: Objektivität ist keine Sicht auf die *Wirklichkeit an sich*. Objektivität bezeichnet *stabile Beziehungsmuster in unserer Wahrnehmung*. So ist der Schmerz beim Berühren einer Kerzenflamme ein stabiles Wahrnehmungsmuster, und damit ist der Zusammenhang zwischen dem Berühren einer Kerzenflamme und dem Schmerz objektiv. Dies ähnelt der kantischen Bestimmung von Objektivität: Nach Kant strukturieren bestimmte Denkmuster (bei Kant apriorische Begriffe) unsere Wahrnehmungen und geben ihnen Sicherheit, ohne dass dabei ein Abbild einer Welt an sich entsteht. Die heutige Wissenschaft teilt den ‚Glauben' an apriorische Begriffe als Grundlage von Objektivität nicht mehr. Objektivität hängt wesentlich von Standards ab. An die Stelle apriorischer Begriffe sind gesellschaftliche Übereinkünfte und Normen getreten (P. Marx, Bl. 21). Solche Normen legen z.B. physikalische Einheiten und Größen fest. Beispiele sind die inzwischen überholte Festlegung von 1 Meter als Länge des Pariser Urmeters oder die Definition der Farbe ‚Rot' durch Licht der Wellenlänge 700 nm. Wie lang ein Meter ist oder was ‚Rot' ist, beruht letztlich auf Normen. Man hätte 1 m oder die Farbe Rot auch anders definieren können. Auf solchen Festlegungen beruhen die Wissenschaften. Hinzu kommen Kriterien wie die Wiederholbarkeit von Beobachtungen, die Widerlegbarkeit durch Erfahrung, verbindliche Mess- und Prüfnormen und die Suche nach kausalen Zusammenhängen.

Beobachtungen und Messungen setzen Festlegungen voraus, wie etwas zu messen und zu beobachten ist. Selbst eine vermeintlich objektive Größe wie die Körpergröße eines Menschen ist nicht voraussetzungslos: Wenn ich mich morgens messe, bin ich größer als abends. Abends, nachdem ich gesessen und alle möglichen Lasten getragen habe, sind die Bandscheiben in meiner Wirbelsäule zusammengedrückt, und ich bin kleiner als am Morgen. Wie groß bin ich wirklich? Es muss genau festgelegt werden, wie und wann gemessen wird. Aber wer legt das fest? Die objektive Größe ‚Körpergröße' hängt also wieder von subjektiven Festlegungen ab.

Daraus ergibt sich folgendes Dilemma: Geben wir den Objektivitätsanspruch der Wissenschaft auf, müssen wir Voodoo-Zauber, Astrologie und mythisches Denken gleichberechtigt neben der Wissenschaft akzeptieren. Sind wir dazu nicht bereit, müssen wir die Objektivität von Wissen begründen, was scheitert, weil es keinen Beweis für Objektivität gibt. Der einzige Ausweg aus diesem Dilemma ist: Wir sollten gute Gründe für die Existenz von Objektivität angeben. Objektivität kann zum Beispiel bedeuten: Bezug auf den aktuellen Stand der Wissenschaft, Wiederholbarkeit und Kontrollierbarkeit, Sorgfalt, Bezug auf anerkannte Experten oder kritische Überprüfung durch Experten.

Im Zusammenhang mit der Objektivität der Gesetze der Physik sind Sätze beliebt wie: Die Gesetze der Physik gelten immer, auch in einer Welt ohne Menschen. Eine solche Aussage ist leer, weil wir keinen Zugang zu einer ‚Welt an sich' haben, um zu überprüfen, ob sie so ist, wie wir sie mit unseren Theorien beschreiben. Mit ‚Welt' kann immer nur ein Konstrukt *innerhalb* unserer Sprache und unserer Vorstellungen gemeint sein. Wir können aus unseren sprachlichen Voraussetzungen (und damit auch aus unseren Theorien) nicht aussteigen. Die Naturgesetze setzen *unser* Denken und *unsere* Sprache voraus. Deshalb gibt es keine sinnvolle Antwort auf die Frage, was die Welt außerhalb unseres Denkens und unserer Sprache ist.

Mit Aussagen über vom Menschen unabhängige Naturgesetze bewegen wir uns in einem Bereich, in dem sich Wissenschaft und Glaube treffen. Der Glaube an eine so und so beschaffene Welt außerhalb der menschlichen Vorstellung ähnelt der in den monotheistischen Religionen entwickelten Vorstellung, dass Gott die Dinge so wahrnimmt, wie sie an sich sind (Römpp, 2018, S. 292f.).

Die Frage drängt sich auf: Sind auch die Naturgesetze nur kulturrelative Setzungen? Ich möchte diese Frage im nächsten Abschnitt so beantworten: Dass sich bestimmte stabile Muster (z.B. Naturgesetze oder Menschenrechte) unabhängig vom Willen, der Einstellung und der kulturellen Zugehörigkeit des Menschen durchsetzen, ist ein guter Grund, an einen Realismus zu glauben, aber dieser entfaltet sich eben immer nur über unsere Sprach- und Normensysteme, eine Abhängigkeit, aus der man sich nicht befreien kann.

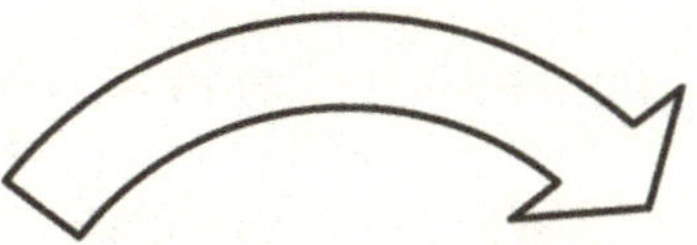

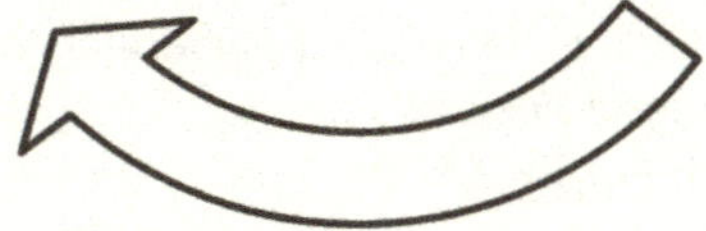

Die ,Verzahnung' von Subjektivität und Objektivität
Quelle: Autor

Unsere Subjektivität setzt Normen, Werte und Maßstäbe für die Objektivität; die Objektivität setzt der Beliebigkeit der Subjektivität Grenzen.

Hauptgedanken: Objektivität – Subjektivität

Der Apfel schmeckt gut. Das ist meine persönliche Meinung. Aber was für mich gilt, muss nicht für andere gelten. Ein anderer sagt vielleicht: Der Apfel schmeckt nicht gut, weil er sauer und mehlig ist. Wer hat recht? Man sagt: Über Geschmack lässt sich nicht streiten. Für Geschmack gibt es eben keinen objektiven Maßstab, der für alle gleich ist. Etwas, das nicht objektiv ist, nennt man subjektiv. Etwas, das subjektiv ist, hängt von der Person ab, die darüber spricht. Subjektives beruht auf persönlichen Meinungen, Gefühlen, Interessen und Vorurteilen.

Objektivität ist zu einem Fetisch der modernen Gesellschaft geworden. Was objektiv feststeht, darf Wahrheit, Wissenschaftlichkeit und Seriosität beanspruchen. Was objektiv feststeht, hat Anspruch auf Gehör. Objektivität bedeutet, dass das Ergebnis einer Messung un-abhängig von der Person des Messenden sein soll. Aber was ist das Kriterium für Objektivität? Wenn ich mich morgens messe, bin ich größer als abends. Abends, nachdem ich gesessen und alle möglichen Lasten getragen habe, sind die Bandscheiben in meiner Wirbelsäule zusammengepresst und ich bin kleiner. Was ist also meine richtige Körpergröße? Es muss genau festgelegt werden, wie und vielleicht auch wann gemessen wird. Aber wer legt das fest? Die objektive Messung hängt also wieder von subjektiven Festlegungen ab! Ein Teufelskreis. Umso wichtiger ist es, im Streit der Meinungen nach dem besten Argument zu suchen.

Vierte Achse: Reales – Konstruiertes

Die Realität des Konstruierten
Quelle: Autor, Öl auf Leinwand;
Hintergrundbild: KI-Bild 'Perfekte Menschen',
Instagram/ Ladbible

Der Mond: Matthias Claudius widmete ihm 1790 das bekannte Abendlied ‚Der Mond ist aufgegangen', das noch im selben Jahr vom Hofkapellmeister Johann Abraham Peter Schulz vertont wurde. Caspar David Friedrich schuf 1819/20 das berühmte Gemälde ‚Zwei Männer in Betrachtung des Mondes'. Der Mond hat Künstler und Wissenschaftler gleichermaßen inspiriert. Was verstehen wir unter dem ‚Mond'? Diese Frage wird von Realisten und Konstruktivisten unter den Philosophen unterschiedlich beantwortet.

Mond
Quelle: pixelio

Unter Realismus versteht man heute meist die Auffassung, dass die Wirklichkeit unabhängig von subjektiven, geistigen Leistungen und Fähigkeiten wie Denken, Erkennen oder Sprache besteht.[38] Für den Realisten existiert der Mond unabhängig davon, ob wir ihn sehen oder nicht. Der Konstruktivist zögert dagegen mit seiner Antwort. Denn für den Konstruktivisten ist selbst die einfachste Wahrnehmung bereits eine komplexe Konstruktionsleistung. Der *Konstruktivist*[39] antwortet anders als der Realist auf die Frage, was unter dem ‚Mond' zu verstehen sei. Er betont, dass das fahle Gelb des Mondes, seine Kreisform und seine zeitliche Bestimmtheit (in Form der Abfolge der Mondphasen oder des Auf- und Untergangs des Mondes) erst in unserem Inneren entstehen. Zudem betont er, dass wir uns erst über Begriffe wie ‚Gelb', ‚Kreis', ‚Zeit' oder ‚Krater' verständigen müssen, um überhaupt sinnvoll über den Mond sprechen zu können. Hinzu kommt, dass der ‚Mond' je nach Kulturkreis eine Vielzahl von Bedeutungen hat: der Mond als Gottheit (z.B. als Mondgott Mani in der nordgermanischen Mythologie, als Selene in der griechischen Mythologie, als Luna in der römischen Mythologie oder als Thot in der ägyptischen Mythologie), der Mond als Gegenstand der Malerei, der Mond als Gegenstand der Musik und der Mond als Gegenstand der Astro-

38 Manchmal wird darunter auch ein sogenannter Platonismus in dem Sinne verstanden, dass Universalien (z.B. Eigenschaften, Relationen), abstrakte Objekte (z.B. Zahlen) oder kollektive Einzeldinge (z.B. Mengen, Klassen) als selbständig Seiendes existieren.

39 Sofern ich *nur* das Wort ‚Konstruktivismus' (ohne Bezug auf eine spezielle Richtung) verwende, ist damit *Konstruktivismus im allgemeinsten Sinne* gemeint. Mit Konstruktivismus im allgemeinsten Sinne meine ich nicht eine konkrete Richtung (z.B. ‚Radikaler Konstruktivismus' oder ‚Sozialer Konstruktivismus'), sondern die Annahme, dass wir nie eine von uns unabhängige Welt an sich wahrnehmen.

nomie. Die Frage, was der ‚Mond' unabhängig vom kulturellen Kontext ist, könne nicht mit Sicherheit beantwortet werden.

So unterschiedlich die konstruktivistischen Strömungen auch sein mögen, sie teilen die Auffassung, dass unser Wissen über die Welt als aktive Konstruktion eines Akteurs und nicht als passive Abbildung eines Beobachters zu verstehen ist. Unser Wissen über die Welt ist immer abhängig von Sprache, Theorien, Modellen, Hintergrundannahmen, aber auch vom Aufbau unseres Wahrnehmungsapparates. Womit wir konfrontiert sind, ist immer etwas Konstruiertes[40], nie eine ‚Welt-an-sich'. Zum Konstruierten gehören Begriffe, Hypothesen, Theorien und Modelle (z.B. Steuermodelle). Hinzu kommen ‚Konstruktionen des Gehirns' (z.B. Wahrnehmungen, Erinnerungen und Vorstellungen) sowie bestimmte Fiktionen (z.B. Fantasiefiguren wie Spiderman). Auch soziale Konstruktionen (z.B. Familie, Image) gehören zum Konstruierten. Schließlich sind auch Gedankenexperimente zum Konstruierten zu zählen.

Die Unterscheidung zwischen Realismus und Konstruktivismus ist ein Grundraster der modernen Philosophie. Beide Positionen sind jedoch mit grundsätzlichen Schwierigkeiten konfrontiert. Die ‚Meerenge' zwischen Realismus und Konstruktivismus ist wie der Weg zwischen Skylla und Charybdis. Was ist damit gemeint? Wenn ich die Form und den Duft einer roten Rose wahrnehme, dann besagt die realistische Deutung, dass die Rose auch unabhängig von meiner Formwahrnehmung und meinem Duft- und Roterlebnis besteht. Das Problem dabei ist, dass ich nicht sagen kann, was die Rose unabhängig von ihrer Form, ihrem Duft und ihrer Farbe ist. Der realistische Weg führt in die Skepsis. Anders im Konstruktivismus: Nach konstruktivistischer Interpretation beruht die Wirklichkeit der Rose nur auf Wahrnehmungen von z.B. der Form, dem Duft und der Farbe ‚Rot'. Aber jeder nimmt Form, Duft und Rot anders wahr. Es gäbe also so viele Rosen, wie es Wahrnehmende gibt. Auch das ist paradox. Der konstruktivistische Weg führt in den Relativismus. Wir stehen also vor dem Dilemma: Skepsis oder Relativismus (Kutschera, 1994, S. 208).

Ein Vertreter des Relativismus war z.B. Nelson Goodman (1906–1998). Er vertrat die Ansicht, dass die Annahme einer *Welt an sich* sinnlos sei (Kutschera, 1994, S. 211). Man könne von der Welt nur in Bezug auf eine Theorie T sprechen. Die sogenannte T-Welt sei genau das, was die Theorie beschreibt. Sätze können also immer nur in Bezug auf eine Theorie wahr sein, nämlich dann, wenn sie mit den Annahmen der Theorie übereinstimmen. Damit aber scheint die Wirklichkeit völlig hinter unseren Theorien, Begriffen und Konstruktionen zu verschwinden.

---

40 Ich verwende hier das neutrale Wort ‚Konstruiertes', um mich nicht auf den Begriff ‚Konstrukt' einzuschränken. ‚Konstrukt' wird meist im Sinne eines empirisch nicht erkennbaren Sachverhaltes verstanden.

Dies ist eine unbefriedigende Situation. Wenn man den Realismus verteidigen will, darf man sich nicht auf Argumente stützen, die bereits eine realistische Position voraussetzen. Franz von Kutschera sieht in der *Annahme einer naturgesetzlichen Ordnung* ein solches Argument. Naturgesetze sind zumindest prinzipiell allen gleichermaßen zugänglich (Kutschera, 1994, S. 222). Manchmal widersprechen die Naturgesetze unseren Erwartungen und unserem Willen. Betrachte ich z.B. einen Löffel in einem Glas Wasser, so erscheint mir der Löffel (auch wenn ich dies zunächst nicht erwarte) geknickt. Das Brechungsgesetz erklärt die Entstehung des Knicks. Ein Naturgesetz kann aber nicht ohne Rückgriff auf eine Theorie formuliert werden. Daher reicht der Verweis auf Naturgesetze nicht aus, um einen Realismus zu verteidigen. Ich möchte argumentieren, dass Dinge und Sachverhalte, die unseren Erwartungen und unserem Willen widerstehen, gute Zeugnisse für das Reale sind. In diesem Sinne spreche ich von der *Widerständigkeit als Realitätszeugnis*. Wenn wir vom Realen sprechen, sollten wir aber auch die konstruktive Tätigkeit des Menschen berücksichtigen. Denn konstruktive Tätigkeiten können zu realen Ergebnissen führen.

Zunächst aber sollen einige Grundrichtungen des Konstruktivismus und des Realismus vorgestellt werden.

1. Konstruktivismus

Mit Kant setzte sich die Erkenntnis durch, dass es keinen direkten Zugang zu einer vom Beobachter unabhängigen Wirklichkeit gibt. In der Philosophie des 20. Jahrhunderts wurden die Sprachphilosophie und der Konstruktivismus von dieser Erkenntnis beeinflusst. Die verstärkte Hinwendung zur Sprache wird in der Philosophie des 20. Jahrhunderts als ‚linguistische Wende' oder ‚sprachliche Wende' bezeichnet (vgl. Glossar: sprachliche Wende). Mit Sprache bringen wir die Welt und unsere Beziehung zu ihr ‚auf den Begriff'; mit ihr regeln wir weitgehend die sozialen Beziehungen. Sprache ist ein wichtiger Faktor in sozialen Beziehungen, der die Handlungsmöglichkeiten der Akteure strukturiert. Als Begründer der ‚linguistischen oder

Konstrukt
Quelle: Aischa Sabbouh-Eggert
(vom Autor nachbearbeitet)

sprachlichen Wende' gilt Ludwig Wittgenstein, der diesen Wandel mit seinem berühmten Satz auf den Punkt gebracht hat:

> *Die Grenzen meiner Sprache* bedeuten die Grenzen meiner Welt.
> (Wittgenstein, 5.6)

Wissenschaftliche Theorien werden demnach nicht durch *Dinge* oder *Ereignisse* bestätigt oder widerlegt, sondern durch *Sätze über Dinge oder Ereignisse.* Wir haben es also immer mit einer Beziehung zwischen Sätzen zu tun, aber nie mit einer Beziehung zwischen einer Theorie und der Welt. Die logischen Positivisten glaubten an einen direkten Kontakt mit der Welt. Für die logischen Positivisten waren es elementare Sinneswahrnehmungen (wie Jetzt-hier-Roterlebnis), die den direkten Zugang zur Welt herstellen. W. V. O. Quine, Wilfried Sellars, Ludwig Wittgenstein und andere Philosophen kritisierten diesen Gedanken (Römpp, 2018, S. 152). Schon bei einem Satz wie ‚Es gibt mindestens einen schwarzen Schwan' gibt es keinen direkten Kontakt zur Realität mehr. Der Bezug zur Welt wird durch die Verwendung von Begriffen wie ‚Schwan', ‚schwarz', ‚es gibt' und ‚mindestens' vermittelt. Die Verwendung dieser Begriffe lernen wir im Kontext unserer Kultur (Römpp, 2018, S. 79).

Wenn aber Sprache keine feststehende Realität abbildet, hat dies weitreichende Konsequenzen für die ‚wissenschaftliche Sprache'. Inwiefern ist dann noch eine klare Unterscheidung von Wissenschaft und Nicht-Wissenschaft möglich? Wenn Sprache keine von uns unabhängige Wirklichkeit abbilden kann, wäre dies nicht gleichbedeutend mit der Aufgabe der Unterscheidungsmöglichkeit zwischen wissenschaftlichem und mystischem Denken?

Die Wirklichkeit der duftenden roten Rose entsteht erst in unserem Kopf: So hätte es ein Konstruktivist des 20. Jahrhunderts gesehen. Der Konstruktivismus des 20. Jahrhunderts war inspiriert von Kants These, dass die Wirklichkeit immer eine vom Geist konstruierte ist. Ein Konstruktivist vertritt die Auffassung, dass die Wahrnehmung die Wirklichkeit nicht einfach abbildet, sondern dass die Wirklichkeit erst im Prozess der Wahrnehmung konstruiert wird. Das, was wir als Wirklichkeit bezeichnen, ist das Ergebnis von aktiven Konstruktionsprozessen, von Herstellungsverfahren, von gesellschaftlichen Diskursen, aber auch von neuronalen Prozessen.

Es gibt eine Vielzahl unterschiedlicher Konstruktivismen, die sich zum Teil erheblich voneinander unterscheiden. Es ist nicht das Ziel dieser Arbeit, die einzelnen Konstruktivismen darzustellen, zu bewerten und zu vergleichen. Es ist auch nicht meine Absicht, für eine dieser Richtungen Partei zu ergreifen. Dennoch sollen hier zwei grundlegende Richtungen des Konstruktivismus etwas näher vorgestellt werden: der Radikale Konstruktivismus (RK) und der Soziale Konstruktivismus (SK).

Nach dem Radikalen Konstruktivismus ist die Welt das Ergebnis der konstruktiven Tätigkeit unseres Geistes. Dies steht im Gegensatz zum Realismus, der von einer wie auch immer beschaffenen Welt unabhängig von unserer konstruktiven Tätigkeit ausgeht. Die Position des RK wird in Gerhard Roths Aufsatz ‚Das reale Gehirn und seine Wirklichkeit' deutlich. Der RK basiert im Wesentlichen auf der These, dass unser Gehirn ein funktional in sich geschlossenes System ohne direkten Zugang zu einer ‚Außenwelt' ist. Das Gehirn interagiert nur mit seinen eigenen Zuständen. Auf diese Weise erzeugt es eine Wirklichkeit, die sich in drei Bereiche unterteilen lässt: eine *raum-zeitliche Dingwelt* (die wir als unsere Umwelt oder Umgebungswelt erleben), eine *Körperwelt* (in der wir unsere eigenen Körperteile erleben) und eine *Welt der unkörperlichen Zustände und Erlebnisse* (Gefühle, Vorstellungen und Gedanken). Da das Gehirn *Dingwelt* und *Körperwelt* dicht nebeneinanderstellt, erscheint es uns, als hätten wir mit unseren Sinnesorganen einen direkten Zugang zur Welt, was jedoch eine Illusion sei. Das *Räumlich-Dingliche* existiert nur in der vom Gehirn erzeugten Welt. Die Annahme einer *räumlich-dinglichen Außenwelt* sei nicht sinnvoll, da sie einen die Innen- und Außenwelt umfassenden ‚Hyperraum' suggeriere. Letztlich sei auch das Gehirn, das der Neurologe auf dem Operationstisch untersucht, Teil der neuronal erzeugten Welt (Roth, 1991, S. 238ff.).

Gemäß dem Sozialen Konstruktivismus (SK) sind Menschen immer in eine vorgedeutete soziale und kulturelle Welt eingebettet (z.B. Sitten, Gebräuche, Etiketten, Ideologien und Wertvorstellungen). Sie werden mit sozialen Konstruktionen konfrontiert, die als Realitäten erlebt werden. Nach dem SK werden diese Realitäten durch den Diskurs geschaffen. Diskurs ist praktizierte Sprache (Tiling, 2004, S. 15). Soziale Konstruktionen sind das Ergebnis früherer Diskurse und die Voraussetzung für neue Diskurse. Je mehr sich eine Konstruktion durchsetzt, desto mehr gewinnt sie an Realität (Tiling, 2004, S. 35) Solche sozialen Konstruktionen sind z.B. ‚Familie' oder ‚Ehe'. Diese Konstruktionen beeinflussen unser Handeln, das wiederum auf diese Konstruktionen zurückwirkt.

2. Realismus

Glastür
Quelle: Autor

Wie ein Schlag aus dem Nichts. Erschrecken, Verwunderung, Schmerz: der Zusammenstoß mit einem Gegenstand, den man weder gesehen noch erwartet hat; und plötzlich war er da und machte auf unangenehme Weise seinen Anspruch auf Realität geltend. Seine Realität zeigte sich in seiner Wirkung.
So geschehen in einem Klassiker der Streiche mit der versteckten Kamera ‚Mann läuft gegen Glastür', in dem ein Mann zu sehen ist, der gerade das Haus verlassen will. Der vermeintlich freundliche Herr im Eingangsbereich hält bereits die Klinke der gläsernen Haustür in der Hand, um diese vermeintlich zu öffnen. Was das Opfer nicht weiß: Es ist nur die Türklinke. Die Glastür selbst ist noch verschlossen. Es kommt, wie es kommen muss: Das Opfer stößt mit voller Wucht gegen die Glastür.
Bemerkenswert an diesem Video finde ich das Wechselspiel zwischen Konstruktion und Realität. Das Opfer konstruiert ein inneres Bild von einer Welt, in der ein freundlicher Mann im Eingangsbereich die Tür öffnet, und nimmt eine weit geöffnete Tür an, durch die man nach draußen treten kann. Doch diese Konstruktion scheitert jäh am ‚Widerstand der Realität', die ganz anders aussieht: Ein hinterhältiger und schadenfroher Mann im Eingangsbereich und eine geschlossene Tür, durch die man nicht nach draußen treten kann.

Der klassische Realismus ist durch drei Thesen gekennzeichnet.

(R1) Es gibt eine von unserem Bewusstsein unabhängige Wirklichkeit.
(R2) Die Wirklichkeit hat bewusstseinsunabhängige Eigenschaften und Strukturen.
(R3) Bis zu einem gewissen Grad sind Teile der Wirklichkeitsstrukturen unserer Erkenntnis zugänglich (Franzen, 1992, S. 23).

Angewandt auf den Mond besagen die drei Thesen, dass der Mond auch dann da ist, wenn ich ihn nicht beobachte oder wahrnehme (These 1), dass der Mond eine bestimmte Beschaffenheit hat (z.B. eine Oberfläche aus Kratern, Hochebenen und Maregebieten) (These 2) und dass wir den ‚wirklichen' Mond (unabhängig von einer bestimmten Betrachtungsweise) in gewisser Weise erfassen können (These 3).

Allerdings sind diese drei Thesen problematisch.

Zu (R1): Diese These klingt bestechend klar. Aber warum kann ich überhaupt positiv von einer ‚Wirklichkeit unabhängig von meinem Bewusstsein' sprechen? Was berechtigt mich dazu?

Zu (R2): Strukturen sind sprachliche Gebilde und also Teile der geistigen Tätigkeit und damit des Bewusstseins. Wie kann eine sprachliche Gegebenheit unabhängig vom Bewusstsein gedacht werden?

Zu (R3): Es wird eine ‚gewisse Art des Zugangs zur Realität' behauptet. In der Formulierung ‚gewisse Art des Zugangs zur Realität' liegt das Problem. Wenn wir nicht davon ausgehen wollen, dass unser Gehirn die Welt fotografisch so abbildet, wie sie *an sich* ist, müssen wir einräumen, dass alles Wissen vom Wahrnehmungsapparat und von der Sprache abhängt. Es führt auch nicht weiter, eine Art Übereinstimmung zwischen einer *Welt an sich* und unserem Wissen zu behaupten. Wir können unser Wissen niemals mit ‚der' *Welt an sich* vergleichen.

Im Folgenden sollen verschiedene Ansätze diskutiert werden, sich dem Begriff des Realen zu nähern. Ich habe diese Ansätze gerade deshalb ausgewählt, weil sie sich zum Teil im Spannungsfeld zwischen dem kantisch-konstruktivistischen Ansatz und einem klassischen Realismus bewegen (z.B. der pragmatische Realitätsbegriff von Charles Sanders Peirce, der konstruktive Realismus von Victor Kraft und der interne Realismus von Putnam) oder sich als Gegenentwurf zum Konstruktivismus verstehen (z.B. der Neue Realismus von Markus Gabriel) oder die unmittelbare Erfahrbarkeit der Realität betonen (z.B. Wilhelm Dilthey, Max Scheler und Nicolai Hartmann).

a. Pragmatisches Realitätskonzept

Charles Sanders Peirce (1839–1914) war neben William James (1842–1910) und John Dewey (1859–1952) einer der wichtigsten Denker des Pragmatismus. Sein Vater war Professor für Mathematik und Astronomie an der Harvard-Universität. Auch Peirce studierte an der Harvard-Universität. Er schlug jedoch keine akademische Laufbahn ein. Stattdessen wurde er Vermessungsingenieur im Staatsdienst. Nachdem er diese Stelle verloren hatte, widmete er sich ganz seinen philosophischen Studien (MPL, S. 543). Er leistete wichtige Beiträge zur modernen Logik, gilt als einer der Ahnherren der modernen Semiotik (Zeichentheorie) und begründete die Naturphilosophie neu, indem er die Idee eines evolutionären Universums entwickelte.

Peirce begann seine Überlegungen mit der These, dass die Festlegung einer Meinung der einzige Gegenstand der Forschung sei (CP 5.377). Er fragte nach einer Methode, die den Zweifel zur Ruhe bringt und unseren Überzeugungen Sicherheit gibt (CP 5.384):

> Das ist die Methode der Wissenschaft. Ihre grundlegende Hypothese, in vertrauterer Sprache neu formuliert, lautet: Es gibt reale Dinge, deren Eigenschaften völlig unabhängig von unseren Meinungen über sie sind; dieses Reale wirkt auf unsere Sinne nach regelmäßigen Gesetzen ein, und obwohl unsere Sinnesempfindungen so verschieden sind wie unsere Beziehungen zu den Gegenständen, können wir doch, indem wir uns auf die Gesetze der Wahrnehmung stützen, durch schlußfolgerndes Denken mit Sicherheit feststellen, wie die Dinge wirklich und in Wahrheit sind; und jeder, wenn er hinreichende Erfahrung hat und genug darüber nachdenkt, wird zu der einen einzig wahren Konklusion geführt werden. Der neue Begriff, der hier vorausgesetzt wird, ist der der Realität. (CP 5.384 [dt.: Peirce, 1975, S. 79])

Wissenschaft als Suche nach realen Dingen, die nicht von unseren Meinungen über sie abhängen: Eine solche neutrale Charakterisierung des Realen bringt nichts Neues. Peirce entwickelte daher eine pragmatische Bestimmung des Realitätsbegriffs. Er führt Realität auf Wahrheit zurück: Wahrheit als Erfassung des Realen (CP 5.407; Schurz, 1991, S. 127).

Wahrheit ist für Peirce aber nicht etwas, worauf sich die Forschergemeinschaft vorläufig geeinigt hat. Vielmehr hat Peirce einen endgültigen Konsens vor

Augen: Worauf sich die Forschergemeinschaft (letztlich die gesamte Menschheit) einigen würde, wenn die Forschung *beliebig lange fortgesetzt* werde (CP 5.351). Von einer Meinung können wir nie wissen, ob sie dem letztgültigen Konsens entspricht. So wie sich bei einem ‚nicht gezinkten' (idealen) Würfel die relative Häufigkeit der Würfe der Zahl 6[41] dem Wert 1/6 nähert, konvergieren die Meinungen der Wissenschaftler auf *eine* Wahrheit zu. Was real ist, würde schließlich von der Gemeinschaft der Forscher anerkannt werden. Die objektive und endgültige Meinung sei unabhängig vom Denken des Einzelnen, aber nicht unabhängig vom Denken überhaupt (CP 7.336). Wenn alle Mitglieder einer Gruppe im Vogtland den Siedepunkt von Wasser bereits bei 98 °C (und nicht erst bei 100 °C) messen, kann in der Gruppe schnell ein Konsens erzielt werden: Im Vogtland siedet das Wasser schon bei 98 °C. Niemand wird glauben, dass das Wasser im Vogtland nur deshalb bei 98 °C siedet, weil wir uns darauf geeinigt haben. Es ist genau umgekehrt: Weil der Siedepunkt von 98 °C im Vogtland eine Realität ist, kommen wir zu einem Konsens darüber.

Aber woher nehmen wir die Gewissheit, dass sich ein endgültiger Konsens einstellt? Wenn es schon keinen Beweis für die Existenz eines Letztkonsenses gibt, so sollte es doch zumindest philosophisch gute Gründe für seine Annahme geben. Peirce bringt einen Zwang ins Spiel, dem unsere Meinungen unterliegen. Dieser Zwang gehe von der Wahrnehmung aus, dass uns etwas Unerwartetes aufgezwungen wird. In dieser Wahrnehmung erfahren wir, dass es eine von uns unabhängige Realität gibt (Schurz, 1991, S. 160). Peirce vergleicht dies mit Hamlet und dem Tintenfass auf dem Tisch. Hamlet ist eine Fiktion, keine Realität. Was das Tintenfass betrifft, so könnte ich mich und andere vielleicht davon überzeugen, dass es sich um eine optische Täuschung handelt, aber das hat seine Grenzen. Mit Kameras, Waagen und Zeugen wird das Tintenfass uns seine Anerkennung aufzwingen. Dem Tintenfass wohne eine ‚blinde Kraft' inne, mit der es sich in unser Universum dränge (CP 8.153).

b. Hypothetischer (konstruktivistischer) Realismus

Victor Kraft (1880–1975) verfasste 1912 die Schrift ‚Weltbegriff und Erkenntnisbegriff', in der er sich auf die Frage konzentrierte: „Läßt sich überhaupt eine über das Bewußtsein hinausreichende Bedeutung des Erkennens rechtfertigen?" (Kraft, 1912, S. 170) Dreh- und Angelpunkt seiner Schrift ist nach eigener Aussage die „Doktrin des Idealismus" (Kraft, 1912, S. 169), vor allem des transzendentalen Idealismus, wie er von der Schule des Neukantianismus entwickelt wurde.

41 Anzahl der Würfe mit dem Ergebnis 6 geteilt durch die Gesamtanzahl der Würfe

Kraft nahm regelmäßig an den Beratungen des Wiener neopositivistischen Kreises teil. Ab den 1950er Jahren bildete sich um Kraft ein sogenannter ‚Kraft-Kreis', an dem bedeutende Philosophen wie Wittgenstein (nachweislich wohl nur einmal), Ernst Topitsch (1919–2003), Paul Feyerabend (1924–1994), Elizabeth Anscombe (1919–2001) und Georg Henrik von Wright (1916–2003) teilnahmen.

Kraft geht von der Voraussetzung aus,

> daß das, was sich unserer Erkenntnis als eine objektive Realität ergibt, auch tatsächlich so vorhanden ist, als eine selbständige, unabhängige Wirklichkeit außerhalb unseres Bewußtseins [...] (Kraft, 1912, S. 206).

Seine Schrift ‚Weltbegriff und Erkenntnisbegriff' beginnt Kraft mit der Feststellung, dass uns die objektive Realität niemals als unmittelbare Wirklichkeit gegeben sei. Wir erkennen nur Bewußtseinsinhalte, die objektive Realität aber sei etwas Hinzugedachtes, „das Ergebnis des Umdenkens des sinnlich Gegebenen nach logischen Gesichtspunkten [...]" (Kraft, 1912, S. 171). Der Gewinn der realistischen Betrachtungsweise bestehe darin, dass die Erlebniswelt in einen geordneten Gesamtzusammenhang gebracht werde:

> Der Realismus macht die erlebten Erscheinungen dadurch erklärbar, daß er sie durch eine selbständig für sich vorhandene Wirklichkeit ergänzt, mit der sie dann erst einen geordneten und gesetzmäßigen Zusammenhang bilden können. (Kraft, 1912, S. 177)

Das Vorhandensein einer objektiven Realität war für Kraft die Voraussetzung dafür, eine Erklärung für das Erlebnisgegebene zu finden. Diese Voraussetzung sei ein oberster Grundsatz des Erkennens. Und nun kommt der entscheidende Punkt: „Damit ist aber die erkenntnistheoretische Stellung der objektiven Realität vollkommen klargestellt: es ist die einer *Theorie*." (Kraft, 1912, S. 184) Die objektive Realität (O) ist eine notwendige Voraussetzung für die Erklärung einer Erscheinung (E): Wenn E ist, muss O sein. Diese logische Beziehung drückt aus, dass eine Erklärung nur dann wahr ist, wenn auch die Annahme der objektiven Realität wahr ist.

Die Realität hat bei Kraft den Charakter einer Hintergrundannahme. Kritisch ist anzumerken, dass nicht einzusehen ist, warum eine Theorie mit einer Realitätsannahme (realistische Sichtweise) mehr erklären sollte als eine äquivalente Theorie, die diese Voraussetzung nicht macht. Warum sollte die Erklärungskraft einer Theorie von metaphysischen Hintergrundannahmen abhängen?

c. Interner Realismus

Stellen wir uns zwei verschiedene Theorien vor: ‚Wenn es regnet und rosa Elefanten gibt (Theorie 1), wird die Straße nass' und ‚Wenn es regnet(Theorie 2), wird die Straße nass'. Beide Theorien sind unterschiedlich. Die Beobachtung der nassen Straße stützt sowohl Theorie 1 als auch Theorie 2. Empirisch sind die beiden Theorien nicht voneinander zu unterscheiden. Schon dieses einfache Beispiel zeigt, dass es keine eindeutige Zuordnung zwischen unseren Beobachtungen und Theorien über eine davon unabhängige Welt gibt. Mit solchen Überlegungen beschäftigte sich Hilary Putnams (1926–2016) interner Realismus.

Hilary Putnam promovierte 1951 bei Hans Reichenbach (1891–1953) in Los Angeles und lehrte unter anderem in Princeton, wo er auch mit Rudolf Carnap zusammenarbeitete. Seit 1965 war er Professor für Philosophie an der Harvard-Universität in Cambridge (MLP, S. 581).

Der interne Realismus von Hilary Putnam besagt, dass es keine eindeutige Zuordnung zwischen unserem Wissen und einer von uns unabhängigen Welt gibt. Putnam drückte diesen Gedanken so aus:

> Der Internalismus bestreitet nicht, daß es für unser Wissen *Input* durch Erfahrung gibt; Wissen ist schließlich nicht eine historische Darstellung ohne Vorbedingungen außer der *internen* Kohärenz. Er bestreitet jedoch, daß es Inputs gibt, *die ihrerseits nicht durch unsere Begriffe geformt sind*, durch das Vokabular, das wir zur Berichterstattung und zu ihrer Beschreibung verwenden, und er bestreitet, daß es Inputs gibt, *die nur eine einzige Beschreibung zulassen, die unabhängig ist von allen begrifflichen Entscheidungen*. (Putnam, 1982, S. 81)

Die Pointe von Putnams internem Realismus ist, dass die Welt selbst uns nicht die Begriffe vorgibt, mit denen wir Erfahrung beschreiben. Dies führt zu dem bekannten Problem der empirischen Unterbestimmtheit von Theorien (siehe Glossar: Holismus). In einem Beispiel verwies Putnam auf Thomas Nagels (geb. 1937) Schrift ‚Wie ist es, eine Fledermaus zu sein?', in der die These vertreten wird, man könne sich nicht vorstellen, wie es ist, eine Fledermaus zu sein. Putnam widersprach zunächst: Fledermäuse hören um mehrere Oktaven höhere Töne als Menschen, und sie können sehr gut sehen. Warum sollte die Fledermaus so völlig anders wahrnehmen als ich? Warum sollte ihr Schmerz nicht so sein wie meiner (Putnam 1982, S. 129)? Ausgehend von dieser Überlegung könnten zwei verschiedene Theorien über das Sehen roter Gegenstände aufgestellt werden. Nach Theorie 1 haben die Fledermaus und ich unterschiedliche Erlebnisse, nach Theorie 2 haben wir identische Erlebnisse. Die Theorien unterscheiden sich also deutlich voneinander. Sie führen aber zu den gleichen

Vorhersagen. Beobachtungsmäßig sind die beiden Theorien nicht unterscheidbar (Putnam, 1982, S. 130). Das Ergebnis lässt sich wie folgt zusammenfassen: Wir beziehen uns mit bestimmten theoretischen Konstrukten auf eine Realität, aber es gibt keine feste Verbindung zwischen der Realität und unseren Konstrukten.

d. Direkter Realismus

Wenn es mehrere gleichwertige Beschreibungen der Wirklichkeit gibt, wie kann es dann überhaupt gelingen, sich denkend auf die Wirklichkeit zu beziehen? Denken und Sprache weisen nicht über sich hinaus. Es gibt keine direkte Beziehung zwischen Denken und Wirklichkeit. Dies war für Putnam ein wichtiger Grund, den internen Realismus aufzugeben. Putnam brachte einen direkten Realismus in die Diskussion ein. Prominente Vertreter eines direkten Realismus in der neuen Philosophie waren z.B. George Edward Moore und John Henry McDowell (geb. 1942). In den letzten Jahrzehnten hat sich Marcus Willaschek auf den direkten Realismus bezogen.

Nach dem direkten Realismus nehmen wir z.B. einen Apfel direkt über die Augen oder über die Hände als solchen wahr. Den Begriff ‚Apfel' gewinnen wir erst nachträglich. Die Begriffe haben im direkten Realismus ihre Bedeutung nicht verloren, aber ihre Rolle ist eine andere: Sie gehen der Wahrnehmung nicht voraus, sondern folgen ihr.

Es geht im direkten Realismus darum, die alltägliche Erfahrung philosophisch ernst zu nehmen. Die Grundthese des direkten Realismus lässt sich so zusammenfassen: Die Wahrnehmung bringt uns in direkten Kontakt mit der Wirklichkeit (Willaschek, 1993, S. 572). Wahrnehmungsirrtümer werden durch Abweichungen von den Standardbedingungen erklärt: Farbenblindheit, schlechte Lichtverhältnisse, Störgeräusche oder Müdigkeit.

Behauptet der direkte Realismus, dass ein Apfel auch ohne Wahrnehmung ‚rot', ‚fest', ‚süß' und ‚aromatisch duftend' ist? Nein! Willaschek verweist auf Putnam, der betont hat, dass ein Objekt verschiedene Beschreibungen zulasse (Willaschek, 1993, S. 574). Für mich ist der Apfel ein ‚gesundes Nahrungsmittel', für die Biologin Anna ist der Apfel ein ‚Forschungsobjekt' und für Paul ist der Apfel etwas, das Bauchschmerzen verursacht. Aber mein Apfel, Annas Apfel und Pauls Apfel sind real. Ich kann den Apfel nicht eindeutig in objektive und subjektive Faktoren zerlegen. Was aber macht meinen Apfel, Annas Apfel und Pauls Apfel zu einem ‚wirklichen Apfel'? Diese Frage scheint mir beim direkten Realismus aus dem Blick zu geraten.

e. Neuer Realismus

Der Neue Realismus (NR) wurde vor allem durch Markus Gabriels (geb. 1980) Buch ‚Warum es die Welt nicht gibt' einer breiteren Öffentlichkeit bekannt. Gabriels NR will zwischen zwei Positionen der Gegenwartsphilosophie vermitteln: dem Konstruktivismus und dem klassischen Realismus. Während der Konstruktivismus behaupte, dass unseren Vorstellungen von der Welt keine Welt an sich gegenüberstehe, gehe der klassische Realismus davon aus, dass die Dinge unabhängig von der menschlichen Vorstellung existierten.

Aus Sicht der NR versagen beide Richtungen: Im klassischen Realismus werde die Welt ohne den Zuschauer gedacht, während im Konstruktivismus die Welt nur als Welt des Zuschauers existiere.

Der vom NR vorgeschlagene Weg besteht darin, die Welt weder ausschließlich als Welt ohne Zuschauer noch ausschließlich als Welt der Zuschauer zu betrachten. Um beim obigen Beispiel zu bleiben: Es gibt den *Apfel für mich*, den *Apfel für Anna*, den *Apfel für Paul* und den *Apfel*. Der NR behauptet: Die Welt sei zwar eng mit dem Zuschauer verbunden, aber sie existiere auch ohne ihn.

Dem NR geht es um die Klärung der Beziehung zwischen Zuschauer und Welt. Die Verbindung zwischen Zuschauer und Welt wird durch den Begriff des Sinnfeldes hergestellt. Demnach existieren die Gegenstände der Welt für den Zuschauer immer nur in Bezug auf ein *Sinnfeld*: „Ich nenne nun einen Gegenstandsbereich, der dadurch individualisiert wird, dass seine Gegenstände auf eine bestimmte Weise erscheinen, ein *Sinnfeld*" (Gabriel, 2014, S. 196). Oder: „Sinnfelder sind Bereiche, in denen etwas, bestimmte Gegenstände, auf eine bestimmte Art erscheinen." (Gabriel, 2013, S. 91)

Somit könnte man sagen: Elfen, Trolle und Feen existieren im Sinnfeld isländischer Mythen, wogegen mein Schreibtisch, mein Computer, die Katze meiner Nachbarn im Sinnfeld meiner Wohnumgebung existieren. Existenz bedeutet demnach *Erscheinen in einem Sinnfeld*:

„Ich definiere ‚Existenz' nun entsprechend als ‚Erscheinen-in-einem-Sinnfeld'" (Gabriel, 2014, S. 196) oder einfacher: „Existenz = Erscheinung in einem Sinnfeld" (Gabriel, 2013, S. 96).

Allerdings wirft der NR neue Probleme auf. Das Verhältnis von Mensch und Welt wird analog dem Verhältnis von Zuschauer und Bühne gedacht. Starr erscheint auch die im NR vorgenommene Entgegensetzung von Realismus und Konstruktivismus: „Der alte Realismus, sprich die Metaphysik, interessierte sich nur für die Welt ohne Zuschauer, während der Konstruktivismus recht narzisstisch die Welt und alles, was der Fall ist, auf unsere Einbildungen gründete." (Gabriel, 2013, S. 15) Der Realismus wird durch die These charakterisiert, „dass wir die Dinge an sich erkennen, wenn wir überhaupt etwas erkennen." (Gabriel, 2013, S. 267) Die meisten Realisten scheinen weit von dieser These entfernt zu sein.

Andererseits wird Gabriel weder der kantischen Philosophie noch dem an diese anknüpfenden Konstruktivismus gerecht, wenn er ihnen Fähigkeit zur Unterscheidung zwischen Wahrheit und Schein abspricht (Gabriel, 2013, S. 13) und den Konstruktivismus durch die Grundannahme definiert, dass „alle Tatsachen nur durch unsere vielfältigen Diskurse oder wissenschaftlichen Methoden" konstruiert sind (Gabriel, 2013, S. 265).

Bei Kant sind es gerade die Regeln der Vernunft, die der sinnlichen Wahrnehmung Sicherheit verleihen und sie vor falscher Deutung bewahren. Der Radikale Konstruktivismus identifiziert sogenannte kognitive Konstanzleistungen des Gehirns (z.B. Abstraktion, Invariantenbildung oder Objektkonstanz), die uns eine stabile Umwelt empfinden lassen und dafür sorgen, dass wir Objekte in unterschiedlichen Lagen, Kontexten und Beleuchtungssituationen wiedererkennen (Roth, 1987, S. 247ff.). All das widerspricht der Interpretation, wonach die Welt nur durch Diskurse und wissenschaftliche Methoden konstruiert wird.

Existenz ist im NR immer relativ zu einem Sinnfeld. Damit bleibt aus meiner Sicht offen, wann ein Gegenstand als real bezeichnet werden kann. Existenz und Realität sind zweierlei. Feen und meine Büromöbel mögen in ihren eigenen Sinnfeldern existieren (hier das Sinnfeld der Sagenwelt, dort das Sinnfeld meines Büros), aber sind Feen und andere Fabelwesen deshalb genauso real wie meine Büromöbel? Wohl kaum! Gewiss, es gibt einen Unterschied. Aber worin dieser Unterschied besteht, klärt der Bezug auf das Sinnfeld letztlich nicht.

f. Strukturenrealismus

Physikalische Gesetze sind Ausdruck struktureller Zusammenhänge. Um ein Beispiel zu nennen: Newtons zweites Gesetz behauptet eine direkte Proportionalität zwischen der auf einen Körper einwirkenden *Kraft* und seiner *Beschleunigung*, kurz: $F \sim a$. Je stärker ich zum Beispiel mit dem Fuß gegen einen Ball trete, desto schneller bewegt er sich. Es besteht also ein stabiler Zusammenhang zwischen *Kraft* und *Beschleunigung*. Die Beziehung $F \sim a$ lässt sich erfolgreich anwenden, weil sich die Natur entsprechend verhält. Anders formuliert: Die Beziehung der direkten Proportionalität (also $\sim$) zwischen F und a ist real. Dies ist die Position des Strukturrealismus.

Der von Henri Poincaré (1854–1912) vertretene Strukturenrealismus besagt, dass wir zwar keine unmittelbare Kenntnis der realen Objekte haben, aber mit den physikalischen Gleichungen Beziehungen zwischen den realen Objekten und damit einen strukturellen Aspekt der Wirklichkeit erfassen.

James Ladyman hat 1998 die Unterscheidung zwischen einem epistemischen und einem ontischen Strukturrealismus vorgeschlagen. Der epistemische Strukturenrealismus behauptet, dass sowohl die Objekte als auch die zwischen ihnen erklärten strukturellen Beziehungen existieren, wobei wir nur Wissen über die Strukturen erlangen können, während uns der Zugang zur ‚wahren Natur' der Objekte verschlossen bleibt. Im Gegensatz dazu behauptet der ontische Strukturrealismus, dass nur Strukturen existieren (Lyre, 2006).

Offen bleibt jedoch die Frage, wie Strukturen als reale Grundlagen der Natur gedacht werden können. Denn Strukturen und Relationen sind ebenso wie die Begriffe ‚*Kraft*' und ‚*Beschleunigung*' Bestandteile der menschlichen Sprache, die niemals mit einem ‚Realitätskorrelat' außerhalb der Sprache verglichen werden können. Hinzu kommt die Schwierigkeit, dass ein Strukturenrealismus das Problem der Erste-Person-Perspektive nicht löst. Wie lässt sich privat Erlebtes in Strukturen auflösen? Man kann einen Regenbogen physikalisch (d.h. strukturell) erklären. Man kann jeder Farbe eine bestimmte Frequenz zuordnen. Aber man kann nicht erklären, wie ich persönlich Rot, Blau oder Violett erlebe. Meine persönliche Wahrnehmung von Rot, Blau und Violett resultiert nicht aus einer Struktur.

3. Die Phänomenologie und ihre Auswirkungen

a. Zurück zu den Sachen selbst!

Wie ich persönlich den Duft einer Rose empfinde, wie ihre Röte auf mich wirkt, was ich spüre, wenn meine Finger über ihre Blütenblätter gleiten, wie ich den Schmerz empfinde, wenn ich mich an ihren Stacheln reiße: Wahrnehmung beginnt mit dem Erleben in der Erste-Person-Perspektive. Dieser Gedanke ist zentral für die Phänomenologie. Begründet wurde die Phänomenologie von Edmund Husserl (1859–1938). Den Begriff ‚Phänomenologie' hat Husserl allerdings nicht geprägt. In einer anderen Bedeutung wurde das Wort ‚Phänomenologie' bereits von Hegel und auch schon vor Hegel verwendet. Husserls Phänomenologie befasst sich mit den *Phänomenen des Bewusstseins*. Er behauptete, dass nicht nur die exakten Wissenschaften zu neuen Erkenntnissen führen, sondern dass es auch eine Wissenschaft von den *Phänomenen des Bewusstseins* gibt, die zu neuen Erkenntnissen darüber führt, wie wir die Dinge erkennen.

Edmund Husserl war der zweitälteste Sohn einer jüdischen Familie. Er studierte Astronomie, Mathematik und Philosophie in Leipzig. Unter anderem hörte er Vorlesungen bei Wilhelm Wundt (1832–1920). Von 1884 bis 1886 hörte er in Wien Vorlesungen bei Franz Brentano, der ihm empfahl, seine Studien bei seinem Schüler Carl Stumpf (1848–1936) in Halle fortzusetzen. Dort entstanden 1900/01 seine ‚Logischen Untersuchungen', die Wilhelm Dilthey

(1833–1911) als den ersten großen Fortschritt der Philosophie nach Kant würdigte (MLP, S. 329ff.).

Husserl wurde maßgeblich von seinem Lehrer Franz Brentano beeinflusst. Von Brentano übernahm Husserl die Auffassung der Philosophie als einer exakten Wissenschaft (Stegmüller, Bd. 1, 1989, S. 49). Allerdings hielt es Husserl für verfehlt, in den Naturwissenschaften die Grundlage der Philosophie zu sehen (Holzhey/Röd, 2004, S. 143). Mit seinen programmatischen Worten ‚Zurück zu den Sachen selbst!' wandte er sich den Dingen zu, die uns unmittelbar gegeben sind: den *psychischen Akten* bzw. den *Akten des Bewusstseins.*

Im Gegensatz zu gegenständlichen Dingen (Tisch, Stuhl, Baum) sind die Akte des Bewusstseins auf etwas gerichtet. Diese besondere Eigenschaft der Akte des Bewusstseins bezeichnete Husserl als Intentionalität. Hier knüpft er unmittelbar an seinen Lehrer Franz Brentano an. Bei der Intentionalität spielt es keine Rolle, ob es sich um Fantasieprodukte oder um reale Objekte handelt. Ich kann mich z.B. auf die Comicfigur Donald Duck beziehen: ‚Donald Duck finde ich lustig'. Ebenso könnte ich mich auf einen Alltagsgegenstand beziehen: ‚Mein Laptop ist für mich bedeutsam'. Dagegen sind Gegenstände wie ‚Tisch', ‚Stuhl' oder ‚Baum', aber auch Vorgänge in der Welt (wie Erdbeben) nicht auf etwas gerichtet.

Husserls Unterscheidung von *Dingen* einerseits und *Akten des Bewusstseins* andererseits führt zur Aufspaltung von ‚Sein als Ding' und ‚Sein als Erlebnis'. Ich könnte mir vorstellen, dass die Dinge nicht da sind, während die Akte des Bewusstseins bleiben. Während also das „Sein als Ding" durchaus nicht sein könnte, sei es nicht möglich, dass das „Sein als Erlebnis" nicht ist (Husserl, 1913, S. 86). Das ‚Sein der Dinge' sei für das ‚Sein der Erlebnisse' keineswegs notwendig. Eine Vernichtung der Dingwelt sei durchaus denkbar, ohne dass damit zugleich der Wahrnehmungsstrom vernichtet würde.

Als naiv kritisierte Husserl eine Sichtweise, die den physischen Dingen Realität zuschreibt und dabei das Absolute des reinen Bewusstseins übersieht. Dieser geheimnisvollen physischen Realität werde sogar die Rolle zugeschrieben, Ursache der physischen Erscheinungen und der erfahrbaren Erlebnisse zu sein (Husserl, 1913, S. 101f.). Es ist umgekehrt: Die physischen Dinge setzen ein Bewusstsein voraus.

Die *Idee der Weltvernichtung* wurde zu einer wichtigen Methode von Husserls Phänomenologie: Ob es Gegenstände der Welt tatsächlich gibt oder nicht, könne zunächst unbeachtet bleiben. Husserl spricht von *eidetischer Reduktion.* Damit ist gemeint, dass von zufälligen Aspekten der Erfahrung und von Existenzannahmen abgesehen wird. Für dieses ‚Ausklammern' von Zufälligkeiten und Existenzannahmen verwendete Husserl den Begriff ‚Epoché'. Wenn man von allem Zufälligen absehe, bleibe das *Wesen der Sache* (das eidos) übrig (Holzhey/Röd, 2044, S. 146). Husserl verdeutlichte dies z.B. an Beispielen aus der Mathematik. In der Mathematik sprechen wir gewöhnlich nicht von konkreten Dreiecken, sondern von Dreiecken im Allgemeinen (Husserl, 1913,

S. 14). Wir sagen etwa: Es gehört zum *Wesen des Dreiecks*, dass seine Innenwinkelsumme immer 180° beträgt. Von konkreten Seitenlängen und speziellen Winkeln wird dabei völlig abstrahiert. Auch der folgende Satz beschreibt das *Wesen einer Sache*: Alle materiellen Dinge (unabhängig von ihrer zufälligen Form, Farbe oder Zusammensetzung) sind ausgedehnt (Husserl, 1913, S. 16). Wenn wir einen Baum wahrnehmen, zählen wir zu seinem Wesen: ‚materielles Ding', ‚Pflanze', ‚Baum' oder ‚Frucht'. Der Baum als wahrgenommenes Objekt kann verbrennen, aber seine Wesenheiten bleiben. Enthalte ich mich eines Urteils über das Sein oder Nichtsein der Welt, so bleiben notwendig mein *Ich und sein Ich-Leben* zurück (Husserl, 1995, S. 26).

Bei der Erfassung des Wesens einer Sache spielt die Evidenz eine wichtige Rolle. Husserl hat den Begriff der Evidenz von Brentano übernommen. Um ein Beispiel für Evidenz zu geben: Es ist nicht denkbar, dass ich ‚2 + 2 ist 4' einsehe und ein anderer ‚2 + 2 ist nicht 4' ebenso einsieht. Dasselbe gilt für Urteile wie ‚Kein Dreieck hat nicht drei Seiten' oder ‚Es ist nicht möglich, dass ich den Gegenstand, den ich liebe, nicht liebe' oder ‚Es ist nicht möglich, dass mein Schmerz kein Schmerz ist'. Alle diese Sätze gelten erfahrungsunabhängig (also a priori, somit allgemein und notwendig), obwohl die in ihnen enthaltenen Begriffe durchaus der Erfahrung entstammen können (z.B. Schmerz, Liebe oder Rot). Franz Brentano nennt solche Urteile evident.

Das unmittelbare gefühlsmäßige Erfassen der Wahrheit ist auch der Kern von Brentanos Lehre von der Evidenz. Was Evidenz ist, lasse sich aber nicht einfach definieren, sondern müsse erfahren werden. Evidenz sei ein Erlebnis, das einem widerfahre. Brentano beschrieb Evidenz so: „Bei Evidenz ist Irrtum ausgeschlossen" (Brentano, 1930, S. 144) oder „Es ist mir evident, sagt so viel als, es ist mir sicher." (Brentano, 1930, S. 144) Um Brentanos Begriff der Evidenzwahrheit auf eine knappe Formel zu bringen: Wahr ist, was ich einsehe, ohne dass ein anderer das Gegenteil einsehen kann (Brentano, 1930, S. XX [Einleitung des Herausgebers]).

Ähnlich verstand Husserl die Evidenzerfahrung als ein unmittelbares Erfassen der Wahrheit. Evidenz sei ein „unmittelbares Innewerden der Wahrheit selbst" (Husserl, 1968, S. 13). An anderer Stelle schrieb er: „Evidenz ist vielmehr nichts anderes als das ‚Erlebnis' der Wahrheit." (Husserl, 1968, S. 190) Bei der Evidenz gehe es um das „Erlebnis der Zusammenstimmung zwischen der Meinung und dem selbst Gegenwärtigen [...]" (Husserl, 1968, S. 190). Evidenz sei somit das objektive Gegenstück zum subjektiven Für-wahr-Halten.

Die Welt erlebe ich nur durch mich und in mir. Auch den ‚Anderen' erfahre ich nicht anders als in mir: „‚In' mir erfahre, erkenne ich den Anderen, in mir konstituiert er sich – appräsentativ[42] gespiegelt, und nicht als Original."

42 Unter *Apprehension* versteht Husserl die unmittelbare Erfahrung oder Wahrnehmung eines Gegenstandes oder einer Situation.

(Husserl, 1995, S. 153) Wenn ich z.B. beim Liebesakt in das Gesicht des ‚Anderen' schaue, seine Haut und Haare in meinen Händen spüre, seinen Geruch und seine Körperwärme wahrnehme, habe ich es immer nur mit der Art und Weise zu tun, wie ich den ‚Anderen' persönlich erlebe. Das *in sich geschlossene Ich* nennt Husserl (in Anlehnung an Leibniz) *Monade. Ich* bin in diesem System die *Urmonade*, die aus sich heraus die anderen Monaden gewinnt. Damit aber steht Husserl vor der Frage: „Wie komme ich aus meiner Bewußtseinsinsel heraus, wie kann, was in meinem Bewußtsein als Evidenzerlebnis auftritt, objektive Bedeutung gewinnen?" (Husserl, 1995, S. 86)

Den Grund der Intersubjektivität sieht Husserl darin, dass alle Einzelsubjekte (die Monaden) harmonisch aufeinander abgestimmt sind:

> Danach gehört zur Konstitution der objektiven Welt wesensmäßig eine ‚Harmonie' der Monaden, eben diese harmonische Einzelkonstitution in den einzelnen Monaden, und demgemäß auch eine harmonisch in den einzelnen verlaufende Genesis. (Husserl, 1995, S. 110)

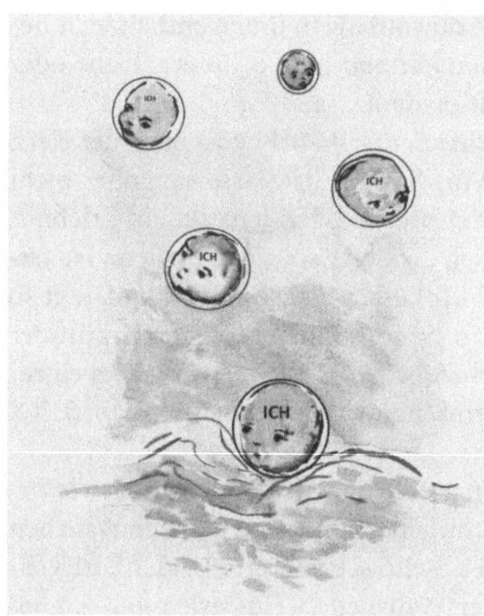

Monaden
Quelle: Aischa Sabbouh-Eggert
(vom Autor nachbearbeitet)

Husserls Weg aus der egoistischen Perspektive ist der Hinweis, dass Personen durch kommunikative Akte miteinander in Beziehung stehen. In dieser Wechselbeziehung erfährt der Betroffene Zustimmung oder Ablehnung. Diese kommunikative Umwelt gehe der egoistischen Umwelt voraus.

Im ersten Drittel des 20. Jahrhunderts kam es mit der Entwicklung der Relativitätstheorie und der Quantentheorie zu tiefgreifenden Veränderungen in den Naturwissenschaften. Die Naturphänomene wurden in einer nie dagewesenen Weise mathematisiert. In abstrakten mathematischen Objekten und Gleichungen schien sich das wahre Wesen der Natur zu offenbaren. Damit entkoppelten sich die

---

Apprehension ist für Husserl der Ausgangspunkt jeder Erkenntnis. In der *Apprehension* erleben wir einen Gegenstand oder eine Situation direkt und unmittelbar, ohne Vorurteile, Annahmen oder Interpretationen. Es handelt sich also um eine Art des ‚Anschauens', bei der wir uns dem Gegenstand einfach öffnen und ihn in seiner unmittelbaren Präsenz erfahren.

Naturwissenschaften zunehmend von der Lebenswelt. Alle mathematischen Modelle und abstrakten Objekte der modernen Naturwissenschaften waren für Husserl nur Beziehungen an der Oberfläche. Die abstrakten Formen der modernen Naturwissenschaften stellen theoretische Konstruktionsleistungen dar. Darüber darf nicht vergessen werden, dass allein die erlebte Welt den ‚Urboden' von Theorie und Praxis bildet. Um die Wurzeln wissenschaftlichen Handelns zu finden, müsse man in die Lebenswelt zurückgehen. Nur in der Lebenswelt könne die ursprüngliche Evidenz gefunden werden. Husserl sprach von einem Apriori der Lebenswelt (Holzhey/Röd, 2004, S. 162).

Husserls Wunsch nach einer wissenschaftlichen Philosophie hat sich letztlich nicht erfüllt. Dies würde ein Wissen voraussetzen, das unmittelbar verfügbar und unabhängig von Interpretationen ist und auch nicht von theoretischen Konzepten abhängt: ein Wissen, das endgültig ist.

b. Realitätsgegebenheit

Woher weiß ich von der Realität eines Apfels? Weil ich seine Wirkung direkt spüren kann, wenn er mir z.B. auf den Kopf fällt! Der Apfel ist Teil meines Bewusstseins und meines Erlebens. Seine Realität hat im genannten Beispiel keinen hypothetischen Charakter, sondern wird von mir direkt erlebt, sie widerfährt[43] mir. Einen solchen Zugang zum Begriff der *Realität* verfolgte Wilhelm Dilthey (1833–1911).

Wilhelm Dilthey gehörte zu den wichtigsten nachidealistischen Philosophen des 19. Er begann 1852 ein Studium der Geisteswissenschaften in Heidelberg. Sein philosophischer Lehrer war der Hegelianer Kuno Fischer. Er hatte Professuren in Basel, Kiel, Breslau und Berlin inne. Sein Werk ist Ausdruck einer ständigen Weiterentwicklung, blieb aber ein Torso (MPL, S. 182).

Um Diltheys Realitätskonzept an einem Alltagsbeispiel zu verdeutlichen: Wenn ich gegen eine Glastür laufe, dann sind es Erlebnisse wie das plötzliche Abbrechen einer Bewegung, das Druck- und Schmerzerlebnis, vielleicht auch die bekannten ‚Lichtflecke', wenn der Kopf gegen ein Hindernis stößt, durch die sich mir die Realität der Tür erschließt. Solche Widerstandserfahrungen bildeten für Dilthey den Ausgangspunkt für das Verständnis von Realität. Dilthey verband die Realität mit der Erfahrung von etwas Widerständigem:

> Nur in einem Bewußtsein, in welchem Willensimpuls und Widerstand auftritt, ist uns ein Wirkliches, ist uns eine Materie und schließlich dieser Erdball in einem Universum von Himmelskörpern gegeben.
> (Dilthey, 1890, S. 117)

43 Das Wort ‚widerfahren' wird hier im Sinne von ‚zuteilwerden' verwendet.

Das Gegebensein von Realität interpretierte Dilthey als ein Verhältnis von *Wille* und *entgegenstehendem Widerstand.* Wenn wir handeln, stößt unser Wille auf Widerstand. Aus der Hemmung unseres Wollens schließen wir auf die Realität (Dilthey, 1890, S. 104). Anders ausgedrückt: Die Realität ist Ausdruck dessen, was unserem Willen entgegensteht und was uns widerfährt. Ein Beispiel ist die unerwartete Explosion beim Mischen von Chemikalien, die uns von der Realität einer Natur überzeugt, die eben nicht nur die Dienerin unseres Willens ist.

Auch die Willensunabhängigkeit von Eindrücken kann uns von einer Realität überzeugen. Dilthey nannte als Beispiel die Erfahrung, dass ein Gegenstand nicht folgt, wenn ich meine Augen bewege. Dazu gehöre auch die Nichtverdrängbarkeit von Wahrnehmungen, z.B. das Klingeln meines Weckers, das mich jäh aus dem Schlaf reißt.

Manchmal gelingt es uns jedoch, die Kräfte, die auf uns einwirken, unserem Willen zu unterwerfen. Dilthey nannte als Beispiel die in ein Tintenfass getauchte Feder, mit der wir ein gewünschtes Zeichen auf ein Blatt Papier bringen (Dilthey, 1890, S. 116).

Aber in all diesen Wahrnehmungen trete nie eine ‚Realität als solche' hervor. Um von bestimmten Widerstandserfahrungen auf eine Realität zu schließen, bedürfe es immer eines vermittelnden Denkprozesses. Die *Realität selbst* stehe uns nie unmittelbar vor Augen, sie sei immer nur mittelbar als etwas Begriffliches verfügbar. Stets seien Denkprozesse notwendig, um die denkende Erfahrung der Realität herbeizuführen (Dilthey, 1890, S. 127). Die Realität der Außenwelt sei zugleich die allgemeinste Voraussetzung, die all unseren Schlüssen im gewöhnlichen Leben zugrunde liege (Dilthey, 1890, S. 128).

Die Realität des ‚seelischen Innenlebens' anderer Menschen könne nur durch einen logischen Schluss erfasst werden: Körperliche Äußerungen lassen auf seelische Vorgänge schließen. Zeigt eine bestimmte Person ein mir bekanntes körperliches Verhalten, so schließe ich daraus auf ihren inneren Zustand. Schaue ich in ein tränenüberströmtes Gesicht, so lässt mich die Verwandtschaft mit eigenen Erfahrungen auf den inneren Zustand des Anderen schließen (Dilthey, 1890, S. 110). Dieses Nachempfinden des fremden Inneren sei untrennbar mit dem Mitgefühl verbunden:

> Aus dem Mitfühlen mit anderen entspringt zugleich die Überzeugung ihrer *kernhaften wertvollen Existenz*, die Achtung vor ihrer *Selbständigkeit* und doch ein Bewußtsein von Verwandtschaft und *Solidarität* mit ihnen. (Dilthey, 1890, S. 112)

Im Bewusstsein des Anderen und Fremden entsteht aber zugleich das Bewusstsein von Verwandtschaft und Ähnlichkeit: „Mitfühlen innerer Zustände, Mitleid und Mitfreude" (Dilthey, 1890, S. 113). Diese gefolgerten, den eigenen verwandten Realitäten „bilden unseren sozialen Horizont". (Dilthey, 1890, S. 113).

Dilthey sah sich mit dem Einwand konfrontiert, dass Traumbilder, Sinnestäuschungen und Sinnesstörungen als real empfunden werden können. Wie lassen sich Halluzination und Realität unterscheiden? Dilthey berief sich in seiner Entgegnung auf die psychiatrische Erfahrung, dass die für bestimmte Krankheiten typischen Fantasiebilder nicht mit der Zuschreibung von Realität verbunden seien (Dilthey, 1890, S. 119). Als Beispiel nannte er Patienten, die das Gefühl hatten, ihre Beine würden von einem fremden Willen beherrscht. Eine andere Person fühlte sich von etwas umhüllt, auch vom Gefühl der eigenen Nichtexistenz wurde berichtet, von der Fremdheit der eigenen Stimme, aber auch von der traumartigen Wahrnehmung anderer Personen. Hier wandte Dilthey ein, dass all diese Wahrnehmungen nicht mehr in einen bisher vorhandenen Wirkungszusammenhang eingeordnet werden könnten, weshalb all diesen Bildern etwas Schattenhaftes innewohne:

> Denn Wille, Impuls, willkürliche Bewegung, und dann wieder energischer Widerstand verleihen dem Leben die volle Realität; Einordnung der Einzelbilder in eine gesetzmäßige Wirklichkeit, welcher sie subordiniert werden, verdichtet diese Wirklichkeit zu einem nach eignen Gesetzen uns widerstehenden Zusammenhang; willkürliche Bewegungen bestätigen diese Realität: alles das mangelt der Traumsphäre.
> (Dilthey, 1890, S. 124)

Die Hypothese von einer nur vorgetäuschten Welt hielt Dilthey zwar für nicht widerlegbar, aber ihre Unwahrscheinlichkeit spreche gegen sie:

> Mögen wir es Ich nennen oder Gott oder Dämon, es ist die abenteuerlichste Vorstellung, die wir fassen können: ein hypothetisches Ungeheuer ohnegleichen. [...] Als ich, dieser einzelne Mensch, zu erfahren und zu erinnern begann, muß dies Wesen schon auf den Zusammenhang aller künftigen Erfahrungen meine allererste Erfahrung eingerichtet haben. Ein unermeßlicher Aufwand von Intelligenz muß beständig für den nichtigsten Zweck – einen bloßen Schein aufgewandt werden. [...] Man sieht, wie unwahrscheinlich eine solche Annahme ist. [...] Aber – allgemeingültig widerlegen kann sie niemand!
> (Dilthey, 1890, S. 129)

Diltheys Hinweis, dass die psychiatrische Erfahrung den Unterschied zwischen Realität und Halluzination lehren könne, erscheint schwach: Wahnvorstellungen seien nicht mit der Zuschreibung von Realität verbunden. Hier wird ein empirisches Argument (psychiatrische Erfahrung) angeführt, um ein philosophisches Problem zu lösen. Zumindest als Gedankenexperiment ist der Einwand denkbar, dass ein Traumbild eine solche Perfektion besitzt, dass es von einer Realitätswahrnehmung nicht zu unterscheiden ist. Das Problem bleibt also offen: Wie kann ich eine als real empfundene Wahnvorstellung von einem realen physischen Objekt unterscheiden?

Die Angst vor Spinnen und die damit verbundene Kindheitserinnerung: *Psychisches* und *Historisches* können ebenso Momente des Realen sein. Solche Fragen beschäftigten unter anderem Max Scheler (1874–1928).

Max Scheler wurde während seines Studiums in Jena mit dem Neukantianismus vertraut. Die Lektüre von Husserls ‚Logischen Untersuchungen (1990/01)' führte ihn zu einer Korrektur seiner Auffassung. Wegen eines öffentlichen Skandals, den seine eifersüchtige Frau verursacht hatte, konnte er nicht in Jena bleiben und wechselte an die Universität München, wo er sich dem Kreis der Phänomenologen anschloss (MPL, S. 635f.).

Scheler kritisierte, dass Dilthey das *Erleben der Realität* einseitig mit dem *Problem der Realität der Außenwelt* verbinde (Scheler, 1927, S. 292). Realität zeige sich auch in den Sphären des *Gewesenen* und des *Psychischen*.

David Katz (1884–1953) konnte überzeugend nachweisen, dass der Tastsinn eine wichtige Rolle bei der Entwicklung des Glaubens an die Realität einer Außenwelt spielt. Ein in Wasser getauchter Stab erscheint dem Auge geknickt. Fährt man mit der Hand daran entlang, bemerkt man die optische Täuschung. Der Tastsinn ist zugleich die Grundlage wichtiger physikalischer Begriffe wie Undurchdringlichkeit, Widerstand und Kraft (Katz, 1925, S. 124). Katz nannte Beispiele von Kleinkindern und optisch Halluzinierenden, die sich durch einen Tasteindruck der Realität von Gegenständen versichern (Katz, 1925, S. 125).

Der Tastsinn ist tief in unserer Sprache verwurzelt: ‚Nachdruck verleihen', ‚ausdrücken', ‚fassbar', ‚erfassen', ‚Mut fassen', ‚begreifen', ‚begreiflich' und ‚Begriff'. Im Wort ‚begreifen' wird das körperliche Greifen, Fassen um die geistige Aneignung erweitert. Dies ist auch in dem Wort ‚begrifflich' enthalten, das aus ‚fassbar' und ‚begreifend' entstanden ist. Auch in der Sprache der Physik finden sich zahlreiche Begriffe, die sich auf den Tastsinn beziehen: Reibung, Zähigkeit, Stoß, Trägheit, Schwere, Impuls, Spannung, Elastizität und Druck.

c. Kritischer Realismus

Physiker sprechen z.B. von *materiellen Atomen, die sich in Raum und Zeit* bewegen. Aber sie klären die Begriffe ‚*Raum*', ‚*Zeit*' und ‚*Materie*' nicht. Dazu haben sie auch keine Kompetenz. Hier sind die Philosophen gefragt:

> Keine noch so exakte Naturwissenschaft kann sagen, was Raum, Zeit, Materie, Bewegung selbst eigentlich sind, geschweige denn was Wirken und Bewirktwerden ist. Sie setzt dies alles schon voraus, und zwar ohne sich um Begründung oder Rechenschaft über das Vorausgesetzte zu bekümmern. (Hartmann, 1965, S. 7)

Ende des 19. und Anfang des 20. Jahrhunderts befand sich die Physik in einer Umbruchsituation. Die spezielle Relativitätstheorie und die Quantentheorie stellten auch die Philosophie vor neue Herausforderungen. Vor dem Hintergrund der Newton'schen Mechanik entwickelte Konzepte wie ‚absoluter Raum', ‚absolute Zeit' und ‚Kausalität' standen zur Disposition. Die Philosophie ‚flüchtete' sich unter anderem in lebensphilosophische Themen. Der Neukantianismus reagierte auf die Entwicklungen in den modernen Naturwissenschaften mit originellen Ansätzen, die sich zum Teil weit von Kant entfernten.

Für Nicolai Hartmann (1882–1950) waren diese Entwicklungen Anlass, die Frage nach dem *Sein* wieder in den Vordergrund zu rücken:

> wir müssen deswegen zur Ontologie zurück, weil die metaphysischen Grundfragen aller Forschungsgebiete, auf denen philosophisches Denken arbeitet, ontologischer Natur sind, […] (Hartmann, 1965, S. 2)

Hartmann stand ursprünglich (bis zu seiner Habilitation) in der Tradition des Neukantianismus. Unter dem Einfluss der Phänomenologie Schelers und Husserls wandte sich Hartmann vom Neukantianismus ab. Seine Ansätze gewannen bald eine große Eigenständigkeit. In der philosophischen Landschaft wirkte Hartmann wie ein Solitär. Den Materialismus lehnte er generell als mechanisch ab. Hartmann kehrte zu den Themen der klassischen Ontologie (siehe Glossar: Ontologie) zurück. Er entwarf eine moderne *Lehre vom Sein* (Ontologie) und entwickelte ein Konzept vom *Stufenaufbau der Welt*. In seiner Philosophie stehen sich nicht mehr nur *Denken* und *Sein* gegenüber, sondern die Welt wird aus verschiedenen Seinsschichten zusammengesetzt gedacht.

Hartmann gehörte nicht zu den schwärmerischen Philosophen. Er entwickelte seine Gedanken mit großer Klarheit. Im Jahre 1901 unternahm er wochenlange Wanderungen durch die Wälder Livlands. Dabei hoffte er, ein Zeichen Gottes zu vernehmen. Er fand es jedoch nicht. So kam er zu der Überzeugung, dass nicht mystische Versenkung, sondern nur wissenschaftliche Arbeit zur Erkenntnis führe (Morgenstern, 1997, S. 15f.).

Hartmann zog eine klare Grenze zwischen Sein und Realität. In der Gleichung 2 + 5 = 7 komme den Zahlen ein Sein zu. Aber sind sie auch real? Hartmann unterschied zwischen ideellem und realem Sein. Was das *reale Sein* vom *idealen Sein* grundlegend unterscheidet:

> Realität ist aufdringlich. Sie wird nicht im Erkennen allein erfahren, sondern auch im Erleben und Erleiden, im Betroffensein des Menschen von den Geschehnissen, ja im Vor- und Rückbetroffensein[44]. Sie überfällt den Menschen und überzeugt ihn von sich im Überfall. (Hartmann, 1965, S. 247)

Diese Aufdringlichkeit verschwinde bei idealen Gegenständen. Ideales werde in einer inneren Schau erfasst (Hartmann, 1965, S. 51). Das Mathematische könne zum Idealen gerechnet werden. Das Ideale sei umfassender als das Reale. Es gebe nichts Reales, in dem kein Ideales enthalten sei (z.B. der Kreiszylinder als Form eines Turmes). Umgekehrt gebe es ideale Gebilde, die sich in keinem Realen wiederfänden. Als Beispiel nannte Hartmann die imaginären Zahlen mit der Einheit **i** (Hartmann, 1965, S. 258). Ideales Sein verhalte sich gleichgültig gegenüber realem Sein. Dies kann so interpretiert werden, dass Mathematiker problemlos mit mehrdimensionalen Räumen und abstrakten mathematischen Gebilden arbeiten können, unabhängig vom praktischen Nutzen oder irgendeiner Anwendung auf reale Zusammenhänge. Dagegen verhalte sich das reale Seiende niemals indifferent zum idealen Sein. Es sei kein realer Gegenstand denkbar, mit dem nichts Ideales verbunden sei (z.B. Kugelform).

Den grundlegenden Unterschied zwischen Realem und Idealem charakterisierte Hartmann so: „alles Reale ist individuell, einmalig, unwiederbringlich; und andererseits: alles Ideale ist allgemein, wiederkehrend, immerseiend." (Hartmann, 1965, S. 289) Dennoch ging Hartmann nicht so weit wie Platon, der den idealen Gebilden eine von den sinnlichen Dingen unabhängige Existenz zuerkannte. Hartmann entschied sich für die aristotelische Auffassung, dass das ideale Sein nicht losgelöst vom realen Sein bestehe, sondern in diesem enthalten sei. Damit nahm er dem idealen Sein den Nimbus des Erhabenen (Morgenstern, 1997, S. 69). Hartmann löste den Begriff der Realität von seiner Bindung an raum-zeitliche Gegenstände:

> Hält man die Räumlichkeit und die mit ihr eng verbundene Materialität für einen Wesenszug des Realen überhaupt, so kann man die Realität der psychischen Akte natürlich nicht fassen. (Hartmann, 1965, S. 10)

---

44 Rückbetroffenheit: Hier geht es z.B. um die Rückwirkung von Effekten, die der Mensch selbst ausgelöst hat. So führt z.B. die Ausbeutung der Natur durch den Menschen zu einer Rückbetroffenheit, die sich z.B. im raschen Verbrauch nicht erneuerbarer Ressourcen oder im Rückgang der Artenvielfalt äußert.
Vorbetroffenheit: Wir können z.B. von der Unausweichlichkeit des Kommenden vorbetroffen sein (z.B. vom nahenden Tod).

Realität könne nur durch ein unabweisbares Zeugnis erfasst werden (Hartmann, 1931, S. 14f.). Das Reale lasse sich nur erleben, so etwa, wenn dem Subjekt etwas zustößt, von dem es bedrängt wird. Ob ich den Charakter dieser Widerfahrnisse erkenne, spiele dabei keine Rolle. Ich erfahre die „Härte des Realen" (Hartmann, 1931, S. 18). Hartmann sprach von drei emotional-transzendenten Akten, in denen wir das Reale erleben (Hartmann, 1931, S. 30f.; Stegmüller, Bd. 1, 1989, S. 252):

Emotional-rezeptive Akte: Erfahren, Erleben und Erleiden
Wenn mir Unrecht widerfährt, erfahre ich dadurch die Realität dieses Tuns. Auch im Erleiden von Schmerz wird für mich z.B. die Realität eines stoßenden Gegenstandes erlebbar.

Emotional-spontane Akte: Weltwiderstand
Versuche ich eine schwere Last zu heben, spüre ich ihren Widerstand. Kämpfe ich gegen einen starken Gegner, so erfahre ich seinen Widerstand. Unsere Aktivitäten erfahren einen ‚Weltwiderstand'.

Emotional-prospektive Akte: „Das Rechnen mit dem Kommenden als einem Unaufhaltsamen" (Erwartung, Vorgefühl, Gefasstsein) (Hartmann, 1931, S. 20)
Es geht hier um das Vorbetroffensein durch zukünftige Ereignisse, die unaufhaltsam auf mich zukommen und denen ich nicht entrinnen kann (Hartmann, 1931, S. 23). Beispiele für Realitäten, die unausweichlich aus der Zukunft auf uns zukommen, sind: die Unausweichlichkeit, mit der ich geliebte Menschen verlieren werde, mit der aber auch mein eigener Tod naht; oder die Gewissheit, mit der irgendwann der Energievorrat der Sonne erschöpft sein wird.

Hartmann verankerte sein Realitätskonzept im Bereich des Erlebens. Grundgedanke war das Betroffensein, das Eintreten von Widerfahrnissen und das ‚Erleben des Widerständigen'. Allerdings sieht sich dieses Konzept mit dem Vorwurf konfrontiert, dass auch Wahnvorstellungen, Ängste oder Phobien als Widerfahrnisse oder Widerstände erlebt werden können: Ein *vermeintlich bevorstehender Tod* oder eine *eingebildete körperliche Erkrankung* können ebenso als Widerfahrnis erlebt werden wie ein *tatsächlich bevorstehender Tod* oder eine *tatsächlich vorhandene körperliche Erkrankung*. Sind der vermeintlich bevorstehende Tod oder eine eingebildete Krankheit genauso real wie der tatsächlich bevorstehende Tod oder eine tatsächlich vorhandene Krankheit? Wollen wir Wahnvorstellungen die gleiche Realität zuschreiben wie physischen Tatsachen? Können wir (wenn Realität nur durch emotionale Akte erfahren wird) überhaupt noch zwischen physikalischen Gegebenheiten und Wahngebilden unterscheiden?

Haben nicht andererseits auch ideale Gegenstände eine Aufdringlichkeit, die gerade ein Moment der Realität ist? In der Geometrie der Ebene drängt sich mir der Satz des Pythagoras auf. Warum sollte man Aufdringlichkeit immer nur im Sinne einer physischen Aufdringlichkeit verstehen?

4. Widerstände als Realitätszeugnisse

Widerstand, Skulpturenpark, Ayia Napa, Zypern
Quelle: Autor

„Ich bin der Geist, der stets verneint!" lässt Goethe Mephistopheles in Faust I (Vers 1338 ff.) ausrufen. Frei interpretiert: Das Streben nach Erkenntnis stößt immer auch auf Verneinung und Widerstand. Erst in der Verneinung unserer Entwürfe und Bestrebungen erfahren wir das Andere, das unserem Wollen Widerstrebende und damit das Reale, so die im Folgenden vertretene These. Auch Konstrukte können Widerstand leisten. Darin zeigt sich ihre Realität.

Um ein Beispiel zu nennen: Intelligenz ist ein Konstrukt. Aber ein bei einer Person festgestellter und kommunizierter IQ kann (im positiven oder negativen Sinne) spürbare Auswirkungen (z.B. in Form von Reaktionen der Mitmenschen) auf die getestete Person haben.

Eine Grundhaltung des Konstruktivismus lautet: Weltkonstruktion statt Weltabbildung (Reich, 2002, S. 6). Für den Konstruktivismus spricht, dass der Realismus nur schwer erklären kann, „warum menschliche Kulturen so unterschiedlich auf die angeblich reine Natur da draußen reagiert haben." (Reich, 2002, S. 7)

Für den Realismus spricht hingegen, dass wir uns kulturübergreifend darüber verständigen können, ob bestimmte Gegenstände, wie z.B. die Lampe auf meinem Schreibtisch oder die Pyramiden von Gizeh, wirklich da sind oder ob es sich nur um Illusionen handelt. Der Konstruktivismus kann nur schwer erklären, warum es Wissenschaftlern weltweit und kulturübergreifend gelingt, sich auf einen gemeinsamen Satz von Naturgesetzen zu verständigen.

Auf die Frage, was real ist, werden Konstruktivisten und Realisten unterschiedliche Antworten geben. Was ist realer: der Mount Everest oder Micky Maus? Konstruktivisten werden auf diese Frage keine eindeutige Antwort geben. Realisten werden den Mount Everest als Abbild der Realität verstehen (Reich, 2002, S. 25f.). Allerdings müssen Realisten begründen, warum der Mount Everest ein Abbild einer (subjektunabhängigen) Realität ist. Diese Begründung kann aber nicht gelingen, weil es keinen Zugang zu einer (subjektunabhängigen) Realität gibt. Wenn ein Realist von der Bewegung des Mondes um die Erde spricht, so erscheint dies nur dann sinnvoll möglich, wenn er annimmt, dass Raum, Zeit, die Bahnform der Mondbewegung und die Gesetze der Planetenbewegung auch unabhängig vom Beobachter existieren. Damit werden aber bestimmte subjektabhängige Eigenschaften (z.B. Raum, Zeit, Form und Gesetz) in ‚unzulässiger' Weise auf eine subjektunabhängige Welt übertragen.

Vertreter des modernen Realismus bezweifeln kaum noch, dass es keinen sprachfreien Zugang zur Realität gibt. Andererseits vertritt auch der radikalste Konstruktivist nicht die Position, dass die Welt beliebig konstruierbar sei. Für den Konstruktivisten ist Wahrnehmung ein aktiver Konstruktionsprozess. Teil dieses Konstruktionsprozesses sind auch Regeln, die allen Menschen gemeinsam sind (z.B. eine kausale Einstellung). Diese machen die Wahrnehmungen verschiedener Menschen vergleichbar.

Aber es bleibt die Frage: Wie kann ich mich von der Ich-Perspektive lösen, um übergreifende Zusammenhänge zu entdecken? Widerstandserfahrungen sind dafür gute Ansatzpunkte. Das im Widerstand erfahrene Reale ist eine solche übergreifende Verständigungsbasis.

Ein entscheidender Grund für die Dichotomie zwischen Realismus und Konstruktivismus liegt meines Erachtens darin, dass Realität zumeist als etwas verstanden wird, das unseren Sinnen Input liefert, sich aber unserem direkten Zugriff entzieht, wohl aber in irgendeiner Weise sprachlich wiedergegeben wird. Der Konstruktivismus erscheint insofern als Ausweg, als beim Konstruieren etwas aktiv erzeugt oder hergestellt wird. Daher wird bei der Konstruktion kein Abbild erzeugt und es scheint auch kein Original notwendig zu sein. Damit verhärten sich aber die Fronten zwischen Realismus und Konstruktivismus und es entsteht der Eindruck, dass zwischen Realismus und Konstruktivismus eine tiefe Kluft besteht.

Mir scheint, dass diese Kluft nur überwunden werden kann, wenn die ‚irreführenden Zuschreibungen' für beide Konzepte aufgegeben werden: Ein Realismus sollte sich von der Vorstellung verabschieden, dass wir Sinnesdaten von Dingen aus einer raum-zeitlichen Außenwelt unabhängig von unserer Innenwelt empfangen. Ein Konstruktivismus sollte nach den realen Grenzen des Konstruierbaren fragen.

Insbesondere der Phänomenologie nahestehende Philosophen haben Ansätze entwickelt, nach denen es bestimmte Realitätszeugnisse wie Widerstände, Hemmnisse, Einschränkungen, Entfremdungserfahrungen oder die Unausweichlichkeit des Zukünftigen sind, in denen sich das Reale geltend macht. Dieses Argument wird neuerdings von Schloßberger wieder aufgegriffen. Er schlägt vor:

> Eine Antwort auf die Frage, wie die Erfahrung der Realität gemacht wird, lautet: durch die Erfahrung der Widerständigkeit von ..... X (des ‚Psychischen' wie des ‚Physischen'). (Schloßberger, 2017, S. 1)

Der Kern all dieser Erfahrungen besteht im *Erleben des Widerständigen*. ‚Widerstand' kann erlebt werden als ‚Zwang', ‚Unausweichliches', ‚Widerstehendes', ‚Einschränkendes', ‚Härte', ‚Belastung', ‚Aufdringliches', aber auch als ‚Bewährung'[45]. Solche Widerstände finden wir in ganz unterschiedlichen Bereichen: Am deutlichsten sind sie bei physischen Körpern, die auf uns einwirken – ein Stein, der mich trifft, oder der Zusammenstoß mit einem Gegenstand, den ich vorher übersehen habe. Aber auch bestimmte Beziehungen oder Konstruktionen können real sein. So hindert mich der ‚Widerstand der Naturgesetze' daran, im Meer ohne weitere Hilfsmittel beliebig tief zu tauchen. Das *Gesetz des Schweredrucks in Flüssigkeiten* wird mir bald unmissverständlich seinen Anspruch auf Realität aufdrängen. Diese Überlegung lässt sich auch auf andere Zusammenhänge übertragen. Wenn ich gegen eine Rechtsnorm verstoße, hindert mich der Widerstand der Staatsgewalt an weiteren Gesetzesverstößen. Die Wirklichkeit des Staates wird für mich durch seinen Widerstand erfahrbar. Der Staat ist kein physischer Gegenstand wie ein Tisch oder ein Stuhl, sondern ein soziales Gebilde, dem man aber auch eine Realität zusprechen muss, weil er durch Widerstandserfahrungen erfahrbar wird. Widerstand bedeutet, eine Handlung oder Konstruktion nicht ausführen zu können: als ‚struktureller Widerstand' (z.B. die ‚Weigerung der Natur', sich in eine ‚einheitliche Weltformel' pressen zu lassen), als normativer Widerstand (z.B. die Sanktionierung bestimmter Verhaltensweisen durch den Gesetzgeber) oder als sozialer Widerstand (z.B. der Zwang, bestimmte Gruppenregeln einzuhalten). Auf diese Weise können Realitätszeugnisse gewonnen werden, die nicht auf die Wahrnehmung einer einzelnen Person beschränkt sind: *objektive Realitätszeugnisse*. Wahnvorstellungen, so real sie vom Einzelnen auch empfunden werden mögen, lassen sich damit klar von *objektiven Realitätszeugnissen* trennen: *Objektive Realitätszeugnisse* sind prinzipiell auch anderen zugänglich. Damit soll nicht bestritten werden, dass das persönliche Erleben einer Wahnvorstellung (z.B.

45 Das ‚Bewähren' kann als Widerstand gegen ein ‚Fallen' oder ‚Abstürzen' verstanden werden.

bei Vorliegen einer Gehirnerkrankung) real ist, nur ist es eben anderen Personen nicht zugänglich. Was an einer Wahnvorstellung auch für andere als real nachvollziehbar ist, könnte das Vorliegen einer bestimmten Gehirnerkrankung (z.B. eines Tumors) sein. Im Folgenden sollen einige Beispiele für *objektive Realitätszeugnisse* angeführt werden.

a. Moral

Wenn ich einen Geldbetrag finde, werden mich mein Gewissen und mein Rechtsbewusstsein dazu bewegen, das Geld an einer geeigneten Stelle abzugeben. Einen solchen Widerstand nenne ich ‚moralischen Widerstand'. Moralischer Widerstand kann auch dazu führen, dass ich eine Fliege, die mich im Zimmer stört, nicht töte, sondern durch einen Luftzug nach draußen befördere. Dem Übertreten einer moralischen Norm steht als Widerstand das sogenannte ‚Gewissen' entgegen. Ist dieser Widerstand stark genug, kann er den Normbruch verhindern.

Moralische Widerstände spielen auch in der Technik eine wichtige Rolle. So stellt die Unantastbarkeit der Würde des Menschen eine absolute Grenze der technischen Machbarkeit dar. Es darf keine Technik entwickelt und eingesetzt werden, die die Würde des Menschen verletzt. Der moralische Widerstand der Menschenwürde darf niemals gebrochen werden.

Allerdings spielt es für die Realität eines Wertes, wie z.B. desjenigen der Menschenwürde, keine Rolle, ob es sich dabei um einen universalen Wert[46] oder um eine kulturelle Setzung handelt. Die Realität des Wertes wird allein durch seinen Widerstand erfahrbar. Dieser Hinweis scheint mir wichtig vor dem Hintergrund eines von Gabriel jüngst in die Diskussion gebrachten ‚moralischen Realismus'. Danach wird die Realität moralischer Werte damit begründet, dass es sich um ‚moralische Tatsachen' handele: „Eine *Tatsache* ist eine objektiv bestehende Wahrheit." (Gabriel, 2020, S. 46) Der moralische Realismus wird so definiert:

> Der *moralische Realismus* nimmt an, dass es objektiv bestehende moralische Werte gibt, die wir erkennen können. Moralische Sätze wie ‚Du sollst nicht töten' oder ‚Du sollst deinen CO_2-Ausstoß reduzieren, damit die dir nachfolgenden Generationen auch noch gut leben können' sind demnach wahr, weil es moralische Tatsachen gibt, die diese Postulate abbilden. (Gabriel, 2020, S. 48)

46 Ein *Wert* also, der wie ein Naturgesetz für alle Menschen zu allen Zeiten gleichermaßen gilt.

Aber ein ‚Neuer Moralischer Realismus' begründet meines Erachtens nicht die Realität von Werten: ‚Real' kann ein Wert sowohl als *Konvention* als auch als *moralische Tatsache* sein. Es mag sein, dass wir die Wertesysteme von Staaten missbilligen, die nicht auf einem demokratischen Wertesystem beruhen. Wir betrachten das europäische Wertesystem (Menschenwürde, Freiheit, Demokratie, Gleichheit, Rechtsstaatlichkeit und Achtung der Menschenrechte einschließlich der Minderheitenrechte) als universal. Dafür gibt es gute Gründe. Dennoch treten uns andere Wertesysteme als Realität gegenüber, ob wir sie gutheißen oder nicht. Die entscheidende Frage ist aus meiner Sicht, wie ein Diskurs und ein Ringen um das bessere Argument unter der Bedingung konfligierender Wertesysteme gestaltet werden können.

b. Soziales

Rauchen, Social-Media-Sucht, Handysucht, Kaufrausch – all das sind Beispiele für Verhaltensmuster, die den Betroffenen das Leben schwer machen. Verhaltensmuster lassen sich nicht einfach abschalten wie ein elektrisches Gerät.

Die Realität von Verhaltensmustern wird durch die Veränderung oder Einschränkung von Handlungsmöglichkeiten erfahrbar. Verhaltensmuster spielen aber nicht nur eine negative Rolle. Sie stabilisieren gleichzeitig soziale Systeme. Dazu gehören z.B. bestimmte Begrüßungsregeln. Bei der Verletzung von Verhaltensmustern werden Widerstände unmittelbar erfahrbar: Verstöße gegen soziale Spielregeln führen in der Regel zu Sanktionen (Endruweit, 2014, S. 593).

Nach der Lerntheorie entstehen Verhaltensmuster nach dem Prinzip der Konditionierung, wobei z.B. Lob dazu führt, dass bestimmte Verhaltensweisen wiederholt werden. Wenn ein Schüler gewohnt ist, vor dem Spielen die Hausaufgaben zu erledigen, entsteht Widerstand gegen den Wunsch, nach draußen zum Spielen zu gehen, wenn die Hausaufgaben noch nicht erledigt sind.

Realitäten in Form von Verhaltensmustern lassen sich auch beim sogenannten Beobachtungslernen nachweisen. Ein berühmtes Beispiel ist die klassische Studie von Albert Bandura (1925–2021). Vorschulkindern wurden Filme gezeigt, in denen sich Erwachsene aggressiv gegenüber einer Puppe verhielten. Kinder, die dieses Rollenverhalten beobachteten, zeigten häufiger ein aggressiveres Verhalten gegenüber einer Puppe als Kinder, die dieses Rollenverhalten nicht beobachtet hatten (Endruweit, 2014, S. 594). Das Rollenverhalten schuf die Realität eines Verhaltensmusters, das zu aggressivem Verhalten führte.

Stabile Verhaltensmuster, die bestimmen, wie Menschen im Denken, Fühlen und Handeln auf ihre Umwelt reagieren, zeigen sich schon früh und bleiben bis ins Erwachsenenalter erhalten. Bereits in der Schule agiert der eine Schüler eher als sozial engagierter Kümmerer, während sich der andere zurückhält. Bei

Klassentreffen war ich oft erstaunt, wie wenig sich an diesem Verhaltensmuster auch Jahrzehnte später geändert hat, was sich meist auch in der Berufswahl widerspiegelt.

Sitten und Gebräuche sind ebenfalls soziale Konstrukte mit realen Auswirkungen. Es handelt sich um soziale Handlungen von Menschen, die regelmäßig wiederkehren und in stark ritualisierter Form ausgeübt werden. Sie dienen in erster Linie dem inneren Zusammenhalt der Gruppe. Dazu gehören bestimmte Feste wie Advent, Weihnachten, Dreikönige, Fastenzeit, Ostern und Erntedankfest, aber auch Begrüßungsrituale. Die Realität dieser Bräuche wird z.B. durch die Veränderung der Umgebung (z.B. Weihnachtsdekoration) oder durch veränderte Tagesabläufe (z.B. Gebetsrhythmen) unmittelbar erfahrbar. Das Abweichen von Bräuchen kann zum Ausschluss aus dem sozialen Verband führen.

Die sexuelle Orientierung ist ein weiteres Beispiel für ein soziales Konstrukt, das sich in realen Auswirkungen manifestiert. So herrschte bis in die 1990er Jahre das Konstrukt der ‚pathologisierten Homosexualität', das diese Form der sexuellen Orientierung als persönliche Störung kategorisierte und damit einer Mehrheit die Macht gab, eine Minderheit zu kriminalisieren. Zwangstherapien wurden verordnet, um diese Minderheit zu kontrollieren. Die Realität dieser Konstruktion wurde für die Betroffenen durch Ausgrenzung, Inhaftierung und schwerwiegende psychische und physische Folgen von Zwangsmaßnahmen spürbar. Wie sich soziale Realitäten verändern, zeigte der (allerdings nicht unproblematische) Übergang vom Konstrukt der ‚pathologisierten Homosexualität' zum Konstrukt der ‚Homosexualität als gleichberechtigte sexuelle Alternative'. Die ‚Entstörung' wurde nicht durch die individuelle Therapie der Betroffenen erreicht – denn diese haben sich selbst nicht verändert –, sondern durch die ‚Entstörung' des sozialen Konstrukts ‚Homosexualität' als Ergebnis eines gesellschaftlichen Diskurses (Tiling, 2004, S. 8).

Auch die Geschlechtsidentität ist eine soziale Konstruktion. So führte die biologische Verschiedenheit der Geschlechter zu einem Mann-Frau-Schema, das als Rechtfertigungsgrundlage für die Durchsetzung von Machtansprüchen gegenüber dem vermeintlich minderwertigen Geschlecht diente. Simone de Beauvoir (1908–1986) machte bereits 1949 darauf aufmerksam, dass mit dem biologischen Geschlecht eine bestimmte Wahrnehmung in der Gesellschaft verbunden ist. So wird die biologische Realität zur Rechtfertigungsgrundlage für Hierarchien und Machtverhältnisse in der Gesellschaft (Küppers, 2012, S. 4).

Umso überraschender war die Antwort auf die lange diskutierte Frage, ob sich die Gehirne von Männern und Frauen grundsätzlich unterscheiden. Vermeintliche Unterschiede in den Gehirnen von Versuchspersonen wurden häufig als Indiz dafür gewertet, dass es einen Unterschied zwischen einem weiblichen und einem männlichen Gehirn gibt. Untersuchungen des Forscherteams um Daphna Joel (geb. 1967) von der Universität Tel Aviv konnten durch die Analyse von MRT-Aufnahmen von mehr als 1400 menschlichen Gehirnen zeigen, dass es zwar geschlechtsspezifische Unterschiede im Gehirn gibt, das menschliche Gehirn aber nicht in zwei Kategorien ‚männliches Gehirn' und ‚weibliches Gehirn' eingeteilt werden kann (Joel u. a., Internetquelle 2015).

Mit Judith Butlers Buch ‚Das Unbehagen der Geschlechter' ist das Thema ‚Gender' in den Fokus des öffentlichen Interesses gerückt. Nach Butler wird das soziale Geschlecht durch den gesellschaftlichen Diskurs konstruiert, wobei unter Diskurs im Sinne Foucaults eine Menge von Aussagen zu einem bestimmten Thema verstanden wird. Dabei sind Diskurse immer mit bestimmten Machtansprüchen verbunden.

Für Butler sind binäre Oppositionen wie ‚weiblich/männlich', ‚Gefühl/Verstand', ‚Emotionalität/Rationalität' oder ‚Materie/Geist' kennzeichnend für die moderne westliche Philosophie, Kultur und Wissenschaft. Man könnte ergänzen, dass diese zum Teil ideologisch verhärteten binären Konstrukte den Status von wirkmächtigen Realitäten haben, die unser Denken und Handeln beeinflussen und sich als starke Widerstände bzw. Hemmnisse im Sinne von Einschränkungen von Denk- und Handlungsmöglichkeiten darstellen.

Marx sprach in seinem historischen Materialismus von der Materialität der Produktionsverhältnisse. Unter Produktionsverhältnissen verstand Marx die Gesamtheit der Beziehungen, die die Menschen im Produktionsprozess sowie bei der Verteilung, dem Austausch und der Konsumtion von materiellen Gütern eingehen. Produktionsverhältnisse sind stabile gesellschaftliche Muster, die sich in realen Wirkungen ausdrücken. Insofern können Produktionsverhältnisse als etwas Reales verstanden werden. Nach der Theorie von Marx bestimmen die Produktionsverhältnisse als Realität rechtliche und politische Einrichtungen sowie philosophische und religiöse Vorstellungen. So schrieb Friedrich Engels im ‚Anti-Dühring':

> [Es zeigte sich], daß also die jedesmalige ökonomische Struktur der Gesellschaft die reale Grundlage bildet, aus der der gesamte Überbau[47] der rechtlichen und politischen Einrichtungen sowie der religiösen, philosophischen und sonstigen Vorstellungsweise eines jeden geschichtlichen Zeitabschnittes in letzter Instanz zu erklären sind. (Engels: Anti-Dühring. Einleitung. 1878. MEW Band 20, S. 25)

Die ökonomische Struktur einer Gesellschaft ist nach der Lehre von Marx das Reale, das über Widerstände, Hemmnisse, Wirkungen und Begrenzungen der Handlungsmöglichkeiten den rechtlichen, politischen, religiösen und philosophischen Überbau einer Gesellschaft entscheidend bestimmt.

47 Der Begriff ‚Überbau' bezeichnet den Staatsapparat, die rechtlichen und politischen Institutionen des Staates, aber auch die politischen, religiösen, philosophischen und sonstigen Vorstellungen der Menschen.

c. Mathematik

Gibt es Widerstände auch in der Mathematik? Wahrscheinlich hat sie jeder schon einmal im Mathematikunterricht erlebt, wenn eine Aufgabe einfach nicht zu lösen schien. Ein weiteres Beispiel für Widerstände in der Mathematik ist die in der Schule beliebte konstruktive Demonstration der Innenwinkelsumme eines beliebigen ebenen Dreiecks. Zunächst bittet der Lehrer die Schüler, ein beliebiges Dreieck zu zeichnen. Dann schneiden die Schüler ihre Dreiecke aus, reißen die Ecken ab und legen die Ecken so aneinander, dass die Spitzen zusammenstoßen. Das ‚Aha-Erlebnis' besteht darin, dass alle Schüler feststellen: Egal wie das Dreieck gezeichnet wurde, die Ecken ergeben zusammen immer 180°. Auch wenn einige Schüler ein anderes Ergebnis erwartet haben: Gegen den Widerstand der Erwartungen und der Bemühungen, ein anderes Ergebnis zu erzwingen, ist die Summe der Innenwinkel eines Dreiecks in der Ebene 180°.

Nun könnte man einwenden, dass dies schon durch die Axiome der Geometrie festgelegt ist. Das ist richtig! Aber hier gilt das gleiche Argument. Wenn die Axiome einmal als Realitäten feststehen, dann ‚erzwingen' sie bestimmte mathematische Zusammenhänge und Strukturen.

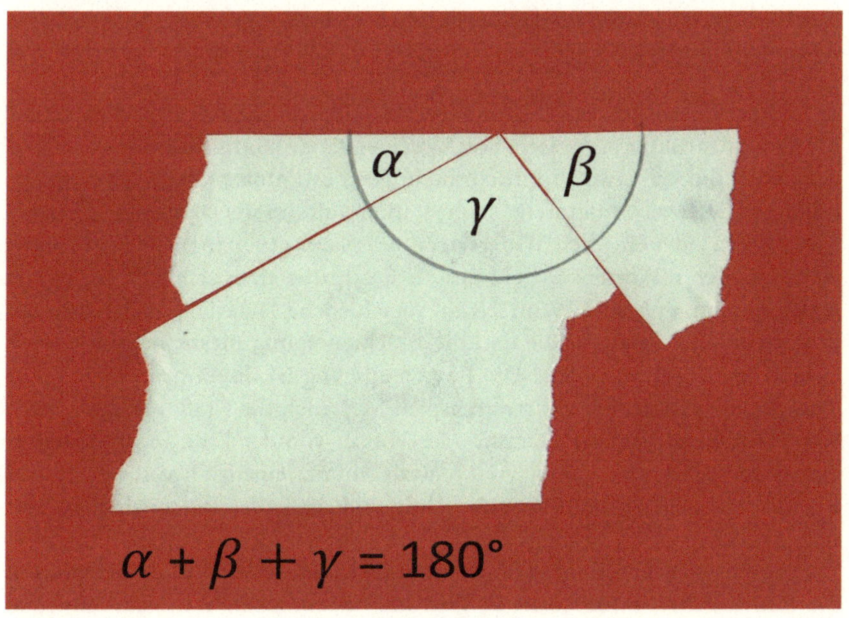

Konstruktive Demonstration des Innenwinkelsatzes für ebene Dreiecke
Quelle: Autor

Die Übertragung des Realitätsbegriffs auf die Mathematik ist freilich problematisch, weil damit die Trennung zwischen *Idealität* und *Realität* aufgehoben wird. Keinesfalls darf die Realität idealer Objekte im Sinne eines Platonismus verstanden werden, wonach ideale Objekte (z.B. Zahlen) als eigenständige Realitäten existieren. Unter der Realität eines mathematischen Objekts (z.B. Axiome, Rechengesetze oder Zahlen) ist nicht mehr und nicht weniger zu verstehen als der *Widerstand gegen die Möglichkeit der Ausführung bestimmter mathematischer Operationen und konstruktiver Handlungen.*

d. Naturwissenschaften

In der Physik spielt der Widerstand eine zentrale Rolle. Man begegnet einer Vielzahl von Widerständen: dem Strömungswiderstand, dem elektrischen Widerstand, dem Luftwiderstand, dem Widerstand eines Mediums gegen Kompression (Druck), dem Widerstand einer elastischen Feder gegen Dehnung, dem Widerstand von Festkörpern gegen Verformung, dem Reibungswiderstand oder der Trägheit als Widerstand gegen die Änderung des Bewegungszustandes. All diese Widerstände sind in irgendeiner Form sinnlich erfahrbar oder können zumindest durch ein geeignetes Messgerät sichtbar gemacht werden. Widerstand tritt hier häufig in Form eines Kausalzusammenhangs auf. Um ein Beispiel zu nennen: Komprimiere ich ein eingeschlossenes Gas (Ursache), so erhöht sich der Druck im Inneren (Wirkung), was ich als Widerstand spüre.

In der Physik gibt es jedoch zahlreiche Widerstände, die nicht diese einfache kausale Struktur aufweisen. Solche Widerstände sind z.B. ‚strukturelle Widerstände', die sich etwa als Einschränkungen bestimmter Konstruktionsmöglichkeiten äußern. ‚Strukturelle Widerstände' sind im übertragenen Sinne ein ‚Nein-Sagen' oder ein ‚Sich-Widersetzen' der Natur gegen manche Konstruktion. Mit anderen Worten: Es geht um die Erfahrung eines sich aufdrängenden realen Zusammenhangs. Wenn ich auf verschiedene Materialien oder auch auf Lebewesen eine Kraft ausübe und die Beschleunigung messe, dann finde ich immer den Zusammenhang: Die Beschleunigung ist direkt proportional zur einwirkenden Kraft. Ein anderes Beispiel: Messe ich die Kraft, mit der jeweils 1 kg Holz, Eisen, Federn, Gummi oder Wasser von der Erde angezogen werden, so messe ich unabhängig vom Material immer eine Kraft von 9,81 N, was a priori (ohne Erfahrung) nicht einsichtig und auch alles andere als selbstverständlich ist.

Ein historisches Beispiel für ‚strukturelle Widerstände' ist das Programm der Einheitlichen Feldtheorie. Es geht im Wesentlichen auf Albert Einstein (1879–1955) zurück. Er hatte 1905 die spezielle Relativitätstheorie begründet und damit eine einheitliche Theorie der Mechanik und des Elektromagnetismus geschaffen. Im Jahr 1915 entwickelte Einstein die allgemeine Relativitätstheorie, die im Kern eine universelle Theorie der Gravitation darstellt. Einstein hatte aber noch ehrgeizigere Ziele: nämlich eine einheitliche Theorie der Gravitation und des Elektromagnetismus, die auch die sich zu Beginn des 20. Jahrhunderts entwickelnde Quantentheorie umfassen sollte (Borzeszkowski, 2005, S. 11). Einstein und andere Physiker entwickelten immer ausgefeiltere Theorien. Doch alle Ansätze scheiterten. Das Programm reicht bis in die heutige Physik hinein. Es entstanden sogenannte Stringtheorien[48]. Eine experimentelle Bestätigung dieser Theorien fehlt bis heute. Die Natur scheint einen extremen Widerstand gegen alle Versuche zu leisten, sie in eine einheitliche Theorie zu zwängen. Dies veranlasste Wolfgang Pauli (1900–1958) zu dem zynischen Spruch: ‚Was Gott getrennt hat, soll der Mensch nicht zusammenfügen.‘

Die Biologie, die Ökologie und die Umweltwissenschaften liefern weitere Beispiele für Widerstände in der Natur. Der Kampf ums Überleben in der Natur: eine Kröte, die sich aufbläht, um nicht von einer Natter verschlungen zu werden; der Kampf eines Seeadlers mit einem Fisch oder der Kampf einer Hyäne mit einem Leoparden um Beute. Darwins Gesetz der Selektion: Es überlebt nur, wer dem Selektionsdruck widersteht. Gemeinsam ist diesen Beispielen der Kampf gegen massive Widerstände: Mit solchen Widerständen zeigt sich die Realität eines Gegners oder der Umweltbedingungen.

In der ökologischen Krise der Gegenwart stößt die Illusion der unbegrenzten Verfügbarkeit von Ressourcen und der beliebigen Gestaltbarkeit der Umwelt auf Widerstand. Die Veränderungen von Umwelt und Natur schlagen immer stärker auf die Lebensbedingungen der Menschen zurück: Klimawandel, Artensterben, Häufung von Unwettern, Ressourcenknappheit, Überschwemmungen und Ausbreitung von Wüstenregionen sind Widerstände, mit denen Umwelt und Natur ihre Realität gegen die Illusion ihrer ‚beliebigen Konstruierbarkeit‘ offenbaren.

48 Herkömmliche Theorien gehen von punktförmigen Teilchen aus. Stringtheorien legen ‚fadenförmige‘ Teichen (sogenannte Strings) zugrunde.

Thesen zur vierten Achse: Jenseits des Grabens zwischen Konstruktivismus und Realismus

„Wo steckt jetzt die Realität?", wollte mein Kollege Horst wissen. Nachdem ich in meinem Vortrag das Verhältnis von Konstruiertem und Realem dargestellt hatte, wollte er in der Kaffeepause meine Argumente etwas genauer erläutert bekommen. Mit einer Kaffeekanne in der Hand kam Horst auf mich zu. „Gerade wollte ich mir aus dieser Metallkanne einen Kaffee eingießen. Ich dachte, die Kanne sei voll. Ich habe aber festgestellt, dass die Kanne leer ist. Wo ist jetzt die Realität?" Ich antwortete: „Es war Dein Wille, Dir einen Kaffee einzugießen." „Das ist richtig", antwortete Horst. Ich fuhr fort: „Aber Dein Wille allein hat keine volle Kanne geschaffen. Du bist am ‚Widerstand der Realität der Leerheit der Kanne' gescheitert, denn deine Tasse blieb leer. Das Reale (hier die leere Kanne) widersetzte sich deinem Willen, schränkte deine Handlungsmöglichkeiten ein, Du konntest die Tasse nicht allein durch Deine Willensanstrengung füllen". Ob Horst mit dieser Erklärung zufrieden war, weiß ich nicht. Die Pause war zu Ende. Wir gingen zurück in den Hörsaal.

Was bleibt vom Realismus? Die Behauptung der unmittelbaren Erlebbarkeit des Realen durch vielfältige Widerstände. Aber der Realismus sollte von unhaltbaren Annahmen befreit werden: So etwa von der Vorstellung einer kausalen Beziehung zwischen einer ‚subjektunabhängigen Außenwelt' und der ‚Wahrnehmung' oder von dem Irrglauben, man könne dem Realen Eigenschaften wie ‚Räumlichkeit' oder ‚Materialität' zuschreiben. Die Vorstellung eines kausalen Zusammenhangs zwischen den Dingen einer raum-zeitlich gedachten Außenwelt und unseren Sinnen ist selbst etwas Konstruiertes – und wir haben keine Möglichkeit, uns in eine Gottesperspektive außerhalb dieser Konstruktion zu versetzen, um ihre Richtigkeit zu überprüfen.

Auf der anderen Seite bedeutet Konstruktivismus kein beliebiges Konstruieren. Dies zeigt die konstruktive Tätigkeit des Gehirns: Es konstruiert die Welt mittels willentlich nicht beeinflussbarer Ordnungskriterien, die teils durch ‚neuroanatomische Grobverdrahtung' angeboren sind, teils im Laufe des Lebens erworben werden (Roth, 1987, S. 235) sowie unter dem Zwang von Umgebungsfaktoren. Entscheidender aber ist: Konstruiertes kann sich als real erweisen. Das haben die obigen Beispiele gezeigt.

Wenn aber Reales nur über Widerstände erfahrbar ist, stellt sich die Frage: Wo ist das Reale, wenn es dem Willen keinen Widerstand entgegensetzt?

Ich bin mir nicht sicher, ob diese Frage überhaupt sinnvoll beantwortet werden kann. Das Reale drückt ja gerade das Verhältnis zwischen meinem Willen und etwas von ihm Unabhängigem aus. Um das zu verdeutlichen: Ein Science-Fiction-Autor beschreibt zum Beispiel sehr detailliert außerirdische Lebensformen. Vielleicht gibt es sie tatsächlich irgendwo, vielleicht sind sie aber auch nur Fiktion. Ihre Realität zeigt sich erst, wenn ich direkt von ihren Auswirkungen betroffen bin. Was aber ist mit Dingen, die ihre Realität bereits gezeigt haben oder jederzeit zeigen könnten, aber für mich im Moment noch nicht zeigen? So war die zerstörerische Kraft des Vesuvs, der Pompeji unter Staub- und Aschemassen begrub, nach Plinius im Jahre 79 n. Chr. spürbar. Die Folgen lassen sich noch heute nachweisen und eindeutig auf den Vulkanausbruch von 79 n. Chr. zurückführen. Hier lässt sich eine lückenlose Kette von Ereignissen rekonstruieren: Warum sollte man hier nicht vom Realen sprechen?

Aber was ist mit meinen Gefühlen, Stimmungen und Erinnerungen? Sind die nicht auch real? Natürlich sind sie das! Sie können mich beeinflussen und sich meinem Willen entziehen. Wut zum Beispiel treibt meinen Puls in die Höhe, und selbst wenn ich sie kontrollieren möchte, kann mein Wille sie nicht immer aufhalten.

Fazit: Reales wird durch Widerstandserlebnisse erfahrbar. Insofern Konstruiertes durch Widerstände (z.B. Verbote und Werte als Widerstände gegen bestimmte Handlungen), durch einschränkende Wirkungen (z.B. das soziale Konstrukt Ehe als Einschränkung von Handlungsspielräumen im Umgang mit anderen Menschen) oder durch die Ermöglichung von Konstruktionsprozessen (z.B. das Konstrukt einer freiheitlichen Gesellschaft, die die Selbstentfaltung des Menschen ermöglicht) erfahrbar wird, sollte es als Reales betrachtet werden.

Meine These lautet: Das Gegenstück zum *Realen* ist das *Konstruierte*. Aber der Gegensatz zwischen *Realem* und *Konstruiertem* ist kein absoluter: *Reales* und *Konstruiertes* gehen ineinander über, sie sind zwei Seiten einer Medaille. Daher ist auch die starre Entgegensetzung von Konstruktivismus und Realismus nicht haltbar. Der vermeintliche Graben zwischen Realismus und Konstruktivismus existiert nicht.

Die ‚Verzahnung' von Realem und Konstruiertem
Quelle: Autor

Konstruktivismus und Realismus sind keine philosophischen Gegensätze, sondern sich ergänzende Erkenntnismodelle. Reales ermöglicht Konstruiertes; Konstruiertes ermöglicht Reales. Das Begriffspaar des Realen und des Konstruierten steht im Zusammenhang mit dem Begriffspaar des Objektiven und des Subjektiven. Will man diesen Zusammenhang in einer Übersicht darstellen, so ergibt sich folgende Form.

	Reales Das als widerständig und stabil Erlebte	**Konstruiertes** Das vom Subjekt Erzeugte
Objektives Das von den persönlichen Gefühlen und Meinungen des Subjekts Unabhängige	z.B. der Mond oder die Planeten, aber auch die Naturgesetze	z.B. eine Rechtsnorm
Subjektives Das von persönlichen Gefühlen, Meinungen oder Vorurteilen Bestimmte bzw. Beeinflusste	z.B. Gefühle, Stimmungen und Erinnerungen	Ein Beispiel könnte die Annahme des fliegenden Spaghettimonsters (FSM) sein: Demnach zieht uns nicht die Erde an, sondern das FSM drückt mit seinen nudeligen Anhängseln alles zu Boden („Erdanpressung").

Hauptgedanken: Reales – Konstruiertes

Ein Buch, ein Haus, all die Pflanzen, Tiere und Menschen, der Mond, die Sonne und die anderen Gestirne: Alles gehört zum Realen. Das Reale scheint das zu sein, was unsere Sinne wahrnehmen, was wir sehen, hören, riechen, schmecken oder fühlen können. Nur ist die Welt der Klänge, Farben, Gerüche, Geschmäcker und Gefühle eine Welt, die unser Gehirn erschafft. Wir können nicht sagen, was hinter diesen Klängen, Farben, Gerüchen und Geschmacksrichtungen als Auslöser steckt. Aber im unerwarteten Zusammenstoß mit einem Gegenstand, den wir übersehen haben, in einer Krankheit, in einem Problem, das sich nicht lösen lässt, oder z.B. im Halten des Sicherheitsgurtes bei einem Aufprall wird das Reale für uns unmittelbar erfahrbar. Das Reale können wir meist nicht direkt sehen, hören oder riechen. Wir erfahren es als Widerstand. Weigern wir uns, den ‚Strafzettel' zu bezahlen, spüren wir den Widerstand des realen Rechtsstaates. Zum Realen gehören eben auch soziale Konstruktionen: Gesetze, Regeln, Bräuche, gesellschaftliche Verhältnisse – wenn wir versuchen, sie zu verändern oder zu missachten, spüren wir ihren Widerstand. Noch deutlicher spüren wir den Widerstand der Natur: Versucht man beispielsweise, aus dem Stand und ohne technische Hilfsmittel 10 m hoch zu springen. Es wird nicht gelingen. Der Widerstand der Natur hat einen anderen Charakter als der Widerstand sozialer Konstruktionen. Es mag sein, dass wir den Widerstand von Gesetzen, Regeln und gesellschaftlichen Verhältnissen brechen können, aber mit den Naturgesetzen stoßen wir auf Reales, dessen Widerstand wir grundsätzlich nicht überwinden können.

Das Reale ist nicht etwas Verborgenes, das *hinter* den Sinneswahrnehmungen liegt, sondern Teil unserer Lebenswelt, etwas unmittelbar Erfahrbares und in gewissem Maße auch von uns Veränderbares und Gestaltbares, ja sogar etwas, das wir selbst schaffen.

Epilog

Was außerhalb meines Geistes ist
Quelle: Aischa Sabbouh-Eggert

Naturwissenschaft und Technik prägen das Denken des modernen Menschen: Computerexperten automatisieren intelligentes Verhalten, Astrophysiker erforschen die Struktur des Universums, Genetiker entschlüsseln das menschliche Erbgut, Chemiker entwickeln wirksame Medikamente gegen eine Vielzahl von Krankheiten und Neurowissenschaftler beschreiben den menschlichen Geist als ein Zusammenspiel von Nervenzellen. Die Naturwissenschaften beschreiben die Welt in mathematischen, physikalischen, chemischen und biologischen Begriffen. Alles scheint vollständig naturwissenschaftlich erklärbar. Bleibt in diesem radikal naturwissenschaftlichen Weltbild nicht ein ‚magischer Rest'? Haben die Naturwissenschaften die Welt vollständig entzaubert?

Ich stelle mir vor, wie ich am Strand liege, den warmen Sand spüre, das Rauschen des Meeres höre und die Sonnenstrahlen mein Gesicht bescheinen. Auch dieses angenehme Erleben ist Teil der Wirklichkeit. Für mein Erleben spielt es keine Rolle, ob ich weiß, wann und wie die Sonne, die Erde, das Meer und der Sand entstanden sind und wie die Sonne ihre Energie gewinnt. Weder nimmt ein solches Wissen etwas von der Wirklichkeit meines Erlebens weg, noch fügt es etwas hinzu. Eine solche Haltung findet sich bereits in der Lehre Buddhas. Buddha[49] gab keine Antwort auf Fragen nach der Entstehung des Universums, nach dessen Endlichkeit oder Unendlichkeit, auch beantwortet er die Frage nicht, ob unsere Seelen nach dem Tod weiterleben. Die Wirklichkeit war für ihn kein metaphysischer Begriff, sondern ein Erleben. Dieser Gedanke hat nichts von seiner Aktualität verloren. Für das naturwissenschaftlich-technische Zeitalter gilt: Wie genau wir das Universum und das Geistige auch wissenschaftlich erfassen mögen, wir erleben die Welt immer zuerst aus der Perspektive der ersten Person. Die Perspektive der ersten Person lässt sich nicht

49 ‚Buddha' bedeutet ‚der Erwachte'. Der Name des historischen Buddhas war Siddhartha Gautama, der um 500 v. Chr. lebte.

in die Sprache der Physik (mit Begriffen wie Elementarteilchen, Atome oder Moleküle) übersetzen. Das ist der ‚Zauber' des subjektiven Aspekts der Welt.

Die eben beschriebene Strandidylle kann jäh unterbrochen werden, wenn Wolken die Sonne verdunkeln, mich ein Insekt sticht oder der Lärm meiner Nachbarn mich nervt. Etwas ‚Fremdes' bricht in ‚meine schöne Wirklichkeit' ein: Mein Wunsch nach Entspannung stößt auf Widerstand. Mit den Widerständen der mich umgebenden Natur und Gesellschaft tritt meinem Willen etwas entgegen, das von mir unabhängig ist – das Reale. Reales und menschlicher Wille sollten aber einander ähnlich sein, um miteinander in Beziehung treten zu können. Berkeley und Schopenhauer haben gesehen, dass das, was den menschlichen Willen hemmt, ihm entgegensteht und entgegenwirkt, nur etwas ihm Ähnliches sein kann: ein Geistiges. Doch auch das ist nur ein Bild. Dieses Bild veranschaulicht, was nicht unmittelbar zu erfassen ist.

Und wenn die Forscher auf Naturgesetze stoßen, also auf eine Ordnung, die sich unserem Willen gänzlich entzieht, dann ‚haftet auch dem ein Zauber an', nämlich der eines objektiven, aber ‚vernünftigen' Aspekts der Welt. Aber auch die Rede von der Vernünftigkeit der Welt ist nur ein Bild.

Durch die Erfahrung von Widerständen in der Begegnung mit Natur und Gesellschaft und durch das Eintreten von Unerwartetem erfahre ich auch mich selbst als real, als etwas, das gegen diese Widerstände ankämpft.

Real sind ebenso Gefühle, Vorstellungen und Erinnerungen. Sie gehören zum Bereich der subjektiven Wirklichkeit. Obwohl Gefühle nicht messbar sind, sind sie ein wichtiger Bestandteil der menschlichen Erfahrung und beeinflussen unsere Wahrnehmungen, Entscheidungen und Handlungen. Gefühle können sich stark auf unsere körperliche Gesundheit und unser Wohlbefinden auswirken. Die Realität von Gefühlen wie Wut, Hass, Ärger und Zorn zeigt sich auch in ihrer Widerständigkeit: Will ich sie zum Verschwinden bringen, muss ich sie aktiv bekämpfen. Positive Gefühle wie Freude lassen sich dagegen nicht beliebig festhalten. Sie verschwinden trotz aller Bemühungen, sie festzuhalten. Die subjektive Wirklichkeit meines Erlebens geht jeder Begriffsbildung voraus: Zuerst erlebe ich *Wärme*, *Härte*, *Schmerz* und *Farben*, dann bilde oder lerne ich Begriffe wie *Körper*, *Farben*, *Atome*, *Gefühl* und schließlich *Wirklichkeit* und *Geist*. *Was außerhalb meines Geistes ist*, lässt sich nicht in Worte fassen, und doch kann ich danach fragen – *und was ich davon wissen kann*: Es ist weder Materie noch Geist, sondern es ist Wirklichkeit, die sich mir aufdrängt: Etwas, das ich ganz persönlich erleben kann. Ähnlich formulierte es der britische Religionsphilosoph Alan Watts (1915–1973).

Natürlich ist das Wort
Wirklichkeit ein gefährliches Wort, wenn man es von einem philosophischen Standpunkt aus betrachtet. Ein Philosoph wird mich fragen, was ich unter *Wirklichkeit* verstehe, ob ich von der natürlichen Welt oder von der geistigen Welt spreche oder was sonst ich damit meine. Ich habe eine sehr einfache Antwort darauf: Wenn wir von der materiellen Welt sprechen, dann handelt es sich bei diesem Ausdruck tatsächlich um eine philosophische Idee. Und wenn ich behaupte, daß die Wirklichkeit etwas Geistiges sei, dann ist dies ebenfalls eine Idee. Aber die Wirklichkeit selbst ist keine Idee. Die Wirklichkeit ist … (Klang eines Gongs). Und dem wollen wir keinen Namen geben.
(Alan Watts, Meditation, unpag.)

Buddhastatue, Sri Lanka
Quelle: Autor

Glossar

Empirie, empirisch

Der Begriff ‚Empirie' wird mit ‚Erfahrung' bzw. ‚Erfahrungsmäßigem' gleichbedeutend verwendet. Entsprechend bezeichnet ‚empirisch' so viel wie ‚aus der Erfahrung', ‚durch Erfahrung gewonnen', ‚erfahrungsmäßig', ‚auf Erfahrung gestützt', ‚auf Erfahrung gegründet' oder ‚aus der Erfahrung stammend'.

Empirismus

Der Begriff Empirismus stammt ursprünglich aus der Medizin. Er bezeichnet eine ärztliche Praxis, die sich allein auf die Erfahrung des Praktikers stützt. Kant bezeichnete diejenigen Philosophen als Empiristen, die alle Erkenntnis aus der Erfahrung ableiten wollten. Dazu zählte er sowohl Aristoteles als auch Locke (HWdP, Bd. 2, S. 477f.).
Im 20. Jahrhundert entwickelte sich der Empirismus als logischer Empirismus (auch logischer Positivismus oder Neopositivismus) mit sprach-, erkenntnis- und wissenschaftstheoretischer Ausrichtung zu einer der einflussreichsten philosophischen Strömungen. Zu seinen Begründern zählen Rudolf Carnap, Hans Reichenbach, Herbert Feigl und Victor Kraft. Die inhaltliche Ausarbeitung des logischen Empirismus erfolgte maßgeblich durch die Tätigkeit des Wiener Kreises.

Holismus

H. wird hier im erkenntnistheoretischen Sinne verwendet. Demnach können wissenschaftliche Sätze nie isoliert, sondern nur im Kontext einer Theorie bestätigt oder widerlegt werden. Dahinter steht die sogenannte Quine-Duhem-These, die die Unterbestimmtheit einer Theorie durch Beobachtungsdaten behauptet. Das bedeutet, dass es zu einem gegebenen Beobachtungsmaterial immer mehrere alternative Theorien gibt. Beispiele sind alternative Kosmosmodelle (z.B. das Blockuniversum) als Gegenentwürfe zum konventionellen Kosmosmodell.

Ionien

I. bezeichnet eine antike Landschaft an der Westküste Kleinasiens in der heutigen Türkei. Der Name geht auf den griechischen Volksstamm der Ionier zurück. In I. erlebte die Philosophie im 6. und 5. Jahrhundert v. Chr. eine Blütezeit. Hier wirkten Persönlichkeiten wie Thales von Milet, Anaximander oder Heraklit.

Kopernikanische Wende

Diese Metapher bezieht sich auf die Abkehr vom geozentrischen Weltbild (d.h. die Erde als Mittelpunkt des Universums) und die Hinwendung zum heliozent-

rischen Weltbild (d.h. die Sonne als Mittelpunkt des Universums), wodurch die Erde ihre zentrale Stellung als Mittelpunkt des Universums verlor.
Entsprechend sah Kant die mit seiner Philosophie vollzogene Wende, dass alle Menschen dieselben apriorischen Anschauungs- und Denkformen in die Welt hineinlegen und diese nicht aus der fertigen Welt ablesen. Kant hat dies in seinen berühmten Sätzen in der Vorrede zur KrV B zum Ausdruck gebracht:

> Es ist hiemit eben so, als mit den ersten Gedanken des *Copernikus* bewandt, der, nachdem es mit der Erklärung der Himmelsbewegungen nicht gut fort wollte, wenn er annahm, das ganze Sternheer drehe sich um den Zuschauer, versuchte, ob es nicht besser gelingen möchte, wenn er den Zuschauer sich drehen und dagegen die Sterne in Ruhe ließ. In der Metaphysik kann man nun, was die *Anschauung* der Gegenstände betrifft, es auf ähnliche Weise versuchen. Wenn die Anschauung sich nach der Beschaffenheit der Gegenstände richten müßte, so sehe ich nicht ein, wie man a priori von ihr etwas wissen könne; richtet sich aber der Gegenstand (als Object der Sinne) nach der Beschaffenheit unseres Anschauungsvermögens, so kann ich mir diese Möglichkeit ganz wohl vorstellen. (Kant, KrV, XVIf.)

Metaphysik
M. ist nach Aristoteles die *Erste Philosophie*. Sie fragt nach den Ursachen und Prinzipien des Seins. Zum Gegenstand hat die M. das, was andere Wissenschaften als gegeben voraussetzen. Bei Kant wird M. als die Wissenschaft von den *ersten Prinzipien der menschlichen Erkenntnis*, als die Wissenschaft von allen Erkenntnissen a priori verstanden. M. bezeichnet eine Philosophie der nichtsinnlichen Gegenstände.

Metaphysische Grundsätze
Hierunter versteht man Kants *Analogien der Erfahrung*. Es sind Regeln, die Wahrnehmungsurteile in Erfahrungsurteile umwandeln. Dabei stellen sie eine notwendige Einheit der Wahrnehmungen her. Durch diese Einheit wird objektive Erkenntnis erst möglich. Kant sieht in ihnen Prinzipien, die aller Erfahrung zugrunde liegen. Im Einzelnen handelt es sich um folgende Grundsätze

Grundsatz der Beharrlichkeit der Substanz
„Bei allem Wechsel der Erscheinungen beharrt die Substanz, und das Quantum derselben wird in der Natur weder vermehrt noch vermindert." (Kant, KrV, 224)

Grundsatz der Kausalität
„Alle Veränderungen geschehen nach dem Gesetze der Verknüpfung der Ursache und Wirkung." (Kant, KrV, 232)

Grundsatz des Zugleichseins nach dem Gesetz der Wechselwirkung
„Alle Substanzen, so fern sie im Raume als zugleich wahrgenommen werden können, sind in durchgängiger Wechselwirkung." (Kant, KrV 256)

Naturphilosophie, romantische
Die romantische Naturphilosophie ist insbesondere mit der Philosophie Friedrich Wilhelm Schellings (1775–1854) verbunden. Ein wichtiger Grundgedanke ist der Glaube an die *Einheit der Natur*. Dieser inspirierte Naturwissenschaftler, nach Zusammenhängen zwischen unterschiedlichen Naturphänomenen zu suchen. Ähnliche Gedanken finden sich bei Naturforschern wie Johann Wilhelm Ritter (1776–1810) und Hans Christian Oerstedt (1777–1851). Oerstedt gelang der Nachweis, dass ein stromdurchflossener Leiter eine Magnetnadel ablenkt. Auch in der Entdeckung des thermoelektrischen Effekts durch Thomas Seebeck (1770–1831), in Michael Faradays (1791–1867) Untersuchungen zur Induktion und zu elektrochemischen Phänomenen sowie in Julius Robert Mayers (1814–1878) Entdeckung des Energieerhaltungssatzes klingen Konzepte der romantischen Naturphilosophie an.

Ontologie, ontisch
Der Begriff ‚Ontologie' ist mit der Philosophie des 16. und 17. Jahrhunderts und mit Leibniz verbunden. Die Ontologie wurde als *Erste Philosophie* bestimmt, sie war die Wissenschaft vom Seienden, sofern es Seiendes ist. Bei Christian Wolff (1679–1754) befasst sie sich mit den Gegenständen ‚Seele', ‚Welt' und ‚Gott'.
Kant hielt die traditionelle Ontologie für anmaßend, da sie den Anspruch erhob, Erkenntnisse über nicht sinnlich wahrnehmbare Dinge zu gewinnen. Daher wurde die Ontologie bei Kant durch die *Transzendentalphilosophie* ersetzt, die sich mit den allgemeinsten Begriffen und Grundsätzen des Verstandes beschäftigt.
Heute bezeichnet Ontologie manchmal nur noch den *Gegenstandsbereich einer Theorie*. Solche Gegenstände können Zahlen oder Beobachtungssätze sein.

Pietismus
Der Pietismus war nach der Reformation die bedeutendste Reformbewegung im kontinentaleuropäischen Protestantismus. In Deutschland entstand die pietistische Bewegung in der zweiten Hälfte des 17. Jahrhunderts. Ihr Ziel war es, den Buchstabenglauben durch wahre Gottesfurcht zu ersetzen. Dabei wurde die subjektive Seite des Glaubens betont. Der Pietismus entwickelte eine starke missionarische und soziale Komponente. Mit dem Aufkommen der Aufklärung im 18. Jahrhundert verlor der Pietismus jedoch an Einfluss.

Postmoderne
Die postmoderne Philosophie umfasst eine Reihe von philosophischen Positionen, denen gemeinsam ist, dass sie Begriffen wie Wahrheit, Wissenschaft, Ob-

jektivität und Realität skeptisch gegenüberstehen oder sie gänzlich ablehnen. Universalistischen Ansätzen steht das Konzept der Pluralität gegenüber. Beliebte Ausdrücke in der Sprache der postmodernen Philosophie sind ‚Vielfalt', ‚Zufall', ‚Spiel', ‚Kunst' und ‚Schein'. Zu den Vertretern der postmodernen Philosophie zählen u. a. Jean-François Lyotard, Gianni Vattimo, Michel Foucault, Gilles Deleuze, Jacques Derrida und Jean Baudrillard.

Rationalismus

Der Rationalismus geht auf das im 16. Jahrhundert in Frankreich entstandene Wort ‚rationaliste' zurück, das im Gegensatz zu ‚empirique' steht. Das Wort bezeichnet eine Auffassung, die dem reinen Denken eine größere Bedeutung für die Erkenntnis beimisst als der Erfahrung. Das *reine Denken* und seine Selbstgewissheit werden als einzige Möglichkeit angesehen, dem Skeptizismus zu entgehen. Die durch *reines Denken* gewonnenen vernünftigen Gewissheiten bilden ein System notwendiger Wahrheiten. Dazu gehören *angeborene Ideen* oder *apriorische Grundsätze* (HWdP, Bd. 8, S. 44 ff.).

Scholastik

Erst im 18. Jahrhundert kam der deutsche Begriff ‚Scholastik' auf. Er diente als Sammelbezeichnung für die mittelalterliche Theologie und Philosophie sowie für die Versuche, die kirchlichen Dogmen des Katholizismus mit philosophischen Mitteln rational zu begründen. Die eigentlichen Bildungsträger des Mittelalters, die Mönche, nannten sich allerdings nicht scholastici (HWdP, Bd. 8, S. 1334). Bis ins 16. Jahrhundert hinein waren Begriffe wie ‚dialectici' und ‚aristotelici' für die mittelalterliche Theologie und Philosophie üblich. Zur genaueren Bezeichnung wurden Begriffe wie ‚Thomisten', ‚Scotisten' oder ‚Nominalisten' verwendet. ‚Scholastici' hatte eine sehr enge Bedeutung – entweder als Bezeichnung für Anhänger der dialektischen Methode (z.B. Bartolisti) oder für Vermittler zwischen Diözesen und Universitäten in den Domkapiteln größerer Bischhofsstädte (HWdP, Bd. 8, S. 1336).

Skeptizismus

In der Antike war der Skeptizismus mit Pyrrhon (362 v. Chr.–270/275 v. Chr.) verbunden, der forderte, sich jeder Meinung zu enthalten. Der akademische Skeptiker stimmt nicht einmal der These zu, dass er weiß, dass er nicht weiß, er stimmt keinerlei Sache zu, nicht einmal seinen eigenen Argumenten: Nichts ist sicher, nicht einmal diese Behauptung (HWdP, Bd. 9, S. 944).
Für W. Stegmüller zielt der moderne Skeptizismus darauf ab, dass der Nachweis der Möglichkeit objektiver Erkenntnis nicht gelingen kann, auch nicht indirekt auf dem Wege der Widerlegung des Skeptizismus. Für Odo Marquard (1928–2015) bedeutet Skeptizismus, dass wir nichts Prinzipielles wissen können, sondern nur das Nichtabsolute und Zufällige (HWdP, Bd. 9, S. 966).

Sophisten
Dieser Begriff bezeichnet eine Gruppe von Männern der griechischen Antike, die von etwa 450 bis 380 v. Chr. wirkten. Es handelte sich weder um eine geschlossene philosophische Strömung noch um eine Schule. Sie wirkten vor allem als Rhetoriker und verdienten ihren Lebensunterhalt mit der Weitergabe ihres Wissens.
Der bedeutendste Vertreter sophistischen Denkens war Protagoras (vermutlich 480 v. Chr.–411 v. Chr.), von dem der Satz stammt: „Der Mensch ist das Maß aller Dinge, der seienden, daß sie sind, der nicht seienden, daß sie nicht sind." (HWdP, Bd. 9, S. 1075) Die Sophisten wirkten durch Reden – sie wollten ihre Kunst durch Reden zur Entfaltung bringen. Der zweite Hauptvertreter der Sophisten war Gorgias von Leontinoi (zwischen 490 und 485 v. Chr.–frühestens 396 v. Chr.).

Solipsismus
Der Solipsismus ist ein radikaler Idealismus, der eine bewusstseinsunabhängige Außenwelt leugnet und nur das Selbst des denkenden Ich als das einzig Reale ansieht (HWdP, Bd. 9, S. 1018). Berkeleys Immaterialismus wurde des S. verdächtigt. Der S. wird gelegentlich auch als eine Form des Skeptizismus angesehen.
Philosophisch ernsthaft vertreten wurde er nur als methodischer S. Der methodische S. wurde z.B. von Carnap diskutiert. Carnap sah in den Elementarerlebnissen einen geeigneten Ausgangspunkt für die Rekonstruktion der Welt unter Einschluss fremder Bewusstseine (HWdP, Bd. 9, S. 1022).
Das wohl überzeugendste Argument gegen den Solipsismus ist das Eintreten *völlig unerwarteter und möglicherweise auch unerwünschter Ereignisse* (z.B. eine plötzliche Erkrankung, eine unerwartete Absage oder das Nichtbestehen einer Prüfung trotz guter Vorbereitung). Gäbe es nur mein Bewusstsein, das alles fest im Griff hat und die Welt aus sich heraus gestaltet, wären solche Ereignisse kaum erklärbar.

Substanz
S. ist einer der Grundbegriffe der Philosophie, der erstmals bei Seneca (ca. 1–65 n. Chr.) auftrat. Die Bestimmung des Substanzbegriffs im 17. Jahrhundert wurde maßgeblich durch die aristotelisch-scholastische Tradition vermittelt. Wesentlich war die Unterscheidung von Substanz und Akzidenz. S. wurde als ein *für sich Bestehendes* betrachtet, das seinen Eigenschaften und Zuständen zugrunde liegt (HWdP, Bd. 10, S. 521). Nach Descartes ist S. das, was als Seiendes von nichts anderem abhängt. Das gilt streng genommen nur für Gott. Denken und Ausdehnung hängen nur von Gott ab. Für Kant war S. eine *apriorische Kategorie des Denkens* (HWdP, Bd. 10, S. 530).

Sprachliche (linguistische) Wende
Zu Beginn des 20. Jahrhunderts begann mit Wittgenstein und einigen anderen Autoren eine Wende, die später als *linguistische Wende* (*linguistic turn*) bezeichnet wurde.
Die Arbeiten von Kant, Wilhelm von Humboldt (1767–1835), Johann Gottfried Herder (1744–1803) und auch Friedrich Nietzsche (1844–1900) machten deutlich, dass Sprache ein wesentlicher Aspekt der Theoriebildung ist. Sprache wurde als wirklichkeitsstrukturierend, d.h. als Grundvoraussetzung unseres Denkens angesehen. Wegweisend waren die Arbeiten von Gottlob Frege (1848–1925), Bertrand Russell (1872–1970) und Ludwig Wittgenstein. John Langshaw Austin (1914–1960) entwickelte eine Sprechakttheorie.
Mit Edmund Husserl und Martin Heidegger (1889–1976) rückten die Wechselbeziehungen zwischen Sprache und Einzelphänomenen in den Mittelpunkt. Ernst Cassirer (1874–1945) entwickelte den Begriff der symbolischen Formen (Hehlmann, 2018, S. 279f.).
Die Grundannahme der linguistischen Wende lautet: Erfahrung ist immer sprachlich vermittelt; egal, wo unsere Erfahrung beginnt, wir sind immer schon ‚in Sprache'. Das Sehen eines roten Dreiecks ist abhängig von Begriffen wie ‚rot' und ‚Dreieck'.

Wahrheitstheorien
‚Wahrheit' ist nicht das Gegenteil von ‚Lüge'. Wenn wir lügen, tun wir dies im Bewusstsein der Wahrheit. Deshalb sind wir für die Lüge moralisch und rechtlich verantwortlich. Wenn wir die Wahrheit nicht kennen, können wir nicht lügen.

Korrespondenztheorie
Die klassische Formulierung dieser Theorie stammt von Thomas von Aquin (1225–1274): *adaequatio intellectus et rei* (Übereinstimmung von Geist und Sache).
Die Wahrheitsgleichung lautet: *sprachlicher Ausdruck = sprachfreie Tatsache*.
Problem: Diese Gleichung ist nicht lösbar. Wie sollen wir die Wirklichkeit (das Nichtsprachliche) und unser Wissen über die Wirklichkeit (das Sprachliche) miteinander vergleichen? Es muss unterschieden werden zwischen der Definition des Wahrheitsbegriffs und den Kriterien zur Überprüfung der Wahrheit. Es ist zwar möglich, den Wahrheitsbegriff zu definieren, ohne Kriterien für die Wahrheitsprüfung anzugeben. Damit stellt sich aber das Problem, ob man wirklich verstehen kann, was Wahrheit ist, wenn man keine Vorstellung davon hat, wie Wahrheit im konkreten Fall festgestellt werden kann.

Konsenstheorie
Die Konsenstheorie definiert Wahrheit als Übereinstimmung der Mitglieder einer Sprachgemeinschaft. Das führt aber zu dem Problem, dass Menschen

sich auch über Dinge einig sein können (z.B. Phlogistontheorie oder Äther-hypothese), die objektiv falsch sind. Konsens kann auch durch sozialen Druck erzeugt werden. Deshalb wird die Konsenstheorie oft mit der Klausel ‚unter idealen Verhältnissen' versehen. Wie aber soll man beurteilen, ob ‚ideale Verhältnisse' vorliegen?

Kohärenztheorie
Bei der Kohärenztheorie geht es nicht um die Übereinstimmung mit der Realität, sondern darum, inwieweit sich ein Satz kohärent in ein Aussagengefüge einfügt. Problem: Auch Wahnvorstellungen können in sich kohärent sein. Eine kohärente Menge von Sätzen garantiert noch nicht, dass sie wahr sind. Auch Ideologien beruhen in der Regel auf in sich kohärenten Sätzen, die für die Vertreter dieser Ideologie plausibel sind. Dennoch können solche Gedankengebäude objektiv falsch sein (und sind es meistens auch).

Evidenztheorie
Diese findet sich z.B. bei René Descartes. Die Erkenntniskraft soll unerschütterliche Wahrheiten finden. Methodisch zweifelte Descartes vorläufig an allem. Aber ich kann die Tatsache, dass ich zweifle, nicht bezweifeln. Wenn ich zweifle, muss ich als Träger des Zweifels sein. Also bin ich. Das ist eine unbestreitbare Tatsache, sie ist evident.
Descartes drückte diese Überlegung in der Wendung ‚cogito ergo sum' (Ich denke, also bin ich) aus.

Abkürzungen

CP	The Collected Papers of Charles Sanders Peirce. Vols. I-VI ed. Charles Hartshorne and Paul Weiss (Cambridge, MA: Harvard University Press, 1931–1935), Vols. VII-VIII ed. Arthur W. Burks (same publisher, 1958) Fn P1 : Fußnote von Charles Sanders Peirce
DPW	Dritte-Person-Wissen
EPD	Erste-Person-Data
GS	Leonard Nelson. Gesammelte Schriften. Hg. von Paul Bernays u. a. Hamburg 1970–1977, Bde. I–IX
HWdP	Historisches Wörterbuch der Philosophie. hrsg. von Joachim Ritter, Karlfried Gründer und Gottfried Gabriel. Völlig neubearbeitete Ausgabe des ‚Wörterbuchs der philosophischen Begriffe' von Rudolf Eisler. Bd. 1–13. Sonderausgabe. Darmstadt 2019
KpV	Kritik der praktischen Vernunft
KrV	Kritik der reinen Vernunft
MAdN	Metaphysische Anfangsgründe der Naturwissenschaft
MEW	Marx, Karl und Engels, Friedrich. Werke. Herausgegeben vom Institut für Marxismus-Leninismus beim ZK der SED, Band 1–43, Dietz-Verlag, Berlin 1956ff.
MPL	Metzler Philosophen-Lexikon. Sonderausgabe. Herausgegeben von Bernd Lutz. Stuttgart 2015.
NR	Neuer Realismus
PhdG	Phänomenologie des Geistes
PhL	Gadamer, H.-G. (Hrsg.): Philosophisches Lesebuch. Bd 1–3. Frankfurt a. M. 1990.
PhW	Philosophisches Wörterbuch. hrsg. von Georg Klaus und Manfred Buhr. Bd. 1 und 2. 12. Aufl. Leipzig 1976
PU	Wittgenstein, Philosophische Untersuchungen, Werkausgabe, Bd. 1
RK	Radikaler Konstruktivismus
SK	Sozialer Konstruktivismus

Literatur

Anaxagoras: Fragmente. In: PhL, Bd. 1, S. 53–56.

Aquin, Th. von: Gottes Dasein und Wesen. Kommentiert von Alexander Siemer u. Heinrich Christmann. Fotomechanischer Nachdruck der 3., verb. Aufl. 1934. Graz/Wien/Köln 1982.

Aristoteles: Metaphysik. Nach der Übersetzung von Hermann Bonitz, bearbeitet von Horst Seidel. In: Aristoteles: Philosophische Schriften in sechs Bänden. Band 5. Hamburg 2019.

Aristoteles: Physik. Vorlesungen über Natur. Übersetzt von Hans Günter Zekl. In: Aristoteles: Philosophische Schriften in sechs Bänden. Band 6. Hamburg 2019, S. 5–262.

Aristoteles: Über die Seele. Übersetzt von Klaus Corcilius. In: Aristoteles: Philosophische Schriften in sechs Bänden. Band 6. Hamburg 2019, S. 262–353.

Augustinus: Aurelius Augustinus' Werke. Hrsg. v. Carl Johann Perl. Der Gottesstaat. De Civitate Dei. Bd. 1, Buch I–XIV. In deutscher Sprache von Carl Johann Perl. Paderborn/München/Wien/Zürich 1979.

Bacon, F.: Aphorismen von der Auslegung der Natur und der Herrschaft des Menschen. In: PhL, Bd. 2, S. 51–70.

Bergson, H.: Materie und Gedächtnis. Versuch über die Beziehung zwischen Körper und Geist. Aus dem Französischen neu übersetzt und hrsg. von Margarethe Drewsen. Mit einer Einleitung von Rémi Brague. Hamburg 2015.

Berkeley, G.: Eine Abhandlung über die Prinzipien der menschlichen Erkenntnis. Übersetzt und hrsg. von Günter Gawlick und Lothar Kreimendahl. Stuttgart 2005.

Birnbacher, D.: Schopenhauer. Stuttgart 2009.

Birnbacher, D.: Schopenhauers Metaphysik: Von der Intuition zur Induktion. In: Dieter Birnbacher/Matthias Koßler (Hrsg.): Das Hauptwerk. 200 Jahre Arthur Schopenhauers Die Welt als Wille und Vorstellung. Würzburg 2022, S. 119–136.

Böhme, J.: Aurora oder Morgenröte im Aufgang. Jakob Böhme's sämmtliche Werke. Hrsg. von K. W. Schiebler. Zweiter Band. Leipzig 1832.

Bondelli, M.: § 14. Georg Wilhelm Friedrich Hegel. In: Grundriss der Geschichte der Philosophie. Begründet von Friedrich Ueberweg. Die Philosophie des 19. Jahrhunderts. Hrsg. von Gerald Hartung. Bd. 1/1. Deutschsprachiger Raum. 1800–1830. Basel 2020, S. 400–436.

Bollnow, H.: ‚Engels, Friedrich'. In: Neue Deutsche Biographie 4 (1959), S. 521–527.

Bonsiepen, W.: Die Begründung einer Naturphilosophie bei Kant, Schelling, Fries und Hegel. Mathematische versus spekulative Naturphilosophie. Frankfurt a. M. 1997.

Borzeszkowski, H.-H. von: Die Einheit des physikalischen Weltbildes. Einsteins Arbeiten zur einheitlichen geometrischen Feldtheorie. In: Revista de Filosofía, Vol. 30 Núm. 1 (2005), S. 7–24.

Brentano, F.: Wahrheit und Evidenz. Erkenntnistheoretische Abhandlungen und Briefe, ausgewählt, erläutert und eingeleitet von Oskar Kraus. Leipzig 1930.

Bruno, G.: Von der Ursache, dem Princip und dem Einen. Vierter Dialog. In: PhL, Bd. 2, S. 22–48.

Carnap, R.: Scheinprobleme in der Philosophie und andere metaphysikkritische Schriften. Hamburg 2004.

Carrier, M.: Raum-Zeit. Berlin 2009.

Chalmers, D.: The Character of Consciousness. Oxford 2010.
Cusanus, N.: Vom Gipfel der Betrachtung. In: PhL, Bd. 1, S. 346–356.
De La Mettrie, J. O.: Die Maschine Mensch. Nach einer Übersetzung von Adolf Ritter. 1875. North Charlston 2016.
Demokrit: Lehrberichte der aristotelischen Schule und Zitate aus Demokrits Werken. In: PhL, Bd. 1, S. 59–67.
Descartes, R.: Principien der Philosophie. Erster Teil. Von den Principien der menschlichen Erkenntniß. In: PhL, Bd. 2, S. 74–96.
Diderot, D.: Gedanken zur Interpretation der Natur. In: Zur Interpretation der Natur. Aus dem Französischen. Übersetzung von Theodor Lücke, Einführung von Eckart Richter. Leipzig 1967, S. 25–92.
Diderot, D.: Philosophische Grundsätze über Materie und Bewegung. In: Zur Interpretation der Natur. Aus dem Französischen. Übersetzung von Theodor Lücke, Einführung von Eckart Richter. Leipzig 1967, S. 93–102.
Diderot, D.: Philosophische Schriften. 2 Bände. Hrsg. von Theodor Lücke. Berlin 1961.
D'Holbach, P. H. T.: System der Natur, oder von den Gesetzen der Physischen und Moralischen Welt. Aus dem Französischen des Herrn von Mirabaud. Erster Theil. Zweyte, verbesserte Auflage. Frankfurt und Leipzig 1791.
Diemer, A.: Die Begründung des Wissenschaftscharakters der Wissenschaft im 19. Jahrhundert – Die Wissenschaftstheorie zwischen klassischer und moderner Wissenschaftskonzeption. In: Ders.: Beiträge zur Entwicklung der Wissenschaftstheorie im 19. Jahrhundert., Meisenheim am Glan 1968, S. 3–62.
Dilthey, W.: Beiträge zur Lösung der Frage vom Ursprung unseres Glaubens an die Aussenwelt und seinem Recht (1890). In: Dilthey, Wilhelm: Gesammelte Schriften. Bd. 5: Die geistige Welt: Einleitung in die Philosophie des Lebens. Göttingen 1924, S. 90–138.
Döring, K.: Die sog. kleinen Sokratiker und die von ihnen begründeten Traditionen. In: Friedo Ricken (Hrsg.), Philosophen der Antike I. Stuttgart/Berlin/Köln 1996, S. 194–196.
Empedokles: Fragmente, In: PhL, Bd. 1, S. 36–49.
Endruweit, G.: Verhaltensmuster. In: Günter Endruweit [u. a.] (Hg.): Wörterbuch der Soziologie (3., völlig überarb. Aufl.). München 2014.
Engels, F.: Über die Dialektik der Naturwissenschaft. Texte. Zusammengestellt und hrsg. von B. M. Kedrow. Berlin 1979.
Esfeld, M.: Kapitel 4. Kausalität. In: Wissenschaftstheorie. Hrsg. von Andreas Bartels/Manfred Stöckler. Paderborn 2009.
Fichte, J. G.: Erste Einleitung in die Wissenschaftslehre. In: PhL, Bd. 3, S. 15–37.
Fleischer, H., Marx und Engels. Die philosophischen Grundlinien ihres Denkens. Freiburg/München 1970, 1974.
Gabriel, M.: Warum es die Welt nicht gibt. Berlin 2013.
Gabriel, M.: Existenz, realistisch gedacht. In: Gabriel, M. (Hrsg.): Der Neue Realismus. Berlin 2014.
Gabriel, M.: Moralischer Fortschritt in dunklen Zeiten. Universale Werte das 21. Jahrhundert. Berlin 2020.
Glasenapp, H. v.: Das Indienbild deutscher Denker, Stuttgart 1969.
Gurjewitsch, A. J.: Das Weltbild der mittelalterlichen Menschen. Dresden 1978.

Habermas, J.: Kommunikative Vernunft. Jürgen Habermas, interviewt von Christoph Demmerling und Hans-Peter Krüger. In: Deutsche Zeitschrift für Philosophie 64(5) (2016), S. 806–827 (DOI http://dx.doi.org/10.1515/dzph-2016-0061).

Hartmann, N.: Zum Problem der Realitätsgegebenheit. Berlin 1931.

Hartmann, N.: Zur Grundlegung der Ontologie. Vierte Auflage. Berlin 1965.

Hawking, S./Mlodinow, L.: Der große Entwurf. Eine neue Erklärung des Universums, Hamburg 2010.

Hegel, G. W. F.: Phänomenologie des Geistes. Werke 3. Auf d. Grundlage d. Werke von 1832 - 1845. Neu ed. Ausg. 2. Aufl. Frankfurt a. M. 1989.

Hegel, G. W. F.: Wissenschaft der Logik. Erster Band. Die objective Logik. Zweytes Buch. Die Lehre vom Wesen. Nürnberg 1813.

Hegel, G. W. F.: Encyklopädie der philosophischen Wissenschaften im Grundrisse. Vierte unveränderte Auflage mit einem Vorwort von Karl Rosenkranz. Berlin 1845.

Heisenberg, W.: Physik und Philosophie. Frankfurt a. M. 1990.

Hehlmann, Th.: Kommunikation und Gesundheit. Grundlagen einer Theorie der Gesundheitskommunikation. Wiesbaden 2018 (DOI https://doi.org/10.1007/978-3-658-19494-9).

Heraklit: Aus „Über die Natur". In: PhL, Bd. 1, S. 27–33.

Herrmann, D. B.: Die Harmonie des Universums. Von der rätselhaften Schönheit der Naturgesetze. Stuttgart 2017.

Herrmann, K.: Kritik und Vision zwischen Ökonomie und Philosophie. Zum 200. Geburtstag von Karl Marx (1818 - 1883). In: WiSt-Heft 5/2018, S. 50–53.

Hösle, V.: Philosophie der ökologischen Krise. Moskauer Vorträge. München 1994.

Hume, D.: Eine Untersuchung über den menschlichen Verstand. Übersetzt und hrsg. von Herbert Herring. Stuttgart 1990.

Husserl, E.: Ideen zu einer reinen Phänomenologie und phänomenologischen Philosophie. Erstes Buch: Allgemeine Einführung in die reine Phänomenologie. In: Jahrbuch für Philosophie und phänomenologische Forschung 1,1 (1913), S. [1]–323.

Husserl, E.: Cartesische Meditationen. Eine Einleitung in die Phänomenologie. Hrsg. und eingeleitet und mit Registern versehen von Elisabeth Ströker. 3. Aufl. Hamburg 1995.

Husserl, E.: Logische Untersuchungen. Erster Band. Prolegomena zur reinen Logik. Fünfte Auflage. Tübingen 1968.

Holzhey, H./Röd, W.: Geschichte der Philosophie. Bd. XII. Die Philosophie des ausgehenden 19. Und des 20. Jahrhunderts 2. Neukantianismus, Idealismus, Realismus, Phänomenologie. München 2004.

Kämpchen, M.: Die Bhagavadgita verstehen. In: Bhagavadgita. Das Lied der Gottheit. Aus dem Sanskrit übersetzt von Robert Boxberger. Bearbeitet und hrsg. von Helmuth von Glasenapp. Mit einer Einführung von Martin Kämpchen, S. 7–24.

Kanitscheider, B.: Kosmologie: Geschichte und Systematik in philosophischer Perspektive. Stuttgart 1984.

Kant, I.: Kritik der reinen Vernunft (2. Auflage, 1787). In: Kants Werke, Akademie Textausgabe, Bd. 3. Berlin 1968.

Kant, I.: Metaphysische Anfangsgründe der Naturwissenschaft. In: Immauel Kant. Schriften zur Naturphilosophie. Werkausgabe. Bd. IX. Hrsg. von Wilhelm Weischedel. Frankfurt a. M. 1991, S. 9–135.

Katz, D.: Der Aufbau der Tastwelt. Leipzig 1925.

Kornmeier, M.: Wissenschaftstheorie und wissenschaftliches Arbeiten. Eine Einführung für Wirtschaftswissenschaftler. Heidelberg 2007.

Koßler, M.: § 15. Arthur Schopenhauer. In: Grundriss der Geschichte der Philosophie. Begründet von Friedrich Ueberweg. Die Philosophie des 19. Jahrhunderts. Hrsg. von Gerald Hartung. Bd. 1/1. Deutschsprachiger Raum. 1800–1830. Basel 2020, S. 437–458.

Kraft, V.: Weltbegriff und Erkenntnisbegriff. Eine erkenntnistheoretische Untersuchung. Leipzig 1912.

Küppers, C.: Soziologische Dimensionen von Geschlecht. In: Aus Politik und Zeitgeschichte. 62. Jahrgang· 20–21/2012, 14. Mai 2012, Beilage zur Wochenzeitung, S. 3–8.

Kutschera, F. v.: Zwischen Skepsis und Relativismus. In: Analyomen. Perspektiven der Analytischen Philosophie. Hrsg. von Georg Meggle und Ulla Wessels. Berlin/New York 1994, S. 207–224 (DOI: https://doi.org/10.1515/9783110885675-021).

Laotse: Tao Te King. Das Buch des Alten vom Sinn und Leben. Aus dem Chinesischen verdeutscht und erläutert von Richard Wilhelm. Jena 1911.

Leibniz, G. W.: Monadologie. Neu übersetzt, eingeleitet und erläutert von Hermann Glockner. Stuttgart 1990.

Leinkauf, Th. § 4. Friedrich Wilhelm Joseph Schelling. In: Grundriss der Geschichte der Philosophie. Begründet von Friedrich Ueberweg. Die Philosophie des 19. Jahrhunderts. Hrsg. von Gerald Hartung. Bd. 1/1. Deutschsprachiger Raum. 1800–1830. Basel 2020, S. 151–195.

Lemper, E.-H.: Jakob Böhme. Leben und Werk. Berlin 1976.

Lenz, M.: Geschichte der königlichen Friedrich-Wilhelms-Universität zu Berlin, II/2. Halle 1918.

Lindner, H.: Grundriss der Atom- und Kernphysik. 15. Aufl. Leipzig 1984.

Ludwig, R.: Hegel für Anfänger. Phänomenologie des Geistes. Eine Lese-Einführung. 7. Aufl. München 2011.

Locke, J.: Versuch über den menschlichen Verstand. Aus dem Englischen übersetzt mit einigen Anmerkungen und einer Abhandlung über den Empirismus in der Philosophie von D. Wilhelm Gottlieb Tennemann. Erster Theil. Jena 1795.

Locke, J.: Versuch über den menschlichen Verstand. Aus dem Englischen übersetzt mit einigen Anmerkungen und einer Abhandlung über den Empirismus in der Philosophie von D. Wilhelm Gottlieb Tennemann. Zweiter Theil. Leipzig 1797.

Lyre, H.: Strukturenrealismus. In: Information Philosophie 4 (2006), S. 32–37.

Lyre, H.: Quantentheorie der Information. Zur Naturphilosophie der Theorie der Ur-Alternativen und einer abstrakten Theorie der Information. Mit einem Geleitwort von Carl Friedrich von Weizsäcker, 2. Aufl., Paderborn 2004.

Marquard, O.: Abschied vom Prinzipiellen. Philosophische Studien. Stuttgart 1987, S. 23–38.

Marx, K., Zur Kritik der Hegelschen Rechtsphilosophie, in: MEW, Bd. 1, S. 201–391.

Marx, K., Thesen über Feuerbach, in: MEW, Bd. 3, S. 5–7.

Marx, K./Engels, F., Die deutsche Ideologie, in: MEW, Bd. 3, S. 9–530.

Marx, K., Zur Kritik der Politischen Ökonomie, 1. Heft, Berlin 1859, in: MEW, Bd. 13, S. 1–160.

Marx, P.: Objektivität und Wahrnehmung. Objektivität von Gutachtern und Gerichten – ein Qualitätsmerkmal. AWMF – Ärzte und Juristen. Würzburg, 12. April 2014 (Vortragsskript).

Metz, W.: Die Objektivität des Wissens. Jacobis Kritik an Kants theoretischer Philosophie. In: Walter Jaeschke/Birgit Sandkaulen (Hrsg.): Friedrich Heinrich Jacobi. Ein Wendepunkt der geistigen Bildung der Zeit. Hamburg 2004, S. 3–18.

Metzinger, Th.: Der Preis der Selbsterkenntnis. Beschert uns die Hirnforschung mit einem neuen, naturalistischen Menschenbild auch das Ende der Religion? In: Gehirn & Geist. 7–8/2006, S. 42–49.

Meixner, U.: Die Aktualität Husserls für die moderne Philosophie des Geistes. In: Uwe Meixner/Albert Newen (Hrsg.): Seele, Denken, Bewusstsein. Zur Geschichte der Philosophie des Geistes. Berlin / New York 2003, S. 308–388.

Meyer, H.: Die Wissenschaftslehre des Thomas von Aquin (1934): In: Philosophisches Jahrbuch, Bd. 47 (1934) S. 171–206, 308–345, 441–486.

Morgenstern, M.: Nicolai Hartmann. Zur Einführung. Hamburg 1997.

Mylius, K.: Einleitung. In: Die Bhagavadgītā. Aus dem Sanskrit. Übersetzung, Einleitung und Anmerkungen von Klaus Mylius. 3. Aufl. Leipzig 1990.

Nelson, L.: Die Unmöglichkeit der Erkenntnistheorie. In: GS II, S. 459–501.

Nelson, L.: Typische Denkfehler in der Philosophie. Nachschrift der Vorlesung Sommersemester 1921. hrsg. von Jörg Schroth und Andreas Brandt. Hamburg 2011.

Parmenides: Aus dem Lehrgedicht des Parmenides. In: PhL, Bd. 1, S. 36–49.

Pauen, M.: Grundprobleme der Philosophie des Geistes. Eine Einführung. 4. Aufl. Frankfurt a. M. 2005.

Peirce, Ch. S.: Die Festlegung einer Überzeugung. In: Texte der Philosophie des Pragmatismus. Stuttgart 1975, S. 61–98.

Platon: Politeia. Sämtliche Werke, Bd. 3. In der Übersetzung von Friedrich Schleiermacher mit der Stephanus-Numerierung. Hrsg. von Walter F. Otto/Ernesto Grassi/Gert Plamböck. Hamburg 1958, S. 67–310.

Pleger, W. H.: Sokrates. Der Beginn des philosophischen Dialogs. Reinbek 1998.

Plotin: Die Enneaden des Plotin. Übers. v. Hermann Friedrich Müller. Vorangeht: Die Lebensbeschreibung des Plotin von Porphyrius. Erster Band. Berlin 1878.

Popper, K.: Logik der Forschung, 9. Aufl. Tübingen 1989.

Putnam, H.: Vernunft, Wahrheit und Geschichte. Übersetzt von Joachim Schulte. Frankfurt a. M. 1982.

Quine, W. V.: Wort und Gegenstand. Aus dem Englischen übersetzt von Joachim Schulte in Zusammenarbeit mit Dieter Birnbacher. Stuttgart 1980.

Reichenbach, R.: Philosophie der Bildung und Erziehung. Eine Einführung. Stuttgart 2007.

Römpp, G.: Philosophie der Wissenschaft. Eine Einführung. Köln 2018.

Roth, G.: Erkenntnis und Realität: Das Gehirn und seine Wirklichkeit. In: Der Diskurs des Radikalen Konstruktivismus. Hrsg. von Siegfried J. Schmidt. Frankfurt a. M. 1987, S. 229–255.

Scheler, Max: Idealismus – Realismus (1927). In: Philosophischer Anzeiger II. Bonn (1927/1928) S. 255–324.

Schelling, F. W. J.: Über die Natur der Philosophie als Wissenschaft. Erlanger Vorträge. In: PhL, Bd. 3, S. 40–68.

Schloßberger, M.: Widerstand und Realität. Thesenpapier, Institutskolloquium, 6.12.2017 (unveröff. MS).

Schopenhauer, A.: Die Welt als Wille und Vorstellung I. Sämtliche Werke. Hamburg 2018.

Schopenhauer, A.: Die Welt als Wille und Vorstellung II. Sämtliche Werke. Hamburg 2018.

Schopenhauer, A.: Parerga und Paralipomena II. Kleine philosophische Schriften. Sämtliche Werke. Hamburg 2018.

Schurz, G.: Charles Sanders Peirce: Die pragmatische Theorie der Erkenntnis. In: Josef Speck (Hrsg.): Grundprobleme der großen Philosophen: Philosophie der Neuzeit V: A. Comte – J. St. Mill – W. James – Ch. S. Peirce – J. Dewey – E. Mach. Göttingen 1991, S. 115–169.

Schulte, J.: Wittgenstein. Eine Einführung. Stuttgart 2016.

Seeck, A.: Bahnfahrt mit Maxwell – Sigmund Freud und der Energieerhaltungssatz der Physik. In: Luzifer-Amor. Zeitschrift für Geschichte der Psychoanalyse. Heft 67 (34. Jg. 2021) I: 50 Jahre Psychiatrie-Enquete II: Freud und der Energieerhaltungssatz, S. 92–174.

Solms, M./Turnbull, O.: Das Gehirn und die innere Welt. Neurowissenschaft und Psychoanalyse. Aus dem Englischen übertragen von Elisabeth Vorspohl. Düsseldorf 2007.

Spierling, V.: Arthur Schopenhauer. Zur Einführung. Hamburg 2002.

Stegmüller, W.: Hauptströmungen der Gegenwartsphilosophie. Eine kritische Einführung. Bd. 1, 7. Aufl. Stuttgart 1989.

Stephani, H.: Allgemeine Relativitätstheorie. Eine Einführung in die Theorie des Gravitationsfeldes. Berlin 1988.

Stichweh, R.: Zur Entstehung des modernen Systems wissenschaftlicher Disziplinen. Physik in Deutschland 1740–1890. Frankfurt a. M. 1984.

Tiling, J. v.: Einführung in den Sozialkonstruktivismus (Universität Heidelberg 2004, unveröff. MS).

Watts, A.: Meditation. Die Natur des Menschen. Philosophische Fantasien. Basel 1976.

Weizsäcker, C. Fr. v.: Die philosophische Interpretation der modernen Physik. Halle 1989.

Willaschek, M.: Direkter Realismus. Wahrnehmung, Intentionalität und der Status der Wirklichkeit. In: XVI. Deutscher Kongress für Philosophie. Neue Realitäten. Herausforderung der Philosophie, Sektionsbeiträge II. Hrsg. von der Allgemeinen Gesellschaft für Philosophie in Deutschland. Berlin 1993, S. 568–575.

Wittgenstein, L.: Werkausgabe Bd. 1: Tractatus logico-philosophicus, Tagebücher 1914–1916, Philosophische Untersuchungen. Neu durchgesehen von Joachim Schulte. Frankfurt a. M. 1984.

Internetquellen

astroportal.com: https://www.astroportal.com/tageshoroskope/stier/ [Aufruf: 27.12.2019]

Dialog zwischen Morpheus und Neo: http://insidethematrix.net/wp-content/uploads/2016/08/Dialog_Morpheus-Neo.pdf [Aufruf: 23.01.2021]

Joel, D. [u. a.]: Sex beyond the genitalia: The human brain mosaic. In: PNAS December 15, 2015 112 (50) 15468–15473; first published November 30, 2015; https://doi.org/10.1073/pnas.1509654112 [Aufruf: 15.11.2021].

Metzinger, 2012: Metzinger, Th.: Empirische Perspektiven aus Sicht der Selbstmodell-Theorie der Subjektivität: Eine Kurzdarstellung mit Beispielen, https://www.mis.mpg.de/fileadmin/pdf/conf-ei2013_Metzinger_FUB_2012.pdf [Aufruf: 15.11.2021].

Paulus, F.-J.: Ludwig Feuerbach – Ein Religionskritiker wird 200. In: Ludwig Feuerbach. Veröffentlichungen zum 200. Geburtstag am 28. Juli 2004. In Presse, Rundfunk und Internet. Gesammelt und gesetzt von Helmut Walther. Nürnberg, S. 5–13 (https://ludwig-feuerbach.de/LF_200.pdf).

Reich, K.: Einführungen in den Interaktionistischen Konstruktivismus. Zum Realitätsbegriff im Konstruktivismus. 2002 (http://www.uni-koeln.de/hf/konstrukt/texte/einfuehrung/index.html [Aufruf: 07.02.2021]).

Vorländer, K.: Geschichte der Philosophie, II. Die Philosophie des Mittelalters, (1903): www.textlog.de/6223.html [Aufruf: 12.11.2021].

Bildnachweis

Clipartgalerie
Materie und Geist, clipart2641146.png

favpng.com
René Descartes, https://favpng.com/png_view/scientist-ren%C3%A9-descartes-the-world-mathematician-scientist-png/ff9y4LCL

pixelio.de
Yin und Yang, 609459_original_R_K_B_by_Martin Heinz_pixelio.de.jpg
Blutdruckmessung, 92118_original_R_K_B_by_Harry Hautumm_pixelio.de
Überlebenskampf in der Natur, 286026_original_R_K_by_x-ray-andi_pixelio.de
Mond, 744103_original_R_K_B_by_Lisa Spreckelmeyer_pixelio.de
Sokrates, 520998_original_R_by_Dieter Schütz_pixelio.de.jpg

pixabay.com
Knospe – Blüte – Frucht, cotoneaster-g5c6adc05e_1920

illusionen.biz [Thomas Irlbeck]
Bewegungsillusion, https://www.illusionen.biz/blog/wp-content/uploads/2018/11/Idea-Irritation-Head-Illusion.jpg
Tiefenillusion, https://www.illusionen.biz/blog/wp-content/uploads/2018/11/optical-illusion-1542409604zVu.jpg

Panthermedia, https://bildagentur.panthermedia.net
Cyberwelten, panthermedia_28152243_8000x4000.jpg
Elementarteichen, panthermedia_B46577103_3600x2700.jpg

Scienceblogs
Blockuniversum, https://scienceblogs.de/hier-wohnen-drachen/2012/09/19/warum-die-zeit-nicht-vergeht/ [M. Bäker]